完善我国气候资源开发利用政府规制的法律路径研究

文晓静 著

中国原子能出版社

图书在版编目（CIP）数据

完善我国气候资源开发利用政府规制的法律路径研究 /
文晓静著 . -- 北京：中国原子能出版社，2019.4
ISBN 978-7-5022-9779-4

Ⅰ . ①完… Ⅱ . ①文… Ⅲ . ①气候资源－资源开发－
法律－研究－中国 Ⅳ . ① D922.604

中国版本图书馆 CIP 数据核字 (2019) 第 083744 号

完善我国气候资源开发利用政府规制的法律路径研究

出版发行	中国原子能出版社（北京市海淀区阜成路 43 号　100048）
责任编辑	刘东鹏
责任印制	潘玉玲
印　　刷	河北盛世彩捷印刷有限公司
印　　销	全国新华书店
开　　本	787mm×1092mm　1/16
字　　数	250 千字
印　　张	11.75
版　　次	2019 年 4 月第 1 版　2019 年 4 月第 1 次印刷
书　　号	ISBN 978-7-5022-9779-4
定　　价	32.00 元

网址：http://www.aep.com.cn　　　　E-mail：atmep123@126.com
发行电话：010-68452845

前　言

　　作为后石油时代的必然选择，加快开发利用气候资源对于保障国家能源安全、推进可持续发展、维护良好生态环境均有重大战略意义，国家对发展以气候资源为代表的非化石能源非常重视，从政策、法律、制度作出了全面安排，市场也对此作出了积极响应，近十余年，我国的新能源市场异常活跃，也获得了很大发展，但与此同时，"产能过剩"等市场乱象也随之产生，对此，需要在理论上作出回应。气候资源的开发与利用是一个复杂的系统性工程，其中涉及到的资源问题、生态环境问题、市场问题都与法律问题密切相关，目前，关于气候资源的争论在2012年黑龙江省人大出台《黑龙江省气候资源探测和保护条例》后更显激烈，讨论的焦点集中于气候资源是否属于自然资源范畴？能否形成所有权？形成所有权后所有权主体为谁？对于这些问题，无论在我国还是世界其他国家，均没有相对应的专门立法作出明确规定，气候资源的行政规制与管理相应地也未形成完整的制度框架，因此而形成的局面是：一方面是市场对于风能、太阳能开发利用的强烈需求，另一方面则是制度支持的相对匮乏，导致目前在寻找可据以规制和管理的法律依据时，只能通过依据原则性强但针对性和操作性较弱的上位框架性法律，依靠相似或相近的规范，在缺乏明确具体的法律规范和必要的制度支持的前提下，风能、太阳能市场开发和利用缺乏稳定的可预期性。

　　我国法学领域对于以风能、太阳能为代表的新能源规制理论研究仍不够深入和全面，现有相关能源理论研究体系中，有关能源政策和技术方面的研究成果相对丰硕，而以行政法为视角研究气候能源问题的相关研究并不多，已有研究更多集中于石油、煤炭、天然气、电力等传统能源产业领域，针对性研究相对薄弱，关于气候资源行政规制的相关系统性研究更为稀少，甚至可以说缺乏以气候变化、低碳需求和现有气候资源发展为背景的有关新能源行政规制全面和深入的研究。基于以上原因，本书选取气候资源开发利用的政府规制为切入点，运用文献及规范研究、比较研究、交叉学科研究、实证分析等研究方法，从行政法学研究视角对气候能源开发利用中政府规制的法律问题进行了系统研究。

　　气候资源有别于传统有形自然资源，新能源产业作为新兴能源产业，除相对弱小之外，市场机制也更为欠缺，仅凭借市场的自发性发育难以形成与传统能源有效的竞争，在实现商业化进程中需要政府对新能源市场加以规范、引导、激励和扶持，也需要我国

1

相应地在法律框架下建构更有效的政府规制机制，适用更有针对性的规制方法和手段适应市场发展需求。目前我国气候资源开发利用的政府规制在开发理念、规制内容、规制体制、规制机制的建设上存在的一系列问题有待探讨，需要从不同层面加以分析并解决。

在理念上，气候资源开发利用存在规制理念的错位，表现为对气候资源的属性认识不清，气候资源究竟是否属于自然资源尚未明确，在开发利用中由于过于强调气候资源所具有的无限性、循环性和可再生性等自然属性，而没有考虑到气候资源基于社会属性而具有的有限性，导致在开发理念上的认识偏差，形成了"无限开发"理念，因此在开发中出现了"无序化、低效化、同质化"的不合理开发现象，成为引起风电、光电产业的产能过剩的重要原因，这种产能过剩是建立在认识偏差基础上的"结构性过剩"和"体制性过剩"，需要在通过制度构建予以矫正。因此在理念层面，应当以"有序开发"作为气候资源开发利用的全局性理念和原则，全面考虑气候资源的自然属性和社会属性，有序地开发气候资源，科学的建构政府规制制度，从而使政府规制能源克服市场失灵现象，也能够从机制和体制建构上防止政府失灵。

在内容上，气候资源法定权属划分不明，已有相关立法关于气候资源的作用范畴划分不一、核心概念界定不同，导致与气候资源相关的法律关系长期处于不稳定状态，通过分析，气候资源具有资源的属性，存在稀缺性，其稀缺性不仅来源于其自身性质，更来源于人类对其的开发利用能力的有限性，气候资源具有外部性，其负外部性不仅影响到生态、环境，造成当代社会主体的福利损失，也会造成"代际不公平"，因此，需要通过规范性法律文件的形式确定其权属、明确气候资源国家所有权的公权属性，以权能适当分离作为气候资源国家所有权的实现模式，将立法规制作为所有权实现的基础，以规制和管理制度为气候资源国家所有权的实现的保障。在内容建构中应当以构建气候资源开发利用的政府规制制度体系为核心，从实体法和程序法两个层面控制和规范行政规划制度，通过建立规范系统的行政规划制度，明确各类规划的定位和范围，控制能源规划层级和数量，形成层次分明、科学完整、功能明确、衔接有序的能源规划体系。在微观层面，需要改造和完善气候资源开发利用政府规制中的经济性规制内容和社会性规制内容，适度规范能源行业的市场准入规制和价格规制行为，强化能源行业的环境约束制度，对新能源产业和市场做出适当限制。

在体制层面，我国应当尽快制定《能源法》，完善《可再生能源法》法律体系，增加高位阶的配套性规范，重视专门性立法、加强协调性立法，从而完善新能源规制法律制度。积极推进能源行业市场化改革，针对新能源产业的特点，培育社会监督体系，建立有效的公众参与机制，借鉴其他国家能源规制的先进经验，改良现有能源规制权力配置模式，实行"政监合一、内部分离"的模式，组建独立能源规制机构，科学界定规制职权，妥善协调能源规制机构与其他规制机构之间的权利配置关系。调整气候资源开发利用政府规制的行政管理体制，理顺政策部门、其他行业主管部门与能源管理部门的横向权力配置，合理划分规制中中央政府与地方政府的事权范围，以制度约束越权行为，加强对地方政府规制行为的监督与控制。

在机制层面，重视以法律约束和规范公权力的运行，应当从行政法的视角，分析气候资源开发利用政府规制的权力获得与权力的行使方式。从已发现的问题出发，健全行政立法行为，完善行政规划行为，创新行政指导形式，实施"绿色"能源政府采购制度，引入规制影响评价制度客观评价规制效果，以信息公开制度和公众参与制度为内容改良规制程序制度，通过规范规制内部责任追究制度和完善规制的司法救济制度建立气候资源开发利用政府规制的责任与救济制度。

目 录

导 论

一、研究背景与意义

工业革命以后，伴随传统化石能源利用范围不断扩大，由化石能源资源利用而引发的气候变化、生态环境污染等问题逐步突出，尤其是近年来，伴随着我国经济的快速发展，大气雾霾灾害影响持续加重，尤其在人口密度大、产业密集分布的大城市大气雾霾问题更为突出。目前我国雾霾灾害已由开始的局域性、偶发性、低污染数值演变为全国性、持续性和高污染数值的趋势，研究数据表明，中国最大的 500 个城市中，仅有不到 1% 的城市达到世界卫生组织推荐的空气质量标准，世界上污染最严重的 10 个城市有 7 个是中国城市[①]。雾霾问题对我国环境、气候、经济、健康等方面造成了显著的负面影响，引起了全社会的关注，甚至是焦虑。为此，我国从各方面探索雾霾治理新机制，加快发展清洁能源，而促进能源结构调整转型就是其中重要的内容。目前世界各国都在着力加强探索和开发新型能源，用以替代传统的高消耗、高污染的不可再生能源，气候资源就是目前大力开发的新型可再生能源，尤其是近几十年来，关于气候资源的开发利用开始兴起并不断升温，风能、太阳能作为气候资源中开发最早、规模化利用最为广泛的气候资源成为了世界各国替代传统能源的首选清洁能源。

我国在经历了改革开放后四十年的发展后，伴随工业化程度的深入，能源安全、气候变化影响和环境污染问题日益突出[②]。目前，中国已是全球第二大的二氧化碳排放

① 张庆丰，【美】罗伯特·克鲁克斯：《迈向环境可持续的未来——中华人民共和国国家环境分析》，中国财政经济出版社，2012 年，第 vxi、46 页。
② 我国目前虽然能源自给率还保持较高的水平，但是能源结构单一、富煤少油（目前我国能源消费仍然主要依靠煤炭的利用，2011 年，煤炭占中国能源消费总量的 71%，现已探明储量约占中国全部化石能源探明储量的 93%。数据来源于：国家统计局"中华人民共和国 2011 年国民经济和社会发展统计公报"，2012；BP：BP Statistical Review of World Energy，2000）、石油很大程度还依赖于进口的现实严重制约了中国经济的未来发展，同时也间接影响到了我国的能源安全。同时，我国作为一个发展中大国，对能源的需求巨大，并且在可预见的将来，为保持经济的持续增长，对于能源的需求仍将会维持在一个较高的水平（国际能源机构（IEA）发布的 2012《世界能源展望》（World Energy Outlook 2012）称，到 2035 年，预计世界范围内能源总体需求增长将超过 1/3，其中中国、中东和印度就将占这一增幅的 60%），我国现有的能源消费仍主要依靠传统的化石能源，主要是煤炭和石油，二者是产生二氧化碳的主要来源，国际能源署 (IEA) 的研究显示：在参考情形下，即使到 2030 年，中国与能源相关的二氧化碳排放总量的约 80% 仍会来自煤炭的利用（International Energy Agency（IEA）.World Energy Outlook 2007:China and India Insights.）。

国[①]，并且基于经济发展的需要，未来较长的一段时间中国的二氧化碳排放总量仍将持续上升，中国未来减排压力十分大。基于此，我国一直在致力于探求有效手段，以应对气候变化给我国带来的严峻挑战。正是基于以上考虑，国家对发展以新能源和可再生能源为代表的非化石能源非常重视，"十一五"规划纲要首次提出了具有约束性的定量节能减排目标，即 2010 年相比 2005 年全国单位 GDP 能源消耗降低 20%，并且鼓励生产与消费可再生能源[②]。"十二五"规划纲要继续提出约束性的定量节能减排目标，即 2015 年相比 2010 年全国单位 GDP 能源消耗降低 16%，非化石能源占一次能源消费比重达到 11.4%，建设"两型"社会，优化能源开发布局，推进能源多元清洁发展。十八大报告突出生态文明建设的重要性，提出推动控制能源消费总量，能源生产和消费革命，加强节能降耗，支持节能低碳产业和新能源、可再生能源发展，确保国家能源安全。"十三五"规划纲要明确我国要完成到 2020 年单位 GDP 碳排放要比 2005 年下降 40%~45% 的国际承诺低碳目标，并且要为完成中美气候变化联合声明中提出的我国在 2030 年左右要达到碳排放的峰值的中长期低碳发展目标奠定基础，同时要在大气污染防治等环境指标方面取得明显成效。十九大报告进一步强调必须树立和践行绿水青山就是金山银山的理念，坚持节约资源和保护环境的基本国策，提出推进绿色发展战略，发展清洁能源产业，推进能源生产和消费革命，构建清洁低碳、安全高效的能源体系。

气候资源中风能和太阳能作为具有代表性的新型可再生能源，在国家强有力的政策引导下，实践中市场化程度不断增强，尤其近年来，我国风能、太阳能产业近年来取得了空前发展，十二五期间，我国风电年均增长 34.6%，太阳能发电年均增长 177%[③]，尤其自 2011 年开始，新能源产业更呈"井喷式"的发展，2011 年中国（不包括台湾地区）新增安装风电机组 11 409 台，累计安装风电机组 45 894 台，新增风电装机容量接近 18 GW，装机容量达到 62.36 GW，仅 2011 年一年装机容量年增长率就达到 39.4%[④]，2012 年年发电量超过 1000 亿 kWh[⑤]，我国现已成为世界上风电设备制造大国和风电装机容量最多的国家。同样，太阳能光伏发电产业方面也体现了这一态势，到 2015 年 6 月，全国累积光伏发电装机容量达 3 578 万千瓦，其中，分布式光伏 571 万千瓦，光伏电站 3 007 万千瓦[⑥]，风电和光伏发电装机规模居世界第一。

然而，表面繁荣的背后，隐含的各种问题不容忽视，一旦外部环境恶化，问题随之

---

① 根据中美两国各自的统计数据显示，中国二氧化碳排放总量一直低于美国，但据国际能源机构（IEA）发布数据显示，中国自 2009 年开始二氧化碳排放总量超越美国，成为世界第一大二氧化碳排放国。
② 虽然我国现阶段并未承担强制减排义务，但作为一个负责任的发展中大国，我国在 2009 年召开《联合国气候变化框架公约》第 15 次缔约方会议（即哥本哈根会议）召开前夕，又提出了进一步了到 2020 年的自主减缓行动目标，宣布 2020 年相比 2050 年单位 GDP 的碳排放下降 40%—45%，非化石能源在一次能源中的比重将占到 15%。
③ 数据取自《能源发展"十三五"规划》。
④ 中国可再生能源学会风能专业委员会：《2011 年中国风电装机容量统计》；"中国成世界风电装机容量最多国家"，http://www.chinadaily.com.cn/hqgj/jryw/2012-03-05/content_5319728.html
⑤ http://www.energylaw.org.cn/_d275847854.htm
⑥ 数据来源：国家能源局，《2015 年上半年光伏发电建设信息简况》，http://www.nea.gov.cn/2015-07/28/c_134455530.htm

显现。以太阳能光伏产业为例，作为新能源产业，虽是新兴的朝阳产业，但其对应的国内市场培育还不够成熟，光伏市场基本呈现"两头在外"的特点，表现为我国光伏产品的关键性原材料长期依靠进口，生产光伏产品的销售主要针对出口，国外市场对光伏产品影响甚大，2011年出口市场萎缩、国外市场面临"寒冬"，欧盟和美国为保护国内企业，同时展开对我国光伏出口产品的"双反"调查，美国当时向我国光伏产品征收高达31%~250%的反倾销税[1]，导致我国太阳能光伏产品出口迅速减少，出口市场减少后，众多新能源企业转而开拓国内市场时，却在多地同时出现了企业"低水平、同质化"盲目扩张的发展局面，大部分企业仍在产业低端的加工制造领域争夺市场份额，产品技术附加值低，缺乏核心竞争力，"产能过剩"的现象随即出现，而事实上，此处的"过剩"是一种相对过剩，首先表现为是一种产业发展不合理的"结构性过剩"，并不是我国的光伏产品已经超出市场需要，而是在于国内并未建立与之相对应的市场进行产品的转化和消纳，我国发电市场煤电仍占绝对比重，光伏发电占全国发电行业市场份额极小，远未达到有效消化光伏产品的作用，国内市场制造与应用脱节，国外市场一旦萎缩，原来潜在的问题和矛盾迅速浮出水面，"产能过剩"就是这些问题和矛盾的集中反映。

产能过剩的另一层表现是"体制性过剩"。风电和光伏发电装机容量逐年增加，建设速度也逐年加快，但具体到地方，尤其是电力基础建设较薄弱的西部地区，如甘肃、宁夏、新疆、内蒙古等省、自治区，电力外输线路建设相对迟滞，输电规划与电源硬件建设不匹配，电力外送受限。此外，风电、光伏发电的用电模式基本是由电网收购后再行分配给用户，该模式严重影响了可再生发电的就地消纳，同时，可再生能源发电由于客观具有间歇性、随机性、波动性的技术特点，以现有系统备用水平，规律化、无间歇的调度运行很难做到，兼之可再生发电成本较高，目前其发电成本远高于火力发电等传统发电模式，对输电企业来讲，即使有国家的政策与补贴作为激励，输电企业积极性仍然不高，所以，伴随风电和光伏发电装机容量的增长，"弃风""弃光"现象突出，以下数据即可说明上述问题，早于2011年，内蒙古风电弃风率就高达26%，到2012年，弃风率更是激速攀升，单蒙西和蒙东的弃风率就分别达到42%和50%[2]。到2016年，前三季度我国风电弃风电量达394.7亿千瓦时，平均弃风率19%[3]。另一弃光主要发生地区在甘肃和新疆地区，以2015年为例，仅前半年，甘肃省弃光电量17.6亿千瓦时，弃光率28%，新疆地区（含兵团）弃光电量10.4亿千瓦时，弃光率20%[4]。

气候资源的开发与利用是一个复杂的系统性工程，其所涉及的资源问题、生态环境问题、市场问题等内容，都与法律问题密切相关，"产能过剩"的现象值得我们深入反思，

[1]　数据来源：《美初裁对我国进口光伏产品征近31%~250%的反倾销税》，http://www.cpcia.org.cn/html/13/20125/107647.html
[2]　参见史丹：《我国新能源产能"过剩"的原因与解决途径》，《中国能源》2012年第9期。
[3]　数据来源：国家能源局，《2016年前三季度风电并网运行情况》http://www.nea.gov.cn/2016-11/18/c_135839581.htm
[4]　数据来源：国家能源局，《2015年上半年光伏发电建设信息简况》，http://www.nea.gov.cn/2015-07/28/c_134455530.htm

我们除了把"产能过剩"现象归因于没有制定针对性更强的政策、缺乏规划等原因之外，还须基于风能太阳能这两种气候资源的特征深入分析二者作为资源的所有权权属划分问题，分析在开发利用中运用的政府规制手段与制度体制的现状与问题。目前，关于气候资源的争论在 2012 年黑龙江省人大出台《黑龙江省气候资源探测和保护条例》后更显激烈，讨论的焦点集中于气候资源是否属于传统的自然资源范畴，能否形成物权，形成物权后物权主体是谁，而这些问题，无论在我国还是世界其他国家，均没有相应的明确的专门立法作出规定，相对应的，气候资源的政府规制与管理也没有形成完整的制度框架，由此而形成的局面是：一方面是市场对于风能、太阳能开发利用的强烈需求，另一方面则是制度支持的相对匮乏，为此，目前在寻找可据以规制和管理的依据时或者是依据原则性强但针对性和操作性较弱的上位框架性法律，或者只能转而依靠相似或相近的规范，在缺乏明确具体的法律规范和必要的制度支持的前提下，风能、太阳能市场开发和利用缺乏稳定的可预期性，循此分析，上述市场发生的乱象也就不显突然了。

基于风能、太阳能较高的市场化程度，以及对其开发利用的政府规制制度与内容进行研究的必要性，本书特选取两者之间的关联度，从行政法的角度分析我国风能、太阳能作为能源进行政府规制的相关法律制度内容。

在理论研究层面，现有的有关能源的理论研究体系中，有关能源政策和技术方面的研究成果相对丰硕，法学的相关研究数量偏少，已有的成果主要集中于能源法学、环境资源法学等领域，行政法学的针对性研究较少，同时从研究对象来看，现有研究更多集中于石油、煤炭、天然气、电力等传统能源产业领域，风能、太阳能的针对性研究相对薄弱，关于气候资源开发利用政府规制的相关系统性研究更为稀少，缺乏从行政法学层面以气候变化、低碳需求和现有新能源发展为背景的有关气候资源开发利用政府规制全面和深入的研究。因此，有必要从行政法视角对气候资源开发利用领域进行针对性研究，凭借行政法理论和规范研究范式，分析、描述和把握气候资源开发利用相关的规制内容及规制工具的价值基准和规范框架，从制度与程序、政策与法律层面进行考量，对于探寻建立有效的气候资源开发利用政府规制体制，促进整个行业的健康发展有指导价值，同时能积极发挥理论对实践的促进功能。

需要说明的是，本书的研究对象是气候资源开发利用的政府规制问题，主要针对风能和太阳能开发利用过程中政府规制的法律问题，风能、太阳能在我国实践领域及立法政策层面都归于新能源或可再生能源，因此，本书在涉及"新能源""可再生能源"的概念与用法时，均专指风能、太阳能。

二、国内外研究现状梳理

对有效政策工具的选择应当以理论的研究为基础。综合目前学者研究能源问题的规制问题主要是从政府规制角度以经济学、公共管理学的视角加以分析，而且多是集中于对传统能源的政府规制进行分析，或是着力于整体描述能源产业的政府规制问题。尤其就法学学科而言，关于能源法律规制的系统研究，在环境与资源保护法学、能源法学和经济法学方面研究成果较为丰富，以系统的行政法学的研究方法和视角分析能源领域尤其是气候资源能源转化领域的法律规制问题的成果有所欠缺。

（一）国外研究现状

1. 关于气候问题的研究

对于气候问题尤其是气候变化问题的研究是近年来理论研究的热点区域，关于气候变化的研究涵盖了环境、政治、外交、经济、管理、法学等诸学科领域，国内外形成了关于这一重大战略问题的大量专门及交叉学科的研究。就社会科学来看，对气候变化的研究主要集中于国际关系与国际政治、政治学、经济学、法学、社会学等领域。

通过梳理现有文献资源发现，国外关于气候变化的研究源于 20 世纪 80 年代，德国社会学家乌尔里希·贝克创立了"风险社会"理论，其中指出"气候变化构成了对 21 世纪世界风险社会的环境政治的主要挑战"[1]，并指出当今时代公共行政的主要任务之一就是应对风险[2]。其后英国政治学家吉登斯在《气候变化的政治》一书中以政治学的视角提出国家在防止气候变化的进程中应发挥的作用，认为在应对气候变化时应注重政治敛合和经济敛合问题。其中政治敛合是将与减缓气候变化有关的政策和其他领域的公共政策积极重叠并且彼此相互制约，比如国家以何种方式将应对气候变化的公共政策嵌入现有政策体系中就体现了有关政治敛合的内容，经济敛合则是把低碳技术、生活方式、商业运作方式与经济竞争性进行重叠[3]。澳大利亚学者大卫·希尔曼和约瑟夫·史密斯提出了在气候变化的挑战下存在的民主失灵问题，提出应对气候变化需要建立现代的新权威国家[4]。

法学领域有关于气候变化的研究数量增加的趋势也十分明显，主要成果分布于能源法学、环境法学、国际法学、行政法学等领域。例如 Nicholas A. Robinson 提出目前能源法在能源生产对环境产生的负面影响方面关注不足，需要发挥能源立法的作用，以缓解能源问题对气候变化的影响，实现能源法和环境法的内在统一[5]。在立法研究方面，Robert B. McKinstry Jr., John C. Dernbach 和 Thomas D. Peterson 三位学者提出面对气候变化的需要，应当明确国家在气候变化立法中所扮演的角色，尤为关键的是应妥善解决州和联邦在气候立法中的相互关系，在重构立法框架前提下采取具体的规制措施，以总量管制、制定排放交易计划、订立统一国家行业标准等方式履行国家责任[6]。Hari M.Osofsky

---

① Beck Ulrich, Weltrisikogesellschaft, Frankfurt a. M, p.155. 转引自：方世荣、谭冰霖等著：《回应低碳时代：行政法的变革与发展》，社会科学文献出版社，2016 年，第 9 页。

② 参见【德】乌尔里希·贝克：《风险社会》，何博闻译，译林出版社，2004 年，第 13-15 页。

③ 参见【英】安东尼·吉登斯：《气候变化的政治》，曹荣湘译，社会科学文献出版社，2009 年，第 79 页。

④ 参见【澳】大卫·希尔曼、约瑟夫·史密斯：《气候变化的挑战与民主的失灵》，武锡申、李楠译，社会科学文献出版社，2009 年，第 102 页。

⑤ 参见【美】Nicholas A. Robinson：《能源法稳定气候的潜在功能》，亚太地区第二代环境法展望研讨会参会论文，2002 年。

⑥ Robert B.McKinstry Jr.,John C.Dernbach,Thomas D.Peterson,Federal Climate Change Legislation as if the States Matte.Widener Law School Legal Studies Research Paper Series,No.08-04.

和 Lesley K. McAllister 从国际法、美国国内法、地方立法以及比较法几个角度分析了关于气候变化的立法与政策，认为需要重视政府间的合作，政府应当采取更为积极的态度应对气候变化[①]。Ben Saul,Steven Sherwood,Jane McAdam、Tim Stephens 和 James Slezak 从国际和国内双向视角分析气候变化的成因、对法律与政治的影响以及澳大利亚国家与政府在应对气候变化问题中所应注意的问题[②]。在具体的规制措施研究上，威廉·R·布莱克本强调政府在应对可持续发展及包括气候变化在内的风险过程中具有的地位和作用，认为政府应当侧重于从"理念政策""组织结构""公众参与""规划""业绩""报告与评估""建筑节能规制""政府绿色采购"几个方面构建可持续发展规制的框架[③]。

2.关于一般规制理论的研究

国外对于一般规则理论的研究十分丰富，很多领域的学者如经济学、法学、政治学、公共管理学等，都在规制领域研究上颇有建树。

规制理论研究发端于 20 世纪 60-70 年代的美国经济学领域，最早是以修正市场机制的内在结构性缺失为研究逻辑起点，以法律规范为制度保障，对政府活动及其对市场、社会的规制行为进行研究，目的在于避免市场失灵，促进市场经济发展。

从实践看，规制的出现与发展大致经历了规制发生、放松规制和规制解构与重构的动态发展过程。西方经济学界关于规制的几个阶段不同的重要理论也是以准确描述和再现实践中出现的这一过程为核心要义。具体来说，经历了公共利益理论、部门利益规制理论和激励性规制理论三个大的阶段，这三个阶段不是完全前后相继的关系，在某些时期理论之间有一定时间上的交叉。

公共利益规制理论的基础是市场失灵的存在和福利经济学的发展，其代表人物是庇古和帕累托。19 世纪末 20 世纪初，西方各资本主义国家相继进入垄断资本主义阶段，在爆发了数次经济危机后，市场行为所导致的垄断、信息不对称和外部性问题先后出现，早期政府规制理论的学者即政府规制理论的提出者对此作出适时论证，认为政府作为代表公众利益，适于矫正"市场失灵"所导致的诸多负面结果，从而实现市场公平。但这一理论存在一些固有缺陷，比如波斯纳就曾指出规制并不必然与外部经济或外部不经济的出现或垄断市场结构相关[④]。

所以在这一理论发展到后期已逐渐被其他规制理论所代替。其中有代表性的就是部门利益理论，基于研究与分析方法的区别，它又被细分为规制俘获理论和规制经济理论。规制俘获理论首先由芝加哥学派代表学者斯蒂格勒提出，他认为规制主体本身也追求自身利益最大化，因而某些利益集团就能够通过"俘获"规制者而寻求有利于他们

① Hari M.Osofsky,Lesley K.McAllister,Climate Change：Law and Policy.University of San Diego,2012.
② Ben Saul,Steven Sherwood,Jane McAdam,Tim Stephens,James Slezak, Climate Change and Australia:Warming to the Global Challenge, The Federation Press,2012.
③ 参见【美】威廉·R·布莱克本：《可持续发展实践指南：社会、经济与环境责任的履行》，江河译，上海人民出版社，2009 年。
④ Richard·A·Posner,Theories of Economic Regulation.Bell Journal of Economics and Management Science,1974,5(2),pp.335-338.

自己的规制。"规制通常是产业自己争取来的，规制的设计和实施主要是为规制产业自己服务的"[1]，1976年，美国学者佩兹尔曼进一步发展了规制俘获理论，提出无论规制者是否获得利益，被规制产业的产量和价格并没有显著差异，主要差别只是收入在不同利益集团之间的分配[2]。规制经济理论通过运用经济学分析方法分析了规制的产生，提出规制就是经济系统内部的一个固有的内生变量，其产生的真正原因在于政治家对规制的供给与产业中部分厂商对规制的需求相重合，形成了共赢式的自身利益最大化。这一理论从一套假设的提出来论证假设前提符合逻辑的推理，是规制理论自身的一个跨越式的进步，其可以通过模型建构的方式来解释规制的实践过程，其中重要的几个模型包括施蒂格勒模型、佩兹尔曼模型和贝克尔模型。

规制经济理论直接影响了后来的规制改革运动，及至20世纪80年代，西方国家的规制的理论与实践均有长足发展，最大的变化就是以放松规制和激励性规制的运用为标志的规制改革运动，激励性规制理论也是在这一背景下产生的，这一学说代表学者巴隆和梅耶森运用数学模型对信息不对称条件下的政府规制进行了深入分析，认为"由于信息的不对称，效率与信息租金是一对共生的矛盾，即在得到效率的同时，必须留给企业信息租金，而信息租金会带来社会成本"[3]，激励性规制理论运用信息经济学、机制设计相关理论，以规制双方中存在目标差异和信息不对称为立论基础，将规制问题作为委托代理问题来研究分析。代表学者包括劳伯、马格特、巴隆、梅耶森、拉丰、梯若尔等。

自20世纪70年代开始，规制分析开始成为美国法学界一个重要的研究领域，美国当代行政法学中政府规制学派开始兴起，具体到能源规制领域，美国史蒂芬·布雷耶大法官在风险和能源规制研究上颇有建树，其代表作《规制及其改革》对政府规制进行了深入系统的研究。它全面分析了规制的正当化根据（justification），对传统和新型替代性规制形式进行了系统阐述，并选取民航、卡车货运、天然气、环境、电信五个规制实例论述规制手段应当与规制目标相匹配，提出应当在程序上、结构上和实体上构建未来规制改革的方向议程，设定的随机性以及不一致性等负面影响，基于这些风险的分析，作者对风险规制，在其另一部关于规制的著述《打破恶性循环——政府如何有效规制风险》中，以健康和安全规制领域为中心，分析了不确定性因素所引发风险规制问题，以此为基础对体系的改革作出了独到分析，为我们进行能源问题的风险规制提供了很好的分析思路；美国行政法学家马修将政府规制过程的形成纳入到了行政法学的研究范畴当中；孙斯坦在《权力革命之后：重塑监管型国家》一书中从促进宪法目标的实现分析了规制的形成原因和功能；英国学者安东尼·奥格斯著作《规制：法律形式与经济学理论》，在分析中注重跨学科研究，采用法学与经济学有关规制的成熟的研究方法与理论，以分

---

① G·J·Stigler,The theory of economic regulation.The Bell Journal of Economics and Management Science,1971,2(1),pp.3-31.
② Peltzman. S,Toward a More General Thoery of Regulation.Journal of Law and Economics,1976,19(2),pp.211-241.
③ D. P. Baron,R. B. Myerson,Regulation of Mono-Polist with Unknown Costs. Econometrics,1982,(50),pp. 911-930.

析规制和传统公法学的共同前提为背景，逐一运用公共利益理论和私人利益理论对社会性规制与经济性规制的相关规制方式进行按分类进行阐述，以信息规制、标准、许可、经济工具、私人规制、公有制、价格规制和特许这八类主流规制工具，系统分析了如何在规制实践中选取正确的规制方式实现政府的规制目的。

从以上内容中可以看到，对规制理论的论证与研究，经济学领域更为全面和深入，也是其他学科进行规制理论研究的重要基础，随着规制学说的深入发展，在政治学、法学等学科领域均展开了规制学说的理论及实证的深入研究。

3. 涉及能源规制及相关法律问题的研究

自 20 世纪 70 年代开始，世界上多数国家的经济发展开始越来越多地受到来自能源问题的影响，各国相关政策纷纷做出适时调整，以有效应对来自于能源需求影响、能源结构调整及能源问题引发的诸如气候变化等各类问题，与此同时，各国学者也陆续将研究的视角转移到能源和能源规制问题，基于各国国情、能源规制历史及能源管理模式的不同，各国学者对于能源规制的研究的范式及内容也呈现一定区别。

美国能源规制划分为国会、联邦政府、地方政府三个层次，自 20 世纪 30 年代大萧条时代之后，美国能源规制大致划分为四个时期，经历了集中电力管控、核能监管、能源安全和放松规制四个相对清晰的阶段，其间基于不同的要求制定了一系列立法和政策，由于开始较早，且研究视角多样，美国学者在研究相关问题中也涌现出了一系列重要著作，例如，约瑟夫·P·托梅因、理查德·D·卡达希在 2004 年出版的《美国能源法》一书，详细系统介绍了美国一百多年来能源政策的演变，对美国能源法的内容、价值功能和能源规制实践等做了全面细致的论述，重点介绍了各阶段美国能源规制的特点和经验，以及规制活动产生历程、规制体制等，其中规制体制的分析细化到了能源各个领域的规制，如石油天然气规制、电力规制、煤炭规制、核能规制等，在以上论证基础上分析了美国能源未来发展模式。

作为能源规制研究成果另一集中的领域，关于欧盟的整体能源政策和欧盟各国的能源规制模式及其演变的论著和研究成果也相当丰富。早于 20 世纪 90 年代，就已经有学者专门对欧共体的能源制度做了专门研究，例如 David·S·Macdougall, Thomas·W·Walde 于 1994 年出版的《欧共体能源法》（European Community Energy Law）一书，详细评述了欧共体能源制度，介绍了有关判例，并针对石油和天然气行业的能源政策进行了专门研究。进入 21 世纪以后，对于欧盟的能源法律与政策相关研究更加充分，其中有代表性的包括 M·Roggenkamp, C·Redgwell 和 I.Del Guayo 于 2001 年所编著出版的《欧洲能源法：国家、欧盟和国际法律制度》一书在欧盟和国际两个层面对欧盟能源法进行了阐述，探讨了欧盟成员国能源制度和政策，研究各国在欧盟范围内的双边、多边合作模式。近年来，可再生能源逐渐成为国外学者研究的一个重要领域。Kornelis Blok 在《欧盟的可再生能源政策》一文中梳理了欧盟可再生能源政策的发展和执行，并在此基础上提出可再生能源政策在欧盟已经发生根本性的制度变化并取得了实质性成功，但这种成功有一定局限性，比如只限于特定的国家和特定的可再生能源种类。

　　除对欧盟整体的能源规制制度与政策的研究以外，具体到欧盟各成员国也有相当丰富的研究成果。欧盟各国在日益的经济一体化后，不断加强各领域的沟通与合作，包括进行全方位立体式的统一立法尝试，能源领域亦不例外。故此，欧盟各国学者对能源规制的研究也基本兼具一体化和具体国情的考量。

　　以英国为例，英国的独立规制机构形成的历史同样较长，也同样经历了能源领域的规制与放松规制改革，但是基于英国自身地域条件及政治体制的特点，虽也建立了类似于美国的独立能源规制机构，但是近年来，出于本土能源转型、能源安全、应对气候变化的减排要求、区域一体化考虑等各种因素的考虑，英国近年来接连通过了一系列相关法案，包括在 2008 年通过了《气候变化法案》《能源法》、2012 年通过《能源改革法案》，极大促进了英国本土的能源组成结构性调整，比如分布式光伏发电的大力推广等，这些因素也直接影响了英国能源规制模式，基于这些背景，在英国国内，对分布式能源规制的研究较为全面深入，英国学者 Bridge Woodman,Philip Barker 于《Regulatory frameworks for decentralized energy》一文中提出分布式能源对基于私有化能源市场的能源规制框架有直接的影响，Maxine Freak 认为如能在英国能源市场引进规制优化模式将可有效提高能源应用效率和能源安全，还可以有效促进能源市场化竞争，进而降低规制成本，减少规制的不必要运用，维护消费者的实际利益。

　　德国作为欧盟重要成员国，其能源政策与规制模式也具有浓厚的国别特色，基于历史原因，德国早期传统能源规制模式完全不同于其他国家的国家垄断模式，其早期能源规制模式是建立在私人企业提供能源产品的区域垄断模式，通过私法合同完全排除了竞争的可能性。直到 20 世纪基于能源网络环节的自然垄断属性的重新认识、科技的进步、能源转型等因素影响，德国的能源规制模式才开始引入竞争模式，到现在实现"通过规制实现竞争"的成熟模式[①]，尤其是 2010 年以后，为实现能源供应的深刻转型，德国联邦政府对能源发展战略和规制模式进行了较大幅度调整，一些学者对这一转变的研究数量较多，德国学者 Dörte Ohlhorst 在《德国能源转型：民主与和谐维度下的多重管治》一文中提出德国的能源转型应当注意改善规制形式，确保内部一致性、地方政策的制度化和不同行政级别战略的统一，从而实现民主与和谐维度下的多重管治。另一德国学者 Miranda Schreurs 和李庆于《德国能源转型及其对新治理形式的需求》一文提出德国能源的转型要注重各类可再生能源的协调发展，构建新的治理模式，有效协调德国与欧盟其他国家以及德国联邦制架构中不同层级政府之间的关系，发挥独立规制机构对能源转型的作用[②]。

　　国内系统介绍国外能源政策和能源规制情况的论著也相当丰富，杨泽伟以 21 世纪

---

① 参见方小敏：《行走在竞争和规制之间的德国能源经济改革》，《南京大学学报（哲学·人文科学·社会科学版）》2014 年第 4 期。

② 参见米兰达·施罗伊尔斯、李庆：《德国能源转型及其对新治理形式的需求》，《南京工业大学学报（社会科学版）》2015 年第 2 期。

以来国际能源关系的发展为背景，介绍了美国、英国、法国、日本、澳大利亚和欧盟等发达国家和地区新能源法律与政策，以及西方主要国家及国际组织在能源法律和能源政策方面的最新发展（如美国 2009 年出台的《美国清洁能源与安全法》对于美国能源政策的影响、欧盟第三次能源改革方案（2009 年）反映的欧盟能源法发展趋势以及英国《2010年能源法》、法国和日本的新能源政策与法律最新发展等）[1]。曲云鹏对澳大利亚能源矿产法、澳大利亚的电力、可再生能源和节能减排等重要领域的相关法律和政策做了系统介绍，并分析归纳了澳大利亚能源法律和政策的成功经验和不足[2]。

总体来看，从国外有关能源规制的法律与政策的研究成果来看，国外的研究具有以下几方面特点：第一，研究相关问题起步较早，相比国内而言，其研究视角多样，研究领域较深入。第二，伴随国际能源形势的变化趋势，欧美国家能源规制的研究内容由之前的侧重于传统的能源安全问题，逐步转向能源合作领域，关注点从传统能源领域逐步扩展到新能源领域，高度关注可持续发展、气候变化和环境问题，反映了很强的时代特点。

（二）国内研究现状

1. 关于气候变化和气候资源的研究

我国关于气候变化的研究近年来十分活跃，各学科都在结合国际、国内客观情势的基础上从不同角度对气候变化问题进行了相关研究。就法学领域而言，国际法学、环境法学对于气候变化的问题研究得较为成熟与系统。国际法学关于气候变化问题的研究集中于以下两个方面展开：一是围绕气候变化国际法律文件发展和演变而展开宏观层面的研究，其中有些研究侧重于从纵向时间轴为线索梳理历次有关于气候变化的国际法律文件，比如韩樱结合历次气候变化国际法律文件当中关于减缓、适应、资金和技术问题进行专题讨论，明确我国应当进行关于气候变化的专门立法，同时修改、补充、协调包括能源类法律、资源类法律、环境保护类法律、产业经济类法律在内的现行法律中关系到气候变化的相关内容[3]。另有一类研究是从微观层面针对国际法领域内气候变化及相关具体问题展开的专门研究，比如从政府间合作、气候变化的归因与责任原则、气候公平与正义、碳交易、碳关税、碳金融问题而展开的专题式研究。在环境法学方面，近年来关于气候变化的研究成果也十分可观，研究范围涉及了气候变化背景下环境法理念和原则的重塑、环境立法的协调与跟进、环境与资源管理制度与方法手段的发展等方面。行政法学研究范围内对于气候变化的研究近年来有逐渐增多的趋势，其中有代表性的学者是方世荣教授，方教授首先提出"低碳行政"理念，认为要应对气候变化和低碳时代的要求，行政法应当从宏观层面和微观层面做出全面回应，包括调整行政法基本原则、强化行政主体的低碳行政要求、对行政程序进行低碳化设置、以"低碳"为核心目标改进传统行政法律行为种类、引入包括碳信息披露等行为在内的新型行政法律行为种类、建

---

① 参见杨泽伟：《发达国家新能源法律与政策研究》，武汉大学出版社，2011 年。
② 参见曲云鹏：《澳大利亚能源规制：法律、政策及启示》，知识产权出版社，2011 年。
③ 参见韩樱：《气候变化国际法问题研究》，华东政法大学博士学位论文，2011 年。

构低碳行政责任及其追究机制①。此外，还有一些学者就气候变化下的行政法学具体问题进行了研究，如杨解君、胡丙超提出行政法应当积极回应可持续发展理念，通过行政立法、执法、诉讼救济等途径将这一理念嵌入行政法治进程当中②。陈晓春等学者提出应当重视低碳行政意识，并应以低碳行政意识为路径推动低碳行政系统协同进化、促进低碳行政系统的人本发展、建立激励相容的低碳行政制度③。赵连章、李红权提出在发展低碳经济的背景下应当加强我国政府的生态管理职能，其内容包括推动企业的低碳生产和居民的低碳消费、主导产业结构调整和经济发展方式转变，强调政府在加强低碳经济发展制度建设、推动低碳经济发展的科技创新及国际合作方面的职责④。蔺耀昌分析了在低碳社会建设中推行行政契约的可行性，并设计规范了诸如行政主体间的碳排放额交易契约、产业调整资助契约等数种模式化的行政契约⑤。

在气候变化的宏观背景下，我国近年来对于气候资源的研究渐渐增多，尤其在2012年黑龙江省人大制定《黑龙江省气候资源探测和保护条例》以后，学术界围绕气候资源的属性、所有权归属及开发利用制度设计等问题进行了一定数量的研究，从研究领域上看，大致是在民法学、资源法学、宪法与行政法学三个学科维度展开的。在气候资源的属性与所有权归属的研究中，学者们大致持反对与支持两种态度，持反对成立所有权的观点认为气候资源不能作为所有权客体存在，进而无法进行所有权属设计，这个观点主要是认为气候资源不具有传统物权法"物"的特征，因而不能对其进行所有权的制度设计⑥。还有部分学者支持气候资源可以作为物而存在，对于此"物"属于何种属性则有不同观点。如曹明德教授等学者认为气候资源应属于公众共有物⑦，庄敬华教授等学者认为应当属于国家所有⑧。在关于气候资源的开发与利用的法律规制的内容上，苏苗罕提出关于气候资源立法不应重循以往的严格审批制度的思路，可以从加强激励与扶持的角度思考气候资源开发利用的法律规制内容⑨。

2. 关于规制的一般理论研究

我国规制理论的研究相较西方国家而言起步较晚，大约始于上世纪90年代左右，最初主要集中于经济学界对规制经济学的研究，随着经济体制改革的深化，公共行政改

---

① 参见方世荣、谭冰霖等著：《回应低碳时代：行政法的变革与发展》，社会科学文献出版社，2016年，第1–20页。
② 参见杨解君、胡丙超：《可持续发展理念的行政法治化：需要与途径》，《南京工业大学学报》（社会科学）2007年第2期。
③ 参见陈晓春、邬宁、施卓宏：《生态文明视角下政府低碳行政意识研究》，《湖湘论坛》2013年第4期。
④ 参见赵连章、李红权：《低碳经济发展中的政府生态管理职能》，《淮南师范学院学报》2010年第5期。
⑤ 参见蔺耀昌：《论行政契约在低碳政策执行中的应用》，《南京工业大学学报》（社会科学）2010年第2期。
⑥ 参见王灿发、冯嘉：《从国家权力的边界看"气候资源国家所有权"》，《中国政法大学学报》2014年第1期；李艳芳、穆治霖：《关于设立气候资源国家所有权的探讨》，《政治与法律》2013年第1期；侯佳儒：《气候资源国有化：法律上的"不可能任务"》，《中国政法大学学报》2012年第6期；张璐：《论气候资源立法的法律逻辑》，《北京理工大学学报（社会科学版）》2013年第3期。
⑦ 参见曹明德：《论气候资源的属性及其法律保护》，《中国政法大学学报》2012年第6期。
⑧ 参见庄敬华：《气候资源国家所有权非我国独创》，《中国政法大学学报》2012年第6期。
⑨ 参见苏苗罕：《气候资源权利归属与探测开发的法律规制》，《法治研究》2013年第12期。

革中包括政府机构、行政方式等方面的问题日益突出，法学和政治学领域开始关注规制问题，对于规制理论主要还是侧重于对西方规制理论和实践经验的介绍和借鉴，从而再进一步提出对我国规制实践的观点与制度论证。因此，目前来看，有关中国政府规制、能源规制及其改革的相关研究还处于探索、发展阶段。

我国关于政府规制一般理论的研究发端于经济学领域，最初始于翻译与介绍国外有关规制理论的经典著作基础之上，比如，1989年潘振民翻译了美国著名经济学家George J. Stigler在规制理论领域的重要著作《产业组织和政府管制》；朱绍文等在1992年翻译的日本学者植草益所著的《微观规制经济学》；余晖等在1999年翻译的美国经济学家史普博的《管制与市场》。其后，更多的经济学者开始有意识地引入规制理论，具有代表性的成果包括：王俊豪的《英国政府管理体制改革研究》《美国联邦通信委员会及其运作机制》，臧传琴的《政府规制：理论与实践》、席涛《美国管制：从命令—控制到成本—收益分析》、张帆的《规制理论与实践：对我们的启示》、宋立的《现代西方规制理论及其演进》、王林生、张汉林的《发达国家规制改革与绩效》、徐梅的《日本的规制改革》等，这些著作及论文各自从不同角度介绍了规制理论的产生、发展和演变过程及其对现实社会及经济活动的影响及作用。

在系统介绍国外规制理论的基础上，我国学者在经济学和公共管理等学科领域逐渐形成了一批具有影响力的学术论著。其中经济学领域的文献主要包括：王俊豪的《中国政府管理体制改革研究》、余晖的《政府与企业：从宏观管理到微观管制》、陈富良的《放松规制与强化规制：论转型经济中的政府规制改革》及《我国经济转轨时期的政府规制》、陈富良与万卫红的《企业行为与政府规制》、吴建军的《政府管制的产权分析》等，公共管理及政治学领域的重要文献包括：胡鞍钢主编《第二次转型——国家制度建设》、杜钢建的《政府能力建设与规制能力评估》及《中国政府规制改革的方式和途径》、毛锐的《私有化与撒切尔时期的政府管制体制改革》，概况来说，经济学领域的著作主要结合我国经济体制改革的发展要求，从当时国内立法和市场实践中分析中国政府规制体制的结构、程序和实施效果，并有意识地运用国外关于规制理论的分析模式提出了我国行业规制体制的改革举措，公共管理学科领域的相关文献则主要从规制运用的正当性、规制主体的职能定位及社会变革中规制改革对体制变革的影响等方面加以论证，体现了自身学科特点。

法学领域对于规制问题的关注是伴随着法经济学的兴起和政府机构改革的深入而逐渐兴盛的。早期主要关注的是如何从法律层面考量政府规制的成本和收益，并以政府规制的研究为方法研究如何认识和处理企业、公民和政府之间的法律关系。如朱新力、宋华琳在《现代行政法学的建构与政府规制研究的兴起》一文中详细介绍了世界范围内对于政府规制研究的兴起的趋势，提出现代行政法学转向问题，主张革新传统行政法的概念体系和学理体系，引入政府规制理论和方法。郭志斌《论政府奖励性管制》一书从行政法的角度探讨激励性管制以及政府与国有企业的关系，以激励性管制为路径重构政企关系。

在学者们有意识地将规制理论运用到法学研究后，近年来这方面的研究成果开始逐渐增多，出现了一批有影响的代表性论著，江必新在《论行政规制基本理论》一文中，提出以行政法角度进行行政规制研究不仅需要吸收其他学科的成果，也要体现自身学科特色，应当以行政规制权、规制主体法律地位、规制行为的合法性、对规制主体的规制、被规制主体和利害关系人法律地位及权利救济等问题为主要研究对象。我国行政规制的发展，要立足中国的现实，运用多种分析方法，重视规制手段的选择与不同领域内不同目标的相适应性等问题，这样才能科学构建符合市场经济的现代行政规制制度体系和实现机制。

伴随成果的丰富，法学领域对于规制问题研究的方向和切入点开始细化，以下就对这一趋势加以简要梳理。在规制主体的设置和规制权的配置方面，袁明圣在《政府规制的主体问题研究》提出政府规制的实施主体既包括行政机关，也应当包括立法机关和司法机关。它们分别在各自的权限范围内扮演着不同的角色，行使着不同的规制职能。周汉华在《基础设施产业政府监管权的配置》《监管制度的法律基础》《对设立反垄断委员会的利弊分析》等文中论及中国一些诸如基础设施产业的监管权的配置主要应涉及政策部门与监管机构之间的权力配置、监管机构之间的权力配置、监管机构与反垄断机构之间的权力配置、中央监管机构与地方监管机构之间的权力配置等四个层面的权力配置问题。盛学军、陈开琦在《论市场规制权》一文对政府经济职权划分必要性，市场规制权的特点及存在的必要性、合法性及其设定与实施等方面问题进行了分析。在规制手段的运用与规制工具的选择方面，于安在《降低政府规制：经济全球化时代的行政法》一书中探讨了我国加入世贸组织与政府职能转变的法律问题，认为应更多地引入以市场导向为需求的规制工具，以替代一部分传统的以命令控制型为特征的规制工具。应飞虎在《规制工具的选择与应用》一文中提出对规制工具的选择应当综合考虑各种影响因素并进行绩效评价，在复杂问题的决策上，还应当考虑如何才能达到多种规制工具组合运用的最大效能值。在规制工具的选择上，还有一些学者从一些特别的规制领域加以分析，比如季卫东在《从行政规制到利益诱导——日本推动环境保护和可持续发展的法制手段》一文中结合日本保护环境运用的四种制度化手段分析了日本环境保护政策制定的趋势变化，目前正从传统的行政规制转向充分利用利益诱导手段的规制，指出日本正是借助了经济分析方法和市场机制才得以实现可持续发展。胡敏洁在《特许、行政法与规制工具》一文中提出特许与一般许可不同，应当运用与其特征相适应的规制工具。刘权的《作为规制工具的成本收益分析》结合美国行政法中使用成本收益分析这一规制工具的理论与实践，分析了该工具的性质和功能，明确了其作用、适用范围和分析主体，并介绍美国对这一工具的实际操作的程序与方法。高秦伟在《行政许可与政府规制影响分析制度的建构》一文中指出我国应当建立符合中国特点的规制影响分析制度，制定规制影响分析指南，合理确定行政许可项目，进而全面实现规制改革的目标。而具体到规制程序与运行、执行机制内容，周汉华在《行业监管机构的行政程序研究：以电力行业为例》一书中提出应对监管程序进行科学设计，满足独立性、透明度、公众参与、职能分离、效率和多种监管形式相结合的原则，以保证监管执行的公正性。

3. 涉及能源规制法律问题的研究

国内法学领域中针对能源规制的研究主要集中在能源法学研究领域。龚向前在《气候变化下能源法的变革》一书阐述了在气候变化背景下进行能源法变革的必要性、法律机制和法律基础研究。在对比其他国家规制模式与实践做法的前提下，研究了气候变化对能源法制度变革的要求，在可再生能源的法律推动方面，在系统介绍域外几种规制模式的基础上，提出了加强可再生能源法实施的思考。邱新在其学位论文《能源监管权研究》一文中，围绕能源监管权的生成逻辑、能源监管权的配置、能源监管权的内容及其拓展等问题展开研究，探讨我国能源监管制度的变革和完善方向。他的《能源管网的政府管制研究》一文专门针对能源管网政府规制问题进行了研究，探讨了法治发达国家对能源管网进行管制的具体经验和措施，并对我国能源管网的管制制度建设提出了建议。苏苗罕在《能源监管机构的权力边界问题研究》一文中提出应清晰界定能源监管机构与其他能源产业相关的政府部门之间的权力边界，合理进行权力的横向和纵向配置，并进一步规范相应的行政组织法规范内容。李艳芳、岳小花在《论我国可再生能源法律体系的构建》一文中在回顾了我国可再生能源的立法沿革的基础上，以美国能源立法体系为对比，立足于我国现有立法情况，提出了完善我国可再生能源法律体系的建议。肖国兴的《论民营资本规制与能源发展转型的法律契机》一文认为能源法律必须以民营资本规制为契机进行法律制度建构，以法律制度推动能源发展转型的成功。

除立足于国内能源规制的研究，有相当一部分学者也注重介绍和引进域外有关能源规制的政策和经验。杨嵘在《美国能源政府规制的经验及借鉴》一文中对美国能源规制情况进行了概略介绍，提出中国可借鉴美国相关经验，从立法、规制主体、规制体制几个方面构建我国的能源规制体制。文绪武在《欧盟能源规制：政策变迁及其经验》一文认为欧盟之所以得以建立经济社会体制的"欧盟模式"，原因部分在于欧盟的能源规制政策为其奠定了扎实的制度基础，提出我国能源规制与欧盟有着相似的逻辑起点和历史进程，从能源规制的"欧盟模式"可以看到中国能源规制的未来趋势。李严波在《欧盟可再生能源战略与政策研究》一书中详细介绍了欧盟及欧盟主要国家可再生能源政策规制工具。桑东莉在《德国可再生能源立法新取向及其对中国的启示》一文中介绍了德国可再生能源立法的新趋向及对我国的启示。

（三）对已有研究的评价

以上列举的主要研究成果，不管是对政府规制的全面系统研究，还是侧重某一角度的分析，都有较高的学术价值，也给笔者很多启发。

综观当前有关气候变化、气候资源、政府规制及能源规制的研究现状，可以看出：

第一，气候资源的权属仍然属于一个相对模糊的研究领域，学界关于该问题观点争议较大，从行政法学研究视角结合新能源开发阐述气候资源权属问题的研究不多，具体分析对其进行开发利用的法律制度的研究尚有欠缺。

第二，尽管现有研究的视角总体呈开放特点，相关问题在经济学、政治学与公共管理学以及法学的研究视角与领域内均有较多研究成果，但局限性仍然存在。总的来看，尽管也有研究注意到目前政府规制尤其是气候资源开发利用政府规制中存在的普遍问题，比如规制主体存在一定缺陷，规制工具与手段运用仍不够，规制程序仍需规范，规制体制有待系统化等，但大多研究角度偏重于某些方面进行论证，系统性的研究仍属欠缺。在气候资源开发利用的政府规制的这部分研究成果中，虽成功运用了有关政府规制的基本理论，但结合法学尤其是行政法学科特点的规制研究内容还不多，相关分析也不够深入。

第三，现有研究大多关注我国市场体制改革后能源市场发展中存在的问题，但较少提的目前国际国内有关于能源发展、能源安全、气候变化等热点问题。相当多的研究未能把握当前能源发展过程的"整体变革"特点以及对未来规制体制变革的影响。而本书认为，气候资源开发利用政府规制体制变革必须充分关照当前社会及环境生态发展所引起的制度体系变革，同时规制技术的发展对未来政府规制理念及特定行业的规制模式也会产生深刻影响。

第四，在行政法研究领域，目前尚缺乏对气候资源开发利用整体规制体制与规制框架的关注。本书论题所涉及的核心概念"规制体制"既是经济学与公共管理学、政治学学科研究领域的传统热点，近二十年来，法学学科也有很多成果从规制层面展开，或以理论探讨为主，或在实践层面围绕某些领域展开实证分析，但从目前研究成果看，经济法学、环境与资源保护法学、能源法学方向的研究成果相对集中，其内容主要集中在对民航电力、证券、金融、铁路、环境保护、传统能源等垄断程度较高、市场力量较强的领域。相比之下，气候资源开发利用的政府规制虽有部分研究成果，但论题较为分散，尚缺乏系统性、整体性研究。

从学科旨趣来说，公共管理学科对于政府规制的研究注重政府管理目标的实现，侧重于研究如何通过管理手段的合理安排和组织系统的改进来达到规制目的，经济学科在分析政府规制时，主要关注的是政府规制行为的效率，侧重于讨论政府的规制动因，规制主体以何种形式、从那些方面开展规制，以及以成本效益比等指标评价各种规制形式在实现规制目标时所获得的实效。行政法学研究则侧重于研究政府规制对于行政相对人权利义务的影响，以及规制如何在法律规范框架下构建体系和实施运行，这与公共管理学科和经济学科均有较大的差异。

本书选择以行政法学的研究视角去关注一个具体行业的现实问题，将气候资源开发利用的行业规制体制变革放入社会总体变迁的进程，突出可持续发展、应对气候变化的宏观背景，在法律框架下研究具体行业实践中规制权力构成、规制主体的设置、规制体制的构建、规制机制的运行、规制中的法定行政行为内容、行政程序要求、行政责任及救济的总体格局，以此角度研究气候资源开发利用的政府规制，探寻其背后的体制原因，立足于更符合中国现实国情的基础之上，从规制的规范化、程序化与合理化的目标出发，就气候资源开发利用特定的产业中政府规制现实中所涉及的问题进行深入分析，以期探索建构更为合理化规制体制与规制模式，提出系统性的完善建议。

三、本书的基本框架结构

本书以对规制与新能源规制的研究现状梳理为写作起点，通篇以明确气候资源开发利用市场的特殊性和气候资源开发利用政府规制内容与方法的特殊性为核心任务谋篇布局。基本逻辑思路和写作顺序是通过对以下问题的逐一解答展开的，即气候资源、气候资源开发利用以及其规制分别是什么？气候资源开发利用的市场存在哪些问题，为什么需要规制？规制体制如何？由什么主体规制？规制内容什么？规制方法、程序与规制效果如何呈现？而事实上，这一过程也恰好是一个具体行业行政过程的反映，通过行政法的研究可以有效适应行业的发展与变化。

在明确气候资源、气候资源的开发利用以及政府规制等一级概念的涵义、属性之后，文章从开篇即分析了我国气候资源开发利用的政府规制在四个不同层面上所存在的系统性问题，具体表现为：规制理念的错位、规制内容的欠缺和规制体制的不顺畅和规制机制的不健全。在详细论证上述四个层面所存在的系列问题的基础上，文章后面将从行政法角度逐一展开对策性分析。

在规制理念和原则层面，为避免由市场失灵而引发的规制虚化以及由政府失灵引发的规制泛化问题，需要明确气候资源开发利用的宏观理念和总体原则，通过对气候资源开发利用过程中市场与政府关系的分析，结合实践中发生问题的解决思路，文章提出应当明确"有序开发"为气候资源开发利用的政府规制理念，在这一理念下，气候资源开发利用政府规制应当遵循依法开发原则、长远规划与合理布局原则、系统规制与有效规制原则、风险防范与科学评估原则、程序正当与保障救济原则。

在规制内容层面，需要从气候资源权属划分、气候资源开发利用的行政规划制度、气候资源开发利用的市场准入规制制度和价格规制制度以及气候资源开发利用的环境约束制度加以完善和调整。

在规制体制层面，需要从规制法律基础、规制主体、规制权力配置模式、横向和纵向政府规制管理体制重构气候资源开发利用政府规制体制。

在规制机制层面，主要从程序、形式与责任制度几个方面展开分析，围绕规制程序制度和规制方式的改良、规制责任追究与救济制度的建设几个方面，结合气候资源开发利用政府规制的独特性，分析规制机制中存在的问题，厘清解决思路，着重从效果和监督层面构建适合于我国气候资源开发利用现状的政府规制机制。

四、本书的研究方法

本书的研究体现规范研究与实证研究的结合，在系统分析与规范梳理的基础上，将逐一展开对相关问题阐释与分析。具体来说，本书的研究将主要运用以下几种方法进行研究与写作：

（一）文献及规范研究方法

这一方法的运用主要包括两个方面：其一是对于已有的相关研究资料进行系统的解读与分析，希望在已有研究成果的基础上找到思想的共鸣与启发；其二在本论题的研究中将会系统分析已有相关立法，通过规范分析方法的运用，将有助于分析目前的立法现状与存在的主要问题。

（二）实证调查研究方法

本书的主旨在于分析气候资源开发利用政府规制的法律问题，在论证分析中需要按照实证分析的要求，通过理论梳理和实地调研，收集、整理、归纳、分析和运用一系列的直接和见解材料，对我国气候资源利用发展中的相关概念、理论进行阐释，明确研究的主题是什么，目前存在怎样的特征，说明目前的条件下气候资源开发变化可能会发生如何的变化，产生怎样的影响，以上种种无疑是本书分析论证的基础性内容，说明了气候资源开发利用政府规制的法律问题实际情况是怎样的。同时，本书还运用规范分析方法，对气候资源开发利用政府规制法律问题的要素分析、制度构建、政策取向等方面，进行以价值判断为基础的规范分析，从逻辑演绎推理、价值探讨等方面论证气候资源开发利用政府规制在政策、制度及法律建设上的"应然"的可能性。通过文章规范分析与实证分析相结合的方法，将增强气候资源开发利用政府规制研究的科学性和说服力。

（三）比较研究方法

在全球化的背景下，其他国家和国际组织在对政府规制的理念与方式方面有着某些共同的要求和特点。因此，本书的研究也将建立在对部分发达国家气候资源开发利用中政府规制的比较研究基础之上，通过对不同国家规制的主要制度框架、发挥的功能及呈现的差异等方面的比较，寻求一定的规律性，了解发达国家气候资源开发利用政府规制的实践与基本经验，这对于推动我国新能源行业总体规制体制建立完善的进程、提高行业规制效果来说，具有重要的启示与借鉴意义。

（四）多学科交叉研究方法

已有的对气候资源能源利用的行业政府规制理论与规制实践的研究成果大多集中在经济学与管理学领域，法学领域的研究则集中在经济法学和能源法学方向，就现有研究状况与实践中存在问题来说，整体呈现复杂性的特点，要系统分析现有气候资源开发利用政府规制的行政过程特点，找到应对现有问题于困境的方法，无疑需要多学科研究方法的运用，需要借助经济学、管理学、社会学等学科的研究方法，其至还包括能源工程、能源技术等学科的理论。因而，本论题的研究，在总体上采取以行政法学的理论视角为主的基础上，也将采用综合性的研究途径与研究立场。

第一章 气候资源开发利用与政府规制

第一节 气候资源的基本范畴

一、气候资源的文义概念及要素分析

（一）气候资源的文义概念

人类对气候的利用早已有之，远古至今，人类不断进化发展的过程也是不断发现自然规律，利用自然条件和资源的过程。气候资源是人类最早认识到其规律和价值，并加以利用的资源之一，但气候资源与其他自然资源在形态、利用方式上有所不同，作为一种无形物，气候资源开始并未像土地、生物、矿产等有形资源一样，被人类有意识作为明确可获取的资源加以运用，在漫长的发展史上，气候长期是作为农业生产的必要条件为人类不断认识和利用的。比如：先秦时期文献《吕氏春秋》卷二十六《士容论·审时》一篇中曾述"六日：凡农之道，厚之为宝。"其中，"厚"通候，就是说对农业生产而言，气候时令非常重要。但很长一段时间，气候并不被认为是一种资产来源，而仅作为生产生活的条件而利用，究其原因，主要还是在于后述几类资源均具有稳定的形态，气候因素和气候条件则不然。

气候资源作为一个明确概念提出较为晚近，据现有资料显示，首次明确提出"气候资源"这一概念是在 20 世纪 40 年代，美国著名气候学家兰兹伯格（H·E·Landsberg）以"气候是一种自然资源"为题发表的文章以多种观点阐明气候应该是一种重要的自然资源，30 余年之后，在 1972 年与日内瓦召开的世界气候大会上，会议主席罗伯特·怀特（Robert·M·White）在《发展时期的气候主题报告》中认为："这次大会的实质性的准备中产生了一个重要的新观念，这就是我们应当开始把气候作为一种资源去思考。"①。

气候资源从其词面内容理解，即是指与气候相关的资源，在自然科学领域，如气象学、

---

① 孙卫国编著：《气候资源学》，气象出版社，2008 年，第 14 页。

资源学等学科，气候资源的概念往往被界定为"可以用于并有利于人类生产活动的气候条件"[①]。

（二）气候资源概念的构成要素

气候资源的这一定义包含了两个构成要素，即气候和资源，二者分别指向了气候资源的来源和属性。从"气候"这一要素出发，气候资源必然是从自然中与气候因素和条件相关的内容中产生的，根据《辞海》的解释，气候是指地球上某一地区多年时段大气的一般状态，是该时段各种天气过程的综合表现，由温度、降水、风等气候要素构成。而"资源"这一要素则提示了气候资源是一种能够为人类提供生存和发展所需的自然要素。"资源"即"资财之源"[②]，从实践中我们可以发现气候资源是气候要素当中可以为人类所利用的那一部分，就目前人类的认知及利用条件看，气候条件中包括空气、太阳辐射、热量（温度）、水分（降水量、水汽）、风等要素在人类有意识加工利用以后就可以成为气候资源。可见，气候资源与自然界天然存在诸如温度、水分、风等气候条件并不完全等同，气候条件往往需要通过转化才能成为气候资源，例如：降水只有通过地表或地下水的储存以后才能成为降水资源。同一气候条件由于利用方式的不同也会形成不同类型的资源用途，比如：太阳辐射在农业生产活动中通过作物的光合作用形成了光合能，而在能源生产中则通过光伏发电设备转化而形成了光伏能。

（三）气候资源的外延

外延揭示的内容是涵盖概念本质属性的对象，相应地，凡是具有与气候相关的、能为人所用的资源属性的就应属于气候资源的外延范围。从法律意义上讲，对气候资源外延的正确判断和准确分类有助于制定更具针对性的开发、利用和保护立法规范，也有助于明确法律规制对象。如前所述，气候因素与气候条件并不等同于气候资源，由空气、太阳辐射、热量（温度）、水分（降水量、水汽）、风等气候要素构成的资源均属于气候资源外延包含的内容，就目前人类对气候资源认识和开发利用的情况来看，气候资源是一个外延非常广的概念，从目前最常见、应用最广的是根据表现形态对气候资源的外延进行划定，气候资源涵盖了以下几类资源，包括：

一是太阳能资源。主要是指被地表吸收的太阳辐射，是太阳以电磁波形式不断向外放射的能量，是一种清洁、无污染的可再生能源。

二是风能资源。来源于空气的垂直运动，是一种可就地取用的自然资源。

三是热量资源。来源于太阳的热辐射效应，这一类资源尤其对农业种植和自然生态的分布有重要影响。

四是云水资源。主要指存在与大气中的液态水和固态水。它与植被类型和作物分布有密切联系，在调节生态平衡中具有关键作用。

---

① 陈星，马开玉，黄樱编著：《现代气象学基础》，南京大学出版社，2014年，第220页。
② 彭补拙等编著：《资源学导论》，东南大学出版社，2014年，第1页。

需要说明的是，气候资源的外延会随着人类认识和利用水平的提高而不断变化。在人类社会发展初期，气候资源主要利用在农业生产领域，仅作用于极有限的范围，随着开发技术的不断提高，气候资源开始被有意识作为能源加以利用。

从气候科学角度分析，人类活动对气候环境的影响主要是通过两个途径实现的，一个是改变下垫面的性质，另一个是改变空气成分[1]。下垫面简单来说就是位于大气层之下的地壳表面，其所呈现的形态和附着物对气候资源的影响是巨大的：其是大气中热量和水汽的主要来源，起着贮存和再分配的作用，同时它又是低层空气运动的边界面，对气候的影响十分显著。改变下垫面的性质是人类发展过程中的必然现象[2]。人类对下垫面的改变如砍伐森林增大了地表反射率从而降低了地表太阳能的辐射量但增加了大气层接受到的太阳辐射中的光能和热能，也使得地表粗糙度下降，从而造成风速的增加。而这些还只是停留于"影响"的层面，但在量变的积累达到一定程度后，如城市中楼房的建设让原本该地区固有的不具有资源价值的微风因为流动的通道变窄而在其下游形成风口、风力场等就已经跃升到了"形成"的层面。而对大气成分的改变如温室气体的排放则影响范围更广，形成或破坏的气候资源量就更大。温室气体的排放在累计到一定量比如人类活动使全球大气中二氧化碳、硫化物、微尘、水汽、氟利昂和云量显增加而至目前状态，地球上因此而形成的臭氧空洞增加了太阳辐射到达地面的总量，在其下产生了新的类似于矿藏的太阳能富集区（虽然这并不是好事），也形成了新的降雨规律、新的降雨带和干旱带等等气候资源更易受到人类影响。

二、气候资源的法律界定

各国已逐渐重视从法律层面对气候资源的开发利用进行规范，对气候资源，有的已体现在各国的立法实践中[3]。在我国，要将气候资源纳入法律调整的范畴，完善我国气候资源开发、利用和保护等领域的相关立法，必须以概念的明确为前提。梳理立法史，目前全国性的法律规范中，仅有已废止的1991年《气候资源管理大纲》（试行）和1994年的《中华人民共和国气象条例》中曾做规定，1991年《气候资源管理大纲》（试行）："气候资源是指人类凭藉一定的手段、方式所能开发利用的那一部分气候条件，是人类可利用、形成财富或使用价值，并能影响劳动生产率的自然物质和能量的一部分"，1994年的《中华人民共和国气象条例》第38条规定："气候资源指能为人类经济活动所利用的气候条件，如光能、热能、水分、风能。"在以上两项法律规范废止后，尤其是《气象条例》在1999年被《气象法》所取代后，再未有任何全国性规范对气候资源进行概念界定，1999年通过并于2009年和2014、2016年经过三次修改

[1] 中国自然资源丛书编撰委员会：《1995中国自然资源丛书——气候卷》，中国环境科学出版社，1996年，第29—30页。
[2] 参见孙卫国：《气候资源学》，气象出版社，2008年，第19页。
[3] 美国早在1980年其环境规划理事会在《关于人工改变天气的国家间合作规定》中就已明确"大气是地球的一种自然资源"。

的气象领域最高效力的法律规范《中华人民共和国气象法》中，第41条专设一条明确气象和气候领域各类基本概念及术语，包括有：气象设施、气象探测、气象探测环境、气象灾害、人工影响天气等，但却未保留该法前身《气象条例》对气候资源的界定。相比之下，地方层面的立法对气候资源及其开发利用明显更为关注，从目前我国部分已制定的有关气候资源开发利用的地方性法律规范中可以发现，立法上对"气候资源"的内涵与界定在基本内容上是基本趋同的。

目前在我国省一级的地方性法规、地方政府规章中，共有11个省份已制定气候资源保护与开发利用规范，其中地方性法规7个，地方政府规章4个，其中除《江苏省气候资源保护和开发利用条例》在内容中未明确气候资源的概念外，其余10个法律规范均专设条文明确气候资源的涵义，具体内容如下表。

表1-1 "气候资源"法律概念界定列举简表

规范名称	通过时间	制定机关	法源	对"气候资源"的界定
《河北省气候资源保护和开发利用条例》	2016年	河北省人民代表大会	省级地方性法规	第2条第2款：本条例所称气候资源，是指气象要素中可被开发利用的太阳能、风能、热量、降水、云水和大气成分等资源。
《安徽省气候资源开发利用和保护条例》	2014年	安徽省人民代表大会	省级地方性法规	第2条第2款：本条例所称气候资源，是指可以被人类利用的太阳辐射、风、热量、云水、大气成分等能量和自然物质。
《贵州省气候资源开发利用和保护条例》	2013年	贵州省人民代表大会	省级地方性法规	第3条：本条例所称气候资源，是指能被人类生产和生活所利用的光照、热量、降水、云水和风能、太阳能以及其他可开发利用的大气资源。
《西藏自治区气候资源条例》	2013年	西藏自治区人民代表大会	省级地方性法规	第3条：本条例所称的气候资源，是指可以被人类生产和生活利用的太阳辐射、热量、云水、风和大气成分等自然物质和能量。
《山西省气候资源开发利用和保护条例》	2012年	山西省人民代表大会	省级地方性法规	第2条：本条例所称气候资源，是指可以被人类生产和生活利用的太阳辐射、热量、风、云水和大气成分等能量和自然物质。
《宁夏回族自治区气候资源开发利用和保护办法》	2017年	宁夏回族自治区人民政府	省级地方政府规章	第2条：是指能被人类生产和生活所利用的光照、热量、云水、风以及其他可以开发利用的大气成分等自然物质和能量。
《广西壮族自治区气候资源开发利用和保护管理办法》	2011年实施，2016年修订	广西壮族自治区人民政府	省级地方政府规章	第2条第2款：本办法所称气候资源，是指能为人类生存和活动所利用的光能、热量、风能、云水和其他大气成分等自然资源。

续 表

规范名称	通过时间	制定机关	法源	对"气候资源"的界定
《内蒙古自治区气候资源开发利用和保护办法》	2015 年	内蒙古自治区人民政府	省级地方政府规章	第2条第2款：气候资源，是指大气中为人类生产生活所利用的太阳光照、风、云水、热量等自然物质和能量。
《四川省气候资源开发利用和保护办法》	2014 年	四川省人民政府	省级地方政府规章	第3条：本办法所称气候资源，是指能被人类生产和生活所利用的光照、热量、云水、大气成分和风能、太阳能以及其他可开发利用的大气资源。

　　我国由于气象领域的基本法《气象法》未有对"气候资源"做出明确界定，故目前尚无统一、权威的关于"气候资源"的法律概念，但通过（表1-1）中对省级以上地方性法律规范关于"气候资源"的涵义界定与描述可以看到，上述规定中对于气候资源的界定虽表述有所差异，但在核心内容的描述上呈现一致性，即在现有的规范中，所有"气候资源"定义达成的共识在于确定了气候资源的"资源"属性是认定某种气候要素或资源是否被认定为气候资源的基本要件，即举凡气候资源都应是现阶段"能被人类所利用"的，这既是认定某种资源或要素是气候资源的前提，也是其作为气候资源的必要条件，进而言之，如果现阶段对于某种资源或要素人类不具备开发利用条件或其不具有服务于生产生活的使用价值，这些要素和资源是不应被包括在气候资源范畴的。

　　法律层面上，对气候资源的认定尤其强调其资源属性，即上文所表述的气候资源是能被人类所利用、满足人类生产生活需要并具有相应使用价值的特性，这是气候资源所以被界定、被规制的重要原因，所以，对法律关于气候资源范畴的规定应当有清晰的认识，即在气候资源的外延范畴中，只有在现有认识水平和科技条件下能够被利用并具有相应价值的资源才会被纳入法律规制的范畴。同时，出于经济的考量，如果某些资源的开发在现阶段存在开发成本过高、预期效益过低等问题，也不会被纳入法律规制的范畴。上述各省区所制定的气候资源开发利用相关规范也印证了这一点，从外延来看，目前已有的这些法律规范中对气候资源的外延范畴基本是确定的，即由太阳辐射、热量、云水、风和大气成分等气候要素和气候条件所形成的风能、太阳能、大气热能和云水资源。

　　综合前述分析，本书认为气候资源是气候条件中可被人类利用，在一定技术和经济条件下为人类提供生产价值或经济价值的自然物质与能量，主要包括大气中的太阳能、风能、热量、云水及大气成分等大气自然资源。

　　在我国实践中，风能和太阳能的开发规模最大，生产和商业性利用最为成熟，故此本书将研究范围限定为风能和太阳能，以及以风电和光电为主要研究内容的新能源产业，为了有利于从行政法的研究视角分析气候资源开发利用政府规制中的法律问题，应首先将气候资源的开发利用的涵义与形式加以明确。

第二节 气候资源的开发利用

一、气候资源开发利用的涵义

《世界自然资源保护大纲》认为："开发（Development）的定义是生物圈的改变和运用这种改变于人类、财政、生物和非生物资源等方面，以满足人类的需要，并改善人们生活的质量[①]。"

从词义上分析，气候资源的开发利用是指人类通过有意识的生产和生活活动，在充分发挥人的创造性和其他有利条件的基础上，通过对气候要素的探索、研究，将存在于大气中的各种现实和潜在的资源进行整合，并使其可以被持续性利用，以实现包括经济效益、社会效益、环境效益在内的各项效益的综合性活动。

气候资源的开发利用实际上包含了两项活动，即气候资源的开发和气候资源的利用，二者有明显的先后承接顺序，但在实践活动中，气候资源的开发与利用往往紧密结合，互相依存，一般来说，气候资源的开发目的就是为了能在后续活动中加以利用，气候资源的利用则需要以开发为先在条件和前提，这一关系尤其在气候资源的生产性利用中得到充分体现。

二、气候资源开发利用的形式

诚如上文所述，气候资源外延包括甚广，包含但不限于之前所列举的风能、太阳能、大气热能和云水资源。只是此四种形式是凭借目前技术条件可以被人类所熟练掌握、利用并对人类产生相当的可用性的，随着经济的发展、人类认识水平和科技水平的提高，此范围必将继续扩大。所以，此处并无意于对几种在性质、形态均不尽相同的具体气候资源利用方式逐一进行白描式地分析，此项工作既非法学研究之所长，对本书核心论题的论证意义也不足够重大。但对气候资源的利用形式进行科学分类却十分必要，主要原因如下：

其一，通过对气候资源进行科学分类，有利于明确研究范围和对象，简化研究工作。

其二，合理的分类有利于分析不同类项下气候资源所具有的共通特点和共性问题，从而有助于对开发利用中的相关制度设计进行针对性研究。

基于目前气候资源的应用途径，结合资源科学及气象科学的研究成果，气候资源可做以下划分：

---

① 国际资源和自然保护联合会（IUCN）、联合国环境规划署（UNEP）、世界野生生物基金会（WWF）编制，转引自蔡守秋主编：《环境资源法教程》，中国法制出版社，2004年，第22页。

1. 按气候资源的固有属性进行划分

这一划分形式，主要参照自然资源科学的划分方法，将气候资源按外延范围的具体资源类型的本身属性进行界定和划分。其结果是将气候资源划分为恒定性资源、亚恒定性资源和易误用易污染性资源，气候资源中的太阳能属于恒定性资源，风能和云水资源属于亚恒定性资源，大气成分和气候风光属于易误用易污染性资源[①]。

2. 按气候资源的利用方法进行划分

这一分类方法是从实践中对气候资源的利用方法出发进行划分的，具体将气候资源划分为直接利用气候资源和间接利用气候资源。前者是直接使用气候资源作为开发利用方式，比如说在能源生产中，直接利用风能、太阳能进行发电，而后者则是指以气候资源作为媒介形成其他产品或物质的利用方式，比如说在农业生产中，大气中的二氧化碳通过为光合作用提供原料，以光能为能量来源，促进植物的生长，又比如在金属冶炼行业中，需要利用大气中的氧气作为支持冶炼燃烧的物质供给要素。

3. 按利用的目的进行划分

这种分类的产生，直接源于对气候资源的客观需要，对市场和行业性生产的价值最高。在这一分类中可将气候资源分为生活性使用气候资源和生产性利用气候资源，生活性使用是指为人类生活需要而对气候资源的利用方式，如日常人们晒太阳、呼吸等。而生产性利用指在包括工业、农业、服务业等行业领域，以气候资源及其构成要素为能源或原材料等的利用方式，生产性利用是一种基于气候资源的基本价值属性而展开的一种有意识的开发和利用行为。在这一分类项下，按照气候资源具体用途的不同，还可以细分为农业气候资源和气候能源两种主要类型。也就是说，就气候资源的利用途径看，主要有两种利用方式，包括农业应用和能源利用，这两种开发利用的方式也是实践当中对气候资源的利用最为广泛的两类，农业生产对气候资源的利用往往是一种间接利用，即气候资源在农业生产中往往首先作为一种环境因素加以认识和利用，人们会有意识的利用特定地域的气候条件和具体气候资源来促进农业生产，同时，即使现阶段规模化农业生产越来越得到推广，但农业生产仍然以分散型为主要生产模式。与此不同的是，在能源生产中，气候资源普遍是一种直接利用，而且气候资源能源化利用的准入门槛高，对企业要求严格，市场规范、成熟，且能源行业属于自然垄断性行业[②]，本身相对封闭，出于能源产品的重要性，各国政府普遍对包括风能、太阳能在内的能源产品实行更为深度的规制，基于这一原因，本书对气候资源开发利用的政府规制专注于我国能源领域当中风能发电和太阳能发电市场的政府规制进行分析和研究。

对人类而言，能源问题始终是与人类社会发展与进步密切相关的的重要议题，能源行业是目前世界各国最为重要的基础性行业，在世界各国的法律制度与规制体制中，对

---

① 参见葛全胜主编：《中国气候资源与可持续发展》（第七卷），科学出版社，2007年，第14页。
② 自然垄断行业是指在产量社会最优的前提下，对于某一单一品种产品，由一家企业来生产这种产品成本是递减的，所以，如果把这种产品的生产全部交给一家企业来生产，对全社会来说总成本最小。自然垄断主要出现在固定成本投入较高的行业，比如绝大部分的公共事业行业，如电力、自来水、煤气、电信等。

能源进行了极详尽的安排。本书的研究对象也是研究我国以风能与和太阳能为代表的新能源行业，研究其具体问题及制度安排，所以，在此有必要对能源的内涵、种类及能源问题的形成与现状等问题做出必要了解。

三、能源与新能源

（一）能源的界定与内涵

目前，对于能源的概念并未有统一共识。《科学技术百科全书》中能源是指可从一定物质中获得光、热和动力之类能量的资源。《大英百科全书》中的能源一词是指一个专业术语，包括阳光、流水、风、燃料等，这些物质只要通过适当的转换手段，便可让它为人类提供能量。总体认为能源是一种呈多种形式的且可以相互转换的能量的源泉[①]。

根据全国科学技术名词审定委员会审定公布的能源定义，自然界赋存的已经查明和推定的能够提供热、光、动力和电能等各种形式的能量来源[②]。

从形式上看，能源有不同表现形式，根据不同的标准可以有不同的划分方式：1. 按照能源的来源与产生方式，能源可以区分为一次能源和二次能源。一次能源主要指直接来自于自然，未经加工和转换以自然状态存在的能量和资源，包括：煤炭石油天然气等化石能源、核能、太阳能、风能、水能、植物能、地热能等。二次能源主要是指通过人类有意识开发利用的转化，蕴含人类劳动价值的能源产品，包括：电力、焦炭、汽油、煤油、柴油、煤气、酒精、沼气、甲醇等以及生产过程中排出的余热、余能等，二次能源也叫人工能源，它构成了终端能源的主体。2. 按照能源的形成和再生性，能源又可以分为可再生能源和不可再生能源。可再生能源是指不会随其自身的转化或人类开发利用而递缩的能源，如风能、水能、太阳能、潮汐能、地热能等。不可再生能源也称矿石能源或化石能源，是指经过漫长地质年代生成，一旦开采之后在人类可预见的时期内难以再生成的能源，如煤炭、石油、天然气、油页岩等。3. 按照能源使用的类型，能源可以划分为常规能源和新能源，常规能源是指已经能够大规模生产和广泛利用能源，主要包括一次能源中可再生的水力资源和不可再生的煤炭、石油、天然气等资源。新能源这一概念是相对"常规"而言，主要指常规能源之外的新型能源，新能源目前的经济性特征较常规能源而言较差，大部分新能源目前仍处于发展阶段，但新能源大多数属于可再生能源，其资源储量丰富，分布广阔，环境兼容性强，是未来能源利用的主要类型。

能源究其本质，具有相对稳定的内涵，表现在：

1. 资源属性。如前所述，能源按照其产生方式，可以分为一次能源和二次能源，无论其产生基于自然原因或是后天加工，其主要的特质在于其本身的来源具有作为资源并为人类提供能量的可利用性，基于这一属性，人类才会在漫长的岁月中，逐步摸索总结

---

① 见 http://baike.so.com/doc/1824153-1929236.html
② 资源科学技术名词审定委员会审定：《资源科学技术名词》，科学出版社，2008 年，第 164 页。

能源利用的各种手段与方法，以满足人类活动对于能量的需求。

2.价值属性。能源的价值属性在于能源通过直接开发或是加工利用的形式，可以将能源转化为商品，并可以在市场上进行流通。2014年习近平总书记在主持中央财经领导小组会议的讲话中，也着重强调了这一点，讲话对推动能源生产和消费革命提出了五点要求，其中特别强调了推动能源体制革命的要义就是还原商品属性。

3.公共属性。从人类有意识地利用能源开始，能源的功能就反映出除满足私人利用外，还具有很强的满足公共需求的特性，这里所谓的公共需求是指能源主要的社会功能存在于其可满足社会的公共利益需求。从实践看，现代国家一般均将发展能源作为构建一国经济体系的重要一环。大多数成为市场流通产品的能源均需通过特定管网运输后才可为消费者所用。这些管网有强烈的公共属性，一般都是通过特许经营的方式由带有公共服务性质的能源公司进行排他性垄断经营，而后政府再通过政府规制对这些公司及其经营活动进行规制，从而形成公平有序的市场。从能源终端的服务看，诸如电力、天然气等部门均属于典型的公共事业部门，也具有很强的公共属性，这些部门均需接受政府的规制，并需保证为能源消费者提供普遍性的公共服务。

（二）新能源的涵义

新能源又称非常规能源，早在1997年国家计划委员会印发的《新能源基本建设项目管理的暂行规定》中就曾对新能源有过界定："新能源是指风能、太阳能、地热能、海洋能、生物质能等可再生资源经转化或加工后的电力或洁净燃料。"这一概念一般与传统能源相对应，主要指称传统能源之外的各种能源形式，特指刚开始开发利用或正在积极研究、有待推广的能源，典型的如太阳能、地热能、风能、海洋能、生物质能和核聚变能等。与之经常一起出现、并行使用的一个概念是可再生能源，顾名思义，可再生能源主要指称自然界中不断再生、可以永续利用的能源，联合国1981年新型能源和可再生能源会议对这两个概念的描述和列举，新能源和可再生能源包括太阳能、水力发电、风能、生物质能、海洋热能、波浪力能、潮汐能、油母页岩和重质油砂工等，主要指常规化石能源以外的可再生能源。新能源与可再生能源两个概念侧重点有所不同，但二者也有一定交叉，如太阳能、风能、地热能等，这几种能源形式就既属于新能源同时也属于可再生能源，但有的能源属于可再生能源却不属新能源，如水能。鉴于人类社会的进一步发展正面临着日趋严重的环境破坏和能源短缺等问题的制约，清洁发展和可持续发展已成为我们这一时代国际社会的普遍共识，基于这样的时代背景，本书的研究主要着力于探讨气候变化影响下的新能源开发与政府规制，太阳能和风能作为应对气候变化、有效减少碳排放的能源形式，从减少二氧化碳排放的有效性考虑，二者对于减缓全球暖化进程，减少单位面积二氧化碳强度有重要意义，同时在我国新能源产业体系中，风能和太阳能属于开发时间较早、技术相对成熟并且适用地域广泛、已经形成一定规模的能源种类，自2009年以来，全球风电每年新增装机容量就一直维持在约 4000 万千瓦，至 2013 年全球风电累计装机容量已达 318 137 万千瓦[1]，在太阳能光伏发电方面，2013 年世界太阳能光伏发电累计装机容量也达到 13 400 万千瓦[2]，同时国家在这方面制定的法律、政策相对较多，因此本书侧重于分析风能和太阳能这两种能源形式的特殊属性及其开发与利用的政府规制相关问题。

第三节 政府规制

一、政府规制理论沿革

规制的出现与发展大致经历了规制发生、放松规制和规制解构与重构的动态发展过程。西方经济学界关于规制的几个阶段不同的重要理论也是以准确描述和再现实践中出现的这一过程为核心要义。这些理论包括以庇古（Pigou）和帕累托（Pareto）为代表的公共利益规制理论[3]、以斯蒂格勒（G·J·Stigler）为代表的芝加哥学派所提出的部门利益理论[4]和后期出现的激励性规制理论[5]等流派。

（一）公共利益规制理论

公共利益规制理论产生的直接动因来源于"市场失灵"现象的出现，波斯纳曾提出规制的公共利益理论建立在两个假设基础之上：一是市场自行运转会失灵；二是政府经济规制的交易成本为零。在这两个前提下，无成本的政府规制就是合理而有效的[6]。公共利益理论的产生是为了更好地描述实践中开始出现的规制现象，由于传统微观经济学提出的关于完全竞争市场的假设前提基本是无法实现的，"市场失灵"必然会出现，因此，公共利益规制理论从理论来讲可以规制任何市场范围，只要存在"市场失灵"，就应当有规制的发生，这一理论在产生之初由于可以在一定程度上对政府干预经济的合理性作出有效理论支撑，也确实对 20 世纪 70 年代以前大量出现的国有化运动产生过影响，提供了相应的政策依据，也由此在理论界产生了很大影响，但是由于这一理论自身存在许多缺陷，在运用中出现了以下问题，包括：（1）规制如何发生的论断没有来源于实

---

[1]　数据来源：全球风能理事会（GWEC），Global Wind statistics 2013，引自国家可再生能源中心编著：《2014 国际可再生能源发展报告》，中国环境出版社，2014 年，第 19、20 页。

[2]　数据来源：IEA-PVPS" Report Snapshot of Global PV 1992-2013",2014，引自国家可再生能源中心编著：《2014 国际可再生能源发展报告》，中国环境出版社，2014 年，第 42 页。

[3]　Pigou A C,The Economic of Welfare.London:Macmillan and co.,1932.

[4]　G·J·Stigler,The Theory of Economic Regulation.The Bell Journal of Economics and Management Science,1971,2(1),pp.3-31;Coase R.H,The problem of social cost.The Journal of Law and Economics,1960,3(10),pp.1-44.

[5]　【法】让·梯若尔、让-雅克·拉丰：《政府采购与规制中的激励理论》，石磊、王永钦译，上海三联书店、上海人民出版社，2004 年，第 25 页。

[6]　Richard·A·Posner,Theories of Economic Regulation.Bell Journal of Economics and Management Scienc,1974,5(2)，pp.335-338.

践的验证，这一理论严格来说只能说是对规制经验提出的假设和说明[1]；（2）现实中有诸多实例证明，该理论仅以市场失灵为前提和基础是不足够的，实践存在的大量规制并不必然与外部性和自然垄断相关[2]。20世纪70年代以后，"国有化"运动兴起，政府规制过度强化，伴之而生的政府规制也暴露出了其不可避免的"先天性"缺陷，诸如政府官员自私的自然人属性以及社会利益集团对立法、司法的影响及高额的行政成本等[3]，以上的诸多缺陷导致公共利益理论逐渐为后来的理论所取代。

（二）部门利益规制理论

在公共利益理论之后最有代表性的规制理论是部门利益理论，这一理论源于一些经济学家开始质疑社会出现的越来越多的规制背后的动机与效果，尝试以实证分析的方式检验规制的效果，以此来回答政府的干预是否有效的问题。这一理论是斯蒂格勒在1971年率先提出[4]，随后由佩尔兹曼和波斯纳予以发展[5]。该理论认为确立规制的公权力机构并非无差别地代表公共的利益，其仅代表了某一特殊利益集团的利益，规制的设计与实施也是为其而服务的。具体来看，规制的部门利益理论包括规制俘获理论和规制经济理论。

1. 规制俘获理论

规制俘获理论认为，能够俘获规制或是促使规制发生的，事实上是规制对象本身，或者是其他可能从规制中受益的人[6]。1976年，佩兹尔曼进一步将该理论做出了改进，他的理论没有将关注点集中于规制主体得利与否，而是认为无论规制是否得利，被规制的行业及市场中产品的数量和价格均不会受其影响，影响因素实际在于收入最后的分配。1995年，伯恩斯坦确立了"规制机构生命周期理论"，该理论同样否定了公共利益理论，通过论证认为规制主体至多可以在建立初期行使独立规制权，后期由于利益因素影响，会逐步被利益集团所俘获[7]。尽管规制俘获理论在某种程度上比公共利益理论更符合对实践和经验的观察，但是从理论基础上分析，规制俘获理论与公共利益理论一样，仍然无法以有效地解释利益集团是如何操纵或影响规制的。规制俘获理论最大的影响是反映了当时社会上开始出现的反政府规制倾向，甚至可以说，英美等国之后相继出现的放松规制运动也与该理论的提出和发展有关。

① 【美】W.K.维斯库斯、J.M.弗农等：《发垄断与管制经济学》（第四版），陈甬军等译，中国人民大学出版社，2010年，第321页。
② Peltzman.S,Toward a More General Thoery of Regulation.Journal of Law and Economics,1976,19(2),pp.211-241.
③ 文学国：《政府规制：理论、政策与案例》，中国社会科学出版社，2012年，第71页。
④ G·J·Stigler,The Theory of Economic Regulation.The Bell Journal of Economics and Management Science,1971,2(1),pp.3-31.
⑤ P Peltzman.S,Toward a More General Thoery of Regulation.JournalofLawandEconomics,1976,19(2),pp.211-241；Richard·A·Posner，Theories of Economic Regulation.Bell Journal of Economics and Management Science,1974,5(2),pp.335-338.
⑥ Berstein·M·H,Regulating Business by Independent Commission,Princeton:Princeton University,1955;Jordan·W·A,Prior Market Structure and the Effects Government Regulation.Journal of Law and Economics,1972,15(1),pp.151-176.
⑦ 参见程景民：《食品安全行政性规制研究》，光明日报出版社，2015年，第20页。

2. 规制经济理论

规制经济理论是部门利益理论的另一扩展形式，该理论接受公共选择理论中对于"政府和官员均是经济人"的基本假设，借用奥尔森（Olson）的集体行动理论，较为科学地论证了利益集团对于规制的影响和效果[1]。这一理论主要运用数学模型解释规制活动实践过程，具有更高程度的逻辑性和标准性，该理论形成了有代表性的三个模型，施蒂格勒模型、佩尔兹曼模型和贝克尔模型，前两个模型以规制者选择实现政治支持最大化规制政策为分析基础，贝克尔模型则认为规制应主要用来提高更有实力的利益集团的福利[2]。

规制经济理论直接影响了后来的规制改革运动，到 20 世纪 80 年代，西方对于规制的理论与实践均有长足发展，最大的变化就是以放松规制和激励性规制实行为标志的规制改革运动。

（三）激励性规制理论

激励性规制理论是利用信息经济学的研究成果，同时吸收了可竞争市场理论的合理成分而形成的规制理论。这一理论以规制主体和被规制企业之间的信息不对称和目标不一致作为立论的前提，借助于信息经济学、机制设计理论，把规制问题当作一个委托代理问题来处理。这是与公共利益规制理论和部门利益规制理论最大的不同。

二、规制的概念内涵考察

在规范学术研究中，核心概念的界定是问题研究的前提，借由概念的明确，可以为研究圈定大致边界。博登海默曾对概念的重要性如此描述："概念乃是解决法律问题所必须的和必不可少的工具。没有限定严格的专门概念，我们便不能清楚地和理性地思考法律问题"[3]，对规制的探讨也不例外。规制的实践虽由来已久，但在各学科的规制理论研究中还未形成统一概念，因此，有必要对规制的概念做一辨析。

规制一词主要译自英文"Regulation"或"Regulatory Constraint"两词，除译为规制一词外，也有翻译为监管或管制的译法[4]。从国内外相关研究范围分析，规制概念是一个难以准确把握的概念，综合来看，国内对于规制的概念表述主要在以下语境中加以运用：即将"规制"统一指代所有由公共权力机构所进行的规制，指依据一定的规则对构

---

[1] 参见巨荣良、王丙毅：《现代产业经济学》，山东人民出版社，2009 年，第 332 页。
[2] 参见程景民：《食品安全行政性规制研究》，光明日报出版社，2015 年，第 23 页。
[3] 【美】博登海默：《法理学：法律哲学与法律方法》，邓正来译，中国政法大学出版社，2004 年，第 504 页。
[4] 在我国规制、管制、监管均在不同学科中有广泛的采用，比如早期的潘振民翻译的美国著名经济学家 George J. Stigler 在规制理论领域的重要著作《产业组织和政府管制》、孙斯坦的《权力革命之后：重塑监管型国家》、席涛的《美国管制：从命令—控制到成本—收益分析》、余晖的《政府与企业：从宏观管理到微观管制》、陈富良的《放松规制与强化规制：论转型经济中的政府规制改革》等著作，其本意均为英文 Regulation 一词，从词义及其延伸涵义理解，规制较"管制""监管"二词更显柔和，契合政府治理转型与行政法的发展趋势，故此，本书统一使用规制一词，但在引文引用上，基于对于原文作者的尊重及原文内容的统一的需要，文章中将继续沿用其本来用法。

成特定社会的个人和构成特定经济的经济主体的活动进行限制的行为[1]。一般认为规制是政府的法定职能，是规制主体根据法律授权，以法律规制为规制依据，实施规制行为，从而实现对规制对象行为的约束和规范。规制从内容上包括对经济和社会的规制，其中经济规制是政府规制的主要形式，主要是侧重于对市场的调整与规范，重在通过规制手段纠正"市场失灵"。政府规制一般适用于微观经济规制层面，与政府宏观调控相对应，是政府对个人经济活动和市场行为所做的个别的、直接的规范和限制[2]。其目标是通过具体规制行为，为企业和市场建立可预见的稳定的规范和引导规则，防止市场失灵，从而确保微观经济的有序化，实现社会公共利益最大化。它与旨在通过总量调控和结构调整的方法确保经济稳定增长的经济宏观调控一起构成政府干预经济的两种主要方式。政府规制与宏观经济调控二者既有联系也有区别。此二者均是政府履行经济管理职能的重要经济行为表现，二者最大的区别在于，宏观调控着重于总量上的、间接的调控，通过运用财政与货币政策作用于市场，通过综合运用经济、法律、行政手段调控国家经济布局和重要经济领域，从而间接影响企业行为。而规制则是直接的、个体的规范控制行为，它通过法律规范直接作用于市场主体，从而规范、限制和激励企业行为。

规制的概念早期主要见于经济学领域，是经济学中的规制经济学的重要研究内容。例如日本学者植草益认为："通常意义上的规制，是指依据一定的规则对构成特定社会的个人和构成特定经济主体的活动进行限制的行为。进行规制的主体有私人和社会公共机构两种形式。由私人进行的规制，譬如私人（父母）约束私人（子女）的行动（称之为私人规制），由社会公共机构进行的规制，是由司法机关、行政机关以及立法机关进行的对私人以及经济主体行为的规制（称之为公的规制）[3]。"在行政法上，有学者将规制行政一般作为给付行政的对应概念来运用，"为了维护和增进公共利益，根据法律、法规的规定，规范和制约人民的自由活动和权利，并对人民科以应服从之的公共义务的一切行政作用，都属于规制行政"[4]，其重要特征在于将公共利益作为规制的正当性前提，运用规制手段对相对人进行直接的规范。行政法上的政府规制，首先要体现合宪性与合法性，通过利益衡量，基于比例原则要求，实现公益目标。

综合以上描述，根据规制的本质与目标，本书认为，规制是公共权力主体为维护市场活动与市场机制的公平性与利益均衡性，维持市场经济秩序，促进公平竞争，基于法律的授权，对市场及其参与者实施以直接的规范、限制和激励，以实现行政目的的行为和过程的总和。其最终目的在于矫正和改善市场活动和市场机制的某些固有内在问题，诸如市场参与中各方利益分配不公平性和"市场失灵"等，主要由政府通过运用公共权力，依照法律规范，直接干预市场活动与市场机制。

---

① 【日】植草益：《微观规制经济学》，朱绍文、胡欣欣等译校，中国发展出版社，1992年，第1页。
② 参见于立、肖兴志：《规制理论发展综述》，《财经问题研究》2001年第1期。
③ 【日】植草益：《微观规制经济学》，朱绍文、胡欣欣等译校，中国发展出版社，1992年，第20页。
④ 杨建顺：《规制行政与行政责任》，《中国法学》1996年第2期。

第四节 对气候资源开发利用实施政府规制的必要性

本书开篇分析了气候资源开发利用的产业与市场存在的种种问题及新能源市场中潜藏的各种风险，当前如果要进一步推进市场的发展，单单依靠市场自身突破诸多瓶颈问题并不现实，虽然现阶段对气候资源的开发利用无论从宏观政策的积极引导还是市场自身的热情与潜力都是值得鼓励与挖掘的，但要推动我国气候资源开发利用的发展有两个方面的重要问题需要解决，一方面是推进新能源市场化向纵深推进，另一方面是进行有效的政府规制。二者的实施绝非对立，也不相矛盾，相反地，它们之间应当是相辅相成的正相关关系。如果说新能源领域的市场机制是在发挥"无形之手"的先天优势，那么气候资源开发利用的政府规制则在发挥政府解决"市场失灵"方面具有不可替代的功能。

尤其是对于新能源这一类特殊产业而言，只强调市场，没有有效的政府规制，是无法保障新能源市场的有效运转的。特别是目前我国新能源市场相比其他传统能源种类市场要弱小许多，市场机制也更为欠缺，加上产业本身所具有的弱自然垄断的特性，是需要以有效政府规制加以引导和促进的。从构建合法、有序、积极、高效的政府规制的层面解读我国气候资源开发利用的现实与未来，不仅能破除相当一部分人所存在的某些担忧（如气候资源开发利用政府规制就是在为新能源产业的发展带上不合适的枷锁，构建规制体制就是为了给政府干预新能源市场提供貌似合理的理由，甚至认为政府在新能源市场还如此弱小时就提出政府规制就是在"与民争利"等等），另一方面，也更能说明我国能源结构的当前与未来状况，基于目前我国还处于工业化的发展进程之中，能源需求量巨大、增长很快，新能源供应在很长的一段时间内处于短缺的发展现状，建立有效的规制体系十分必要，基于这一根本出发点，本部分将基于经济学和法学两个学科视角，从学理角度分析对气候资源开发利用实施政府规制的必要。

一、气候资源开发利用政府规制的经济动因

承认风能、太阳能的市场供给，是气候资源开发利用政府规制的理论前提，风能、太阳能资源通过规模化应用而赋予了具有市场属性的商业价值，在有效的法律框架下，二者均可以通过市场化供给解决能源的转化与利用，并产生应有的价值。在现有能源结构下，风能、太阳能的开发利用，对增加能源持续供应、改善我国能源结构、促进环境保护、应对气候变化等均有重要作用，是解决我国能源供需矛盾和实现可持续发展的战略选择，气候资源进入市场并承担重要角色是应时之需。但同时，气候资源在属性上存在其独有的社会属性，在保障市场供给的前提下，需要以政府规制保障有效的市场供给，

在这一点上，新能源政府规制有其存在的正当性，政府规制并非是为了规制而规制，如果仅是为了政府权力的扩张而干预市场，不仅会带来经济的无效率，也会带来对自由权利的削减。相反，在承认市场供给的前提下进行有效的政府规制，不仅不会影响市场的自由度，还会带来更高的经济效率，规避"市场失灵"的风险与负面作用，在这一点上，对气候资源的开发利用进行政府规制和市场供给是相容的，二者互为存在和发展的条件。具体来说，气候资源开发利用政府规制的经济学动因主要有以下几点：

（一）解决新能源产业的自然垄断性

在经济学上，垄断的概念与竞争相对应，是指市场主体在经济活动中通过排除或者限制竞争者而取得利益或有利市场地位的行为或状态。我国《反垄断法》第3条就界定了三种典型的垄断行为，包括（1）经营者达成垄断协议；（2）经营者滥用市场支配地位；（3）具有或者可能具有排除、限制竞争效果的经营者集中。

市场活动最核心的动力来自于竞争，能源行业作为公用事业，能源的属性又与普通商品有所不同，能源行业往往具有一定程度的垄断性，垄断的出现常常会导致效率损失和市场失灵，主要表现在：（1）由于垄断的出现，导致市场价格被操纵，垄断厂商可以按照自身收益最大化的原则制定远高于边际成本[①]的商品价格，从而导致资源配置效率弱化，市场不公平现象出现；（2）由于垄断厂商缺乏竞争压力，也就会缺少以改进技术和降低价格而提高产品竞争力的动力，从而导致行业整体效率低下；（3）导致市场交易双方市场竞争能力不对称，使得产业上下游之间的关系呈现复杂状态，不能完全反映市场自身调节资源配置的作用，典型的比如能源行业中的煤电关系、电力厂网关系，此二者由于电力属于国家重点调整的行业，具有较强垄断性质，而煤炭定价和电网发电侧已经引入竞争机制，实行市场定价，这样虽然在很大程度上打破了行业垄断，但是也造成了行业上下游相对复杂的关系。新能源产业与传统能源产业有所不同，其起步晚、发展迅速、政策支撑力度大，同时又符合能源行业未来发展趋势，是近年来市场的投资热点领域，据统计，我国新能源企业近7成是2010年以后成立的，当前新能源市场已经呈现激烈竞争态势，但在高速发展过程中，新能源产业或多或少在市场层面呈现一定的市场力影响问题，也会不同程度的反映上述的市场失灵问题。仅以2014年为例，该年度我国新能源企业数量已达14 219家，是2008年的近5倍之多，但从市场份额看，前10名企业占有全国七成以上的市场份额[②]。对比国外，在市场经济发达的国家，由于市场经济中存在激烈竞争而导致的优胜劣汰在能源行业中也不例外，能源企业在经营活动中存在着由于盈亏而引致的资源重组，表现为企业间的兼并、合并和吞并，这一过程势必引发能源行业生产要素的集中形态，当集中到一定程度，则必会引发垄断，即少数

① 边际成本指的厂商每增加一单位产量所增加的成本，即在基于原有产品的基础上，再多生产一个单位产品所花费成本。
② 数据来源于腾讯财经、九次方大数据联合发布数据，http://finance.qq.com/original/bigdata/xinnengyuan.html

厂商、组织通过控制能源市场而获得丰厚利润[①]，这种情形在新能源产业领域高速发展的背后是有可能出现的。此外，新能源产业本身与传统能源行业一样，需要保证发电、输电、配电与用电同时完成，因此产业内各环节关联性极强，要求有极高的协调性，需要产业内上下游之间衔接紧密且稳定，目前我国发电侧已经基本按照市场化要求完成改造，即电网市场化，而售电侧改革还未推开，其复杂关系与传统能源行业相比无异，在整个新能源领域，大量的民营企业团聚在新能源产业链的上游，即原材料、设备生产加工领域，而中下游即能源转换和输配电领域的企业绝大多数是国有企业或者实力较强的民营企业，整个能源产业市场上下游关系并未完全理顺，按照产业经济学自然垄断成本次可加性理论，新能源产业上游行业属于边际成本大于或等于实际成本，具有弱自然垄断性，而下游行业边际成本小于实际成本，具有强自然垄断性[②]，二者均具有垄断属性，高度垄断的出现则可能导致资源配置低效、无效甚至负效率，通过政府规制可以降低和遏制垄断问题。

（二）解决新能源产业的外部性问题

英国"福利经济学之父"庇古（Pigou）首先提出外部性理论，外部性理论被理解为是某一经济主体通过行为对另一经济主体在福利上所产生的效果，并且这一效果并不从市场交易或者货币上加以反映[③]。外部性问题是因为在经济活动中私人成本与社会成本、个体收益和社会收益之间的差异造成的，外部性问题区分为两种情况，一种称之为"外部经济性"或者"正外部性"，是指能源的生产和消费能给他者所带来收益、便利却无需他人进行支付的情况，例如能源生产带来了当地居民经济状况的改善，创造了更多的就业机会[④]。另一种情况称之为"外部不经济性"或者"负外部性"，最为典型的负外部性问题就是环境污染问题和安全供应问题，例如在能源行业中，火力发电企业如果为了降低运营成本，往往会采取对企业自身影响较小、难度较低的手段，因此不安装或者不按强制性要求运行脱硫脱硝等污染治理设备就成为常用手段，对企业来讲，其承担了部分成本却获得了全部收益，但成本当中显然不包括对环境造成污染的损失，这就是环境污染的外部不经济性。新能源从性质上来讲虽然属于清洁能源，本身就是作为传统化石能源的替代产品而被广泛关注与大规模开发，但是新能源行业在发展过程上如果不加引导也同样可能带来环境问题，比如在现有技术水平下，风能发电风机运行仍有噪音污染和光污染，在风场建设过程中，会不同程度对植被产生破坏，在太阳能开发中，作为光伏发电上游重要原材料的多晶硅属能源密集产品，本身要消耗大量能源，且生产多晶硅所产生的副产品如四氯化硅等是有毒物质，会对环境造成严重污染，由于该种物质回

---

① 陈治：《从市场失灵、市场失衡到国家干预——经济法研究路径的再反思》，《云南民族大学学报（哲学社会科学版）》2005年第5期。

② 参见戚聿东：《中国自然垄断产业改革的现状分析与政策建议》，《经济学动态》2004年第6期。

③ 【美】保罗·萨缪尔森、威廉·诺德豪斯：《经济学》，萧琛译，北京经济学院出版社，1996年，第569页。

④ 【英】罗杰·珀曼、詹姆斯·麦吉利夫雷、迈克尔·科蒙等：《自然资源与环境经济学》（第二版），侯元兆等译，中国经济出版社，2002年，第147-148页。

收再利用的成本昂贵，国内除少数几家规模较大的企业有配套回收设备，大多数中国太阳能厂房均未装设或完全安装相关的回收设备。此外还有一类外部性问题就是技术创新问题。一般会有两种原因造成技术创新问题，一种是公用事业企业对技术更新的迫切性要求不足；另一种情况是某项技术创新存在投资大、易被模仿、风险大等问题，导致企业缺乏主动进行技术创新的动力。技术创新问题如果不加规制，可能导致企业经济效率和服务水平低下，最终影响用户服务水平。

如此来看，假设完全依靠新能源市场机制自身的调节作用，并不能有效抑制市场主体的外部不经济行为，同时也无法有效激励市场主体的外部经济行为，因此必须通过政府规制加以解决[①]。

（三）解决新能源产业的信息不对称性问题

市场经济的主旨在于通过市场供求关系自动调节资源配置，一个合理有效的市场需要供求双方之间有充分的共享信息，以支持其理性的决策。但实践中普遍存在的却是市场交易双方所掌握的信息量不对称或不充分，信息不对称顾名思义即是市场交易中双方对交易相关信息掌握程度不同，一方比另一方拥有更多信息的状态，由于双方所掌握的信息量的不同，将会导致双方在风险的承担和利益的获取上处于不同状态，进而对市场产生直接影响。具体到新能源行业，消费者对新能源企业所提供的能源产品的性质、质量及市场上其产品的供需情况、成本多少及构成等相关信息不甚了解，因此在购买相关产品时并不清晰的了解其购买的产品价格是否合理，是否反映了商品的实际价值。而新能源企业处于自身利益考虑，往往会竭尽一切方法使其所提供产品的价格高于实际价值，这一过程就清晰反映了由于信息不对称而造成的用户利益受损。对于信息不对称的问题通过政府规制也是较为合理和经济的选择。

二、气候资源开发利用政府规制的法律基础

气候资源开发利用中的政府规制是政府凭借法律授权，依法运用公共权力通过直接的规范、激励和限制等形式干预新能源市场和市场主体生产经营的活动。现代社会市场经济的核心要义是保障市场交易自由和强调市场主体的独立经营。尤其是目前国家对传统属于自然垄断行业的能源市场已经逐步放开市场准入限制，并通过政策、法律等方式引导各种资本进入新能源市场，吸引其进入市场参加竞争，在这一背景下探讨从法律层面建构气候资源能源利用中的政府规制体制以及政府干预新能源市场和相关企业经营活动的必要性和正当性问题显得极有必要。

（一）法律属性表现

从20世纪70年代开始，规制制度研究逐渐成为美国法学界的一个重要研究领域，美国当代行政法学中政府规制学派开始兴起，他们开始探索"规制国家"的目的与对象、

① 参见徐桂华、杨定华：《外部性理论的演变与发展》，《社会科学》2004年第3期。

"健全规制"的基本构成要件、"新公共时代"的含义、"官僚政府"的"公共利益"等课题，以对法律规范和实践素材的把握，将程序问题与实体问题结合起来考虑，探索公共政策的形成过程，在行政国家之下对具体的行政活动加以探讨[①]。我国法学领域对于规制问题的关注也伴随着法经济学的兴起和政府机构改革的深入而逐渐兴盛。

从法学的角度尤其是行政法的角度考察，可以发现规制具有固有的法律属性。可以说，规制问题除了关涉经济问题，更核心的还表现为法律问题。结合前述规制概念，气候资源开发利用的政府规制呈现下述法律属性。

1. 规制主体规制权的法定性

规制是规制主体借由公共权力对市场参与者实施干预措施，从规制的产生历程看，在亚当·斯密于1776年发表具有划时代意义的著作《国富论》之后的近200年的时间里，其著作中所论证的市场经济的合理性、自我修复性和"无形的手"的巨大效用一直在不断得到验证，西方国家大多数都处于市场自由竞争的飞速发展时代，政府则一直恪守"守夜人"的角色，其间虽有对市场的干预，但也只是局限于某个产业或者市场有限的某个局部，现代规制体制雏形远未建立。直至美国联邦1887年为限制和改变当时美国铁路的高度垄断状态而设立了州际商业委员会，并于1890年通过《谢尔曼反托拉斯法》，以此二者为标志的现代规制制度在美国建立，州际商业委员会作为独立规制机构通过国会授予的公共权限及规制权限对各州间地面运输经济活动进行监督和管理，广泛行使准立法权、行政权和准司法权等产业规制权限，州际商业委员会及之后在其他行业陆续设置的独立规制机构开始成为国家权力体系的重要组成部分。之后规制成为各国政府管理与监督市场体制与市场活动所广泛运用的手段，其主体或是类似于美国式的独立于政府的独立规制机构，或是由政府主导实施的监督管理，其本质都在于运用公共权力调节与平衡市场主体的利益关系，从而追求一种利益分配的实质性正义。

从性质上看，规制权是一种典型的公权，它是一种具有强制性和主动性的权能和能力，规制权也具有以上特征，它作为一种公权力，基于人民授权的正当性，由宪法、组织法等规范授予规制主体以法定规制权，在规制过程中依法运用规制权，进行经济和市场的规制活动。在具体的规制活动中，基于不同的规制领域，特定法律规范均对规制主体的法律地位、不同层次规制机构的设置和关系做出相应规定，体现了极强的法定性。

在气候资源的开发利用中，规制主体是法律授权的部门或机构，不同国家，不同的体制和不同的规制权力配置模式下，规制主体的权力构成、独立性或许各有差异，但从法律调整的视角看，任何主体的设立、权限、运行机制无一不是由法律预先设定，并授予权力，以法律制度约束和督促其履行职责的。

2. 规制调整内容和程序的法定性

在当今法治国家，无论具体规制制度和政策如何设计，在过程层面均十分强调规制

---

① 参见董炯：《政府管制研究——美国行政法学发展新趋势评介》，《行政法学研究》1998年第4期。

活动的规范性，强调规制过程应以法律规范为依据。规制的发生在于运用公共权力调节市场行为与市场体制，其规制形式以及与之相适应的规制程序均应当体现法律授权的正当性，在规制过程中注重法律所蕴含的基本价值的实现，强调规制行为的合法性与合理性。正如美国法律社会学家塞尔兹尼克从公法角度对规制的描述，他认为："规制是指一个公共机构针对具有社会价值的活动进行的持续、集中控制。规制是在认为市场行为具有社会价值，需要保护和控制时，才对其进行规制。规制也远非通过一部法律那样简单，它强调持续、集中控制，因此，成熟的规制常常被定义为三方面基本元素的结合：制定规则、监督与检查、执行与制裁[1]。"

规制调整的内容不仅存在于传统的行政管理过程中，还涵盖了政策、法律制定和特定事务的裁决等内容。在国家职能的划分中，政府最初作为承担行政职能的主体行使传统的行政权，即依照法律管理相应行政事务的权力，主要表现为行政执法权和行政管理权。随着行政活动日益专业化、复杂化和技术化，立法机关对于应付现实中日趋复杂专业的事务缺乏足够能力，在行政国家的形成过程中，行政机关的权限范畴突破既有界线，享有了在法定职权领域内的政策、规范的制定及事务的裁决这两类准立法权和准司法权，可以说，在现代国家的权力构造中，行政权处于绝对的优越地位。这三类权力的融合尤其体现在各国 20 世纪开始纷纷设立的诸多独立性规制机构这一过程中。美国自1887 年设立州际贸易委员会成立以来，大量独立规制机构如雨后春笋般涌现：1913 年，美国建立联邦储备委员会，以管理和规范银行业，控制国家的货币供应；1915 年建立联邦贸易委员会，以防范虚假和欺诈的商业活动，和司法部共同实施《反垄断法》；1934年建立联邦通讯委员会，对国家电话、广播和电视产业加以规制；1935 年成立国家劳资关系委员会，对劳资关系加以管理。1977 年，国会建立了联邦能源规制委员会，1983年认可了公民权利委员会的独立地位[2]。尤其在罗斯福新政时期，仅 1933—1934 美国就有大约 60 个规制机构成立[3]，这些规制机构均具有一个共同特点，在一个特定行业领域行使相对独立的，拥有行政、立法、司法混合职能的权力。即使从上世纪 70 年代末开始，以英国为代表的西方国家发起了一场放松规制和"去规制化"（de-regulation）的改革，此项改革的本意原在于在市场机制可以发挥作用的领域取消或部分取消对价格和市场进入的限制，其具体作法包括：放松对定价规制、放宽或取消最低限价和最高限价、重新定义倾销价格、允许企业根据实际情况制定差价、逐步减少价格规制所涵盖的产品的范围、放宽或取消进入市场的规制等[4]。但与此相矛盾的一个现象是，这一时期又被称作"规制爆炸"（regulatory explosion）的年代，这一阶段有更大数量的独立管制机构

---

① 【英】卡洛尔·哈洛、理查德·罗林斯：《法律与行政》（下卷），杨伟东等译，商务印书馆，2004 年，第 557 页。

② C.Miller,Independent Agencies.Supreme Court Review,1986,pp.41-42，转引自：高鸿钧等：《英美法原论》（上），北京大学出版社，2013 年，第 517 页。

③ 高鸿钧等：《英美法原论》（上），北京大学出版社，2013 年，第 525 页。

④ 参见徐京悦：《中外政府管制体制比较研究——适应 WTO 要求的中国政府规制改革模式探讨》，中国人民大学博士学位论文，2003 年。

被建立起来[①]。此外，有一项针对 48 个国家（经合组织全体成员国以及拉丁美洲国家）的研究显示，在上世纪 80 年代以前，这些国家中每年新增的规制机构不超过 5 个，而从上世纪 90 年代到 2002 年期间，每年新增的规制机构都超过了 20 个[②]。从以上数据及现实中规制机构的发展来看，规制所需要应对的事务存在专业性和复杂性的特质，规制主体的权力具有混合性的特点，对规制过程的法定性提出了更高的要求，以往以司法审查为中心的传统行政模式无法应对行政领域展现的新面貌，如果仍然依靠司法机构对行政法律行为合法性的事后审查形式，不但不利于有效维护行政相对人的权益，也与现代规制理念无法契合，在前述塞尔兹尼克的规制概念中，尤其强调规制是一种"持续和集中的控制"，即规制主体对于规制对象应保持持续密切的接触，对规制内容的发展变化应当有充分持续的了解和认识，面对日益加大的各种不确定性的风险，法律往往只是规定规制框架和蓝图，而赋予了行政机关去填补法律空白、自主塑造和选择公共政策的广袤裁量空间的权力。行政所扮演的不再仅仅是一个"传送带"的角色，也不再是对立法机关的萧规曹随和亦步亦趋[③]。在规制机构日益增多，规制领域日益扩大的前提下，对于规制内容法定性的要求更多地就体现为对于规制程序的合法性、合理性的内在需求，藉由"正当程序"原则和比例原则等行政法基本原则加以统辖。

气候资源开发利用的政府规制在程序和内容上也同样应当遵循法定性要求。为了避免"市场失灵"，我们对风能、太阳能的开发利用进行规制，这种规制是动态的、过程性的，是对新能源市场持续和集中的控制，从规制内容上看，其内容具有复合性的特点，既有属于传统经济性规制，比如市场准入规制、价格规制，也有属于社会性规制的内容，比如环境规制等，而从过程来讲，气候资源开发利用的政府规制从规制范围的划定、规划的拟定、规则的制定、规制措施的施行、规制效果的检验，以上内容均应从法治的内在涵义出发，在保证规制有效的同时，又能做到明确边界，规制适度。

3. 规制对象和规制目标确立的法定性

对规制动态过程的合法性追求，强调将规制过程作为一个整体来考量，其内容的合法性不仅体现为对规制过程中规制活动所体现的类型化行政法律行为合法性的要求，还应当要求规制目标和规制对象的确立符合合法性标准。规制的对象主要是市场体制和经济活动中的市场主体，其目标是通过规制对市场机制和市场行为进行规范、控制和激励，以实现行政目的。

在明确气候资源政府规制的范围和内容之后，需要探讨的问题是，何种规制方式才是最有利于新能源市场的，才是能产生最和谐的社会结果的。从规制方式的属性上看，

---

① Christensen.T,Læ greid.P,Regulatory Reforms and Agencification, Christensen.T,Læ greid.P (eds.),Autonomy and Regulation.Edward Elgar Publishing Limited,2005,pp.12，转引自谭康林：《独立管制机构的兴起与政府治理转型》，《汕头大学学报（人文社会科学版）》2012 年第 3 期。

② Jordana,.J., et, al,The Global Diffusion of Regulatory,Agencies:Channels of Transfer and Stages of Diffusion. IBEI Working Paper,2009,pp.28，转引自谭康林：《独立管制机构的兴起与政府治理转型》，《汕头大学学报（人文社会科学版）》2012 年第 3 期。

③ 朱新力、宋华琳：《现代行政法学的建构与政府规制研究的兴起》，《法律科学》2005 年第 5 期。

大部分规制方法本身就属于传统的行政法律行为类型，对这些行为本身，就有从内容到形式的法定性要求，所以在气候资源开发利用政府规制形成运用的逻辑过程中，无论在规制的介入、规制目标的设定还是在规制方法的选择和评估上，均应当谨守合法性要求，在具备法律授权和符合相关法律规范的原则精神及具体规定的基础上，合法运用规制权，并且，在规制运用的过程中，为了避免规制主体可能出现的诸如滥用规制权等问题，在法律制度的设计上，均会预先设置对于规制主体运用权力、实施规制行为的监督及责任内容。

在规制活动中，规制主体凭借法律的授权制定规则，通过程序运用权力有效控制和规范市场主体行为，从而达到规制的效果。需要说明的是，规制虽然是规制主体的法律行为，但并不意味着规制就是一种单向度的高权行为，随着经济的发展和治理理念的变革，政府早已转变了计划经济时代所扮演的对经济生活全面介入的、微观式的管理者角色，取而代之的是通过法律规则的运用，以宏观调控、市场监管、社会管理、公共服务等多种方式全面履行经济管理职能，在充分尊重市场调节作用和社会自治功能的前提下，以利益均衡者、激励者[1]的身份与规制对象形成一种良性的互动合作关系，从而达到良好的规制效果。

（二）对"公共利益"原则的遵循

关于利益的概念及相关论题是多门学科恒久关心的命题，古今中外许多学者都曾对利益及公共利益的概念、范畴的界定进行各种努力和尝试，其间也形成了不同的主张和观点。作为不确定概念，基于其高度的抽象性和概括性特点，利益的内容与对象存在表现出开放性和不确定性，伴随人类社会的产生发展而产生发展的，对于这一概念的解读，不同的历史阶段有不同的理解。从其基础内涵出发，利益被界定为"需要"，它表现为"主体和客体之间的一种关系，表现为客观规律作用于主体而产生的不同需要和满足这种需要的措施。"[2]在利益概念的界定上，早期唯物主义哲学家霍尔巴赫认为，利益是"我们每个人看作是对自己的幸福所不可缺少的东西"[3]，美国法学家罗斯科·庞德认为利益是"人类个别地或在集团社会中谋求得到满足的一种欲望或要求，因此人们在调整人与人之间的关系和安排人类行为时，必须考虑到这种欲望或要求"[4]。

以利益关于"需要"的基础涵义为起点，我们可以对"公共利益"这一概念做一大致勾勒。公共利益的定义与其所处的历史时期与阶段密切联系，从涵义上看，其具有概念界定上的宽泛性、判断的不确定性、内容的延展性等特点[5]，伴随各个历史阶段对于

① 参见蔡全胜：《治理：公共管理的新图式》，《东南学术》2002 年第 5 期。
② 孙国华主编：《马克思主义法理学研究——关于法的概念和本质的原理》，群众出版社，1996 年，第 244 页。
③ 【法】霍尔巴赫：《自然的体系》，管士滨译，商务印书馆，1999 年，第 259–260 页。
④ 【美】罗斯科·庞德：《通过法律的社会控制/法律的任务》，沈宗灵、董世忠译，商务印书馆，1984 年，第 81–82 页。
⑤ 林来梵：《从宪法规范到规范宪法》，法律出版社，2001 年，第 206 页。

公共利益以及与公共利益相关概念诸如：国家利益、社会利益、集体利益、个人利益的界定及对其相互间辩证关系的解读，对公共利益的认识也逐渐趋向深入。早期西方部分哲学家认为，公共利益即为国家利益，亚里士多德就把国家视为最高社团，其存在目的是实现最高的善，其物化表现就为公共利益[①]，我国也有一些学者肯定这一认识，认为："在我国，国家利益往往等同于社会利益，二者在根本上是一致的"[②]，"国家利益是全体国民追求有普遍性的需求……，在其基本内容上，与公共利益是重合的"[③]。及至后来，陆续有学者将共同利益解释为共同利益、抽象秩序或多数人的利益，共同利益说以边沁的功利主义理论为基础，认为一个国家或社会的公共利益，就应当是该国家或社会内所有成员个人利益的总和[④]，抽象秩序说认为公共利益无法确定为任何一种可知特定结果的总和，而只能定义为一种抽象的秩序，这一秩序可以为任何一个个体提供最优的通道，以达到以自己知识或能力实现自己目的的结果[⑤]，多数人利益说形成于德国，以德国学者纽曼为代表，他将公共利益界定为不特定多数人的利益，并且在确定公共利益时还应着重考虑国家任务这一重要因素，这一理论也基本属于德国有关公共利益界定的通说[⑥]，以上诸方观点不但推动了对公共利益概念认识的深化，也在一定程度上反映了公共利益这一不确定法律概念既存在于客观之中，又与社会发展演进、国家与社会的利益构成日益多元化的趋势密切相关。目前，学界对于公共利益应区别于国家利益这一点已达成基本共识，从内涵来看，公共利益所涵盖的内容要广于国家利益，国家利益着重于国家整体层面，与政治内容密切相关，对外表现为国与国交往中的利益需求，对内则体现为由政府作为国家代表所表达的全国性利益，正如孙笑侠教授所言："法律上的国家利益仅限于三种情况：一是国家政权稳定与安全的利益，二是国际法上的国家主权意义上的利益，三是在民事法律上的国家财产所有权的利益，除此之外的所谓的国家利益都可能是非法的利益"[⑦]，国家利益在内容表现上着重于政治性内容，同时也表现出强烈的公共性，故此，借国家名义而为政府自身或特定利益集团所主张的利益并不属于国家利益的范畴，从公共性的特点出发，国家利益当属公共利益之列，在从属关系上，国家利益属于公共利益的下位概念，原因是，在目前的历史阶段，社会公共组织作用愈发突出，市场体制改革强调了社会组织与个人的作用，国家利益格局和社会治理理念也随之发生深刻转变，国家社会一体化格局被打破，利益主体多元化、利益结构复杂化、利益诉求多样化的利益格局逐渐形成，同时社会公共组织也越来越多地投入到社会治理当中，并在其中发挥了显著作用，其理应成为公共利益主体的重要构成，故此，公共利益不仅涵盖国家利益，还包括社会公共利益等内容。

---

① 胡锦光：《论我国宪法中"公共利益"的界定》，《中国法学》2005年第1期。
② 沈宗灵：《法理学研究》，上海人民出版社，1990年，第61页。
③ 冉克平：《论"公共利益"的概念及其民法上的价值》，《武汉大学学报（哲学社会科学版）》2009年第3期。
④ 参见【英】边沁：《道德与立法原理导论》，时殷红译，商务印书馆，2000年，第58页。
⑤ 参见【美】哈耶克：《经济、科学与政治》，冯克利译，江苏人民出版社，2000年，第393页。
⑥ 参见陈新民：《德国公法学理论基础》（上），山东人民出版社，2001年，第184—186页。
⑦ 孙笑侠《论法律与社会利益——对市场经济中公平问题的另一种思考》，《中国法学》1995年第4期。

在公共利益受到普遍重视的当下，需要对其内涵、外延与界限加以明晰，这既有助于分析实践中假以"公共利益"之名实现个人、组织或政府自身利益等各种乱象，同时也有助于明确公权力行使的边界，理顺公共利益与集体利益、共同体利益尤其是与个人利益的关系，明确各自在利益结构体中的相应位置。本书认为，公共利益既不同于国家利益，也与集体利益、共同体利益有所区别。集体利益、共同体利益在利益主体及内容上虽然与公共利益有交叉，但从本质上看，公共利益是动态的、开放的概念，其范围需要在具体的情境中结合具体利益主体才可能加以确定，而集体或共同体利益则不然，在利益主体判断中，集体或共同体由于是特定的，其利益主体和利益内容均可以具体化，故此，集体利益和共同体利益可以相对看做是静态的、封闭的。

公共利益与私人利益的关系则更为密切，二者从产生之初，就是一对相生而伴的概念，二者既表现出对立关系，同时又以一种辩证统一的关系而相伴存在。私人利益之间的竞争与冲突是公共利益产生的直接原因，公共利益体现了对于社会整体公正和正义的追求，它以个人利益为前提和基础，却又不是个人利益的简单叠加。并且，作为一种稳定的价值性概念，公共利益逐渐外化为以宪法等法律规范为载体的国家制度，在不同的历史阶段，由于社会价值结构的演进、国家根本任务的变化，对于公共利益的内容指向与判断存在差异。

目前，在市场与社会为主要取向的全方位体制改革中，所有制结构形式由原有的单一式的公有制模式转变为多种所有制并存的模式，社会中利益流动明显加快，社会活动主体尤其是经济活动主体明显增多，社会"用利益导向行为取代了价值导向行为"[1]，多元利益格局已然形成。为使多元化的利益及利益主体能以有序自治的方式存在，必然需要形成以法律规范为支撑的公共利益体系，以发挥其强大的整合功能和调节功能。制度化、法律化的公共利益理念，首先体现在宪法层面，在宪法的制度设计中，蕴含着丰富的公共利益理念，在各国的宪法文本中，普遍存在着对于公共利益的直接规定，公共利益被表达为"公共利益""公共福利""公共福祉""公共目的""公共使用"等[2]。我国宪法中也有对于公共利益的规定，现行宪法第10条第3款规定："国家为了公共利益的需要，可以依照法律规定对土地实行征收或者征用并给予补偿。"第13条第3款规定："国家为了公共利益的需要，可以依照法律规定对公民的私有财产实行征收或者征用并给予补偿。"宪法作为根本法，将作为抽象价值理念的公共利益演绎为法律概念，与其他国家的立法实践类似，我国宪法也并未尝试在条文中对公共利益的具体涵义或范围进行明确具体的规定，而是通过下位法的具体规定在不同社会领域针对不同利益关系加以明确，在现有的法律体制下，有大量的下位法中涉及对"公共利益"的规定，从现行有效的各效力层级法律规范看，全文中以"公共利益""社会公共利益"等

---

① 【德】哈贝马斯：《合法性危机》，刘北城、曹卫东译，上海人民出版社2000年版，第29页。
② 如：德国《基本法》第14条第2款："财产权……之行使应同时有益于公共福利"，第3款："财产之征收，必须为公共福利始得为之"；日本宪法第29条："财产权的内容，应符合公共福祉，以法律规定之。"韩国《宪法》第37条："国民的一切自由和权利，只有在需要保障国家安全维持秩序及维护公共福利的情况下，由法律进行限制。"

字样出现中，法律共计有 217 部、行政法规和国务院规定共有 215 部、部门规章 1616 部、地方性法规计有 14 514 部①，不同的规范根据其专门调整领域及调整对象在各自的内容中对公共利益作出规定。例如《物权法》第 7、42、148 条对财产的征收、征用方面的公共利益作出规定，《土地管理法》第 54 条对涉及土地的利用与管理方面的公共利益应当包括的范围进行了列举，《国有土地上房屋征收与补偿条例》对于因公共利益需要而对国有土地上的房屋进行征收与征用的具体范围与情形加以列举。

气候资源开发利用的政府规制同样涉及到多方面的利益平衡问题。包括投资者的获利需求、消费者的权益保障、利益相关人的潜在利益及社会公共利益，各种利益相互之间存在潜在张力。在有效的规制制度框架下，无论其具体形式如何，规制者都应当有足够的自由裁量权，来应对不确定因素，适应市场变化，避免风险的发生。当前有效的新能源规制制度就应当按照现有宪法制度框架，从规制主体、规制程序、规制内容涉及、规制结果的损益等方面加以评估和规范，以确立和发展面向未来、有内在生命力的规制体制。

（三）体现的社会正义理念

正义是法律的又一核心价值。立足法的正义观，实现社会分配正义、代际正义、环境正义、气候正义，是气候资源开发利用政府规制的正当性法理基础，其最终目的都落脚于对人权的尊重和保护。

在法理学概念范畴中，"正义是一个涉及个人行为和人际关系安排的范畴。对个人来讲，正义即善。对于社会来讲，正义是人际关系中的公道、公平。正义是合适地分配利益和责任的状态。这样，一种状态是否正义就涉及两个要素：一是人，一是分配给人的事物。正义就是合适地、正当地、合理地将事物分配给人②。"如何实现经济的快速增长是同时代、不同经济体制国家普遍、首要的政治目标，而如何在保持经济快速发展的同时，能够通过社会分配制度的合理设计，使得广大社会公众能够分享这种经济快速增长带来的利益，则是现代宪政国家制度设计的重要目标。

对能源行业供给义务和普遍服务义务的要求就充分显示了"对每人根据需要进行对待"这一正义价值衡量标准。能源行业是典型的公共事业，供给短缺不仅仅影响买卖双方的利益问题，而且会对经济和社会带来严重负面影响，因此这些领域的市场发展和竞争必须以保证供给为前提，行业企业必须履行供给义务。以新能源产业的下游行业电力行业为例，由于电力发展投资大、建设周期长，而且基于商品的特性，电力商品无法存储，所以电力必须要超前发展才可以有效保障供给，如果在电力市场全面放开竞争，势必会导致某些电力企业会考虑市场竞争的压力而忽视长远投资和超前发展，长久必然引发投资不足的问题，积重情况下就会影响电力供给。同样的情形也适用于对能源类企业的社

---

① 数据根据"威科先行法律信息库"2016 年 5 月 3 日数据整理所得。
② 周永坤：《法理学》（第二版），法律出版社，2004 年，第 229 页。

会普遍服务义务的要求，普遍服务是指向所有用户提供价格合理、质量保证的商品及服务。普遍服务具有可获得性、非歧视性和可承受性等特点。对于这类公用事业而言，商品供应的满足意味着生活质量的提高，尤其对于生活于边远和经济欠发达地区的人们而言更是如此。这就需要对于能源提供企业提出较市场正常竞争中的供给内容更高的义务要求，毕竟，在市场规律作用下，对上述地区提供能源服务确实是缺乏直接的收益激励的，但是，基于对于人权的尊重，需要以外在的规制力量约束能源提供企业具有更高的社会道德义务，这样的要求首先直接体现在宪法中对于生存权内容的规定，1918 年德国《魏玛宪法》首次将生存权确立为宪法基本权利，其指向一种依靠国家的积极干预来实现人可以"像人那样生存"的权利，1945 年联合国通过的《世界人权宣言》第 25 条更是赋予每个人享有为维持他本人和家属的健康和福利所需的生活水准，包括食物、衣着、住房、医疗和必要的社会服务的权利。能源的享有当然属于现代社会中的人所应当享有的"必要的社会服务"。基于这样的义务要求，对供给义务和普遍服务义务是需要国家通过必要的规制形式对能源企业加以要求，要求企业在追求经济收益最大化的同时，也必须践行其必要的社会责任。

对新能源企业而言，除了基于社会分配正义对其产生的特殊义务要求之外，还在不同层面从代际正义、气候正义和环境正义的角度对其产生相应的要求。代际正义的概念产生于 20 世纪 70 年代，最有影响力的研究来自于罗尔斯（(John Bordley Rawls）对"正义"问题的研究，他指出"不同世代的人和同时代的人一样相互之间有种种义务和责任。现时代的人不能随心所欲地行动"[1]，也就是"当代人和后代人之间怎样公平地分配各种社会和自然资源、享有和传承人类文明成果"的正义问题，其核心是论证"在当代人和后代人之间存在一种作为公平的正义"[2]。另一方面，自 21 世纪以来，全球气候变暖、气候变化和环境资源问题日益成为大家关注的焦点，环境污染严重、自然资源锐减、气候危机凸显，这些问题成为制约经济和社会发展的重要因素。在这样情况下，国际社会开始大范围深度地讨论当代人所应肩负的责任，环境正义和气候正义也就是伴随社会发展，突破传统正义理论界限而逐渐形成的价值理念和正义观。环境正义不同于自然中心主义的生态伦理，它是立足于人与自然、人与人之间的全面关系确立自己的伦理原则的：既遵循自然规律，又遵循社会规律；既调整人与自然之间的关系，又调整人与人之间的关系[3]。要求我们基于地球的可持续发展和人与自然共生共存的考量，以道德的、平衡的、负责的态度来使用包括新能源在内的各种资源。同时，基于气候变化的现实情况，包括企业、个人在内的主体都应当正视自身责任，避免由于短视和眼前部分经济利益的

---

① 【美】约翰·罗尔斯：《正义论》，何怀宏、何包钢、廖申白译，中国社会科学出版社，1988 年，第 283 页。
② 刘雪斌：《论一种作为公平的代际正义》，《法制与社会发展》2006 年第 5 期。
③ 刘湘溶、张斌：《论环境正义原则》，《思想战线》2009 年第 3 期。

影响忽视对于我们赖以生存的大气环境的维护，避免出现"公地悲剧"和"搭便车"①的情况，这事实上也是一种正义性的要求，目前国际社会及世界各国均通过各种努力以国际协调、召开气候大会等形式促使大家正视全球变暖和气候问题，试图通过有一定法律约束力的国际协定来划分每个国家的碳排放责任。从理论上分析，划分的依据就在于气候正义观，广义的气候正义观主要包括代内正义和代际正义。同代人之间的正义观要求各国应肩负起国际责任，采取有效措施控制污染和碳排放，以免危害周边国家和地区人们的生存环境；而不同代人之间的代际正义则要求当今人们应对后代人的生存和发展留有其所需的空间和资源②。可见，基于对代际正义、环境正义和气候正义的共同考虑，需要政府依据法律规范和政策以规制措施直接对新能源市场的主体及其活动进行规范、激励、限制。

---

① "公地悲剧"和"搭便车"效应都是基于公共物品具有相应的"非排他性"和"非竞争性"所产生的，"公地悲剧"（Tragedy of thecommons）的概念始于威廉·佛司特·洛伊（William Forster Lloyd），其在 1833 年一篇讨论人口的著作中首次使用该比喻。主要指某些资源或财产有不特定的多数所有者，由于每个人都有权使用资源同时又没有人有权阻止他人使用资源，因为每个人出于自身利益考虑而尽可能地使用资源从而导致的资源过度使用。"搭便车"效应则是由美国经济学家曼柯·奥尔逊于 1965 年发表的《集体行动的逻辑：公共利益和团体理论》一书中提出的，其基本含义是不付成本而坐享他人之利。"公地悲剧"和"搭便车"效应的作用在于其均可能引发市场失灵现象而导致市场的不效率和不经济。
② 参见董鹏、贾联哲：《对气候变化及代际正义的哲学思考》，《延安大学学报（社会科学版）》2015 年第 2 期。

第二章 我国气候资源开发利用政府规制中的法律问题

第一节 规制理念的错位

一、开发理念的片面性及成因

我国风能、太阳能的开发与利用逐年增长，尤其是在进入 21 世纪以后，我国从政策上大力鼓励开发可再生资源，风能发电和太阳能光伏发电行业也因而繁荣兴起，目前从规模、数量上均已列世界第一，但从风能、太阳能开发的质量、实际效果、技术水平上进行横向比较，仍未达国际先进水平。反观近年来的新能源市场，各种乱象频生，从核心理念上分析，我们可以发现目前气候资源开发与利用过程问题的形成在很大程度上是源于认识上的一种误区，认为气候资源是可以无限开发的：即普遍认为气候资源是取之不尽用之不竭的资源，可以无限制地永续利用。片面认为气候能源具有如下特点：（1）无限性。风能太阳能所提供的动能、辐射能、热能等物质与能量不会穷尽。（2）循环性。它们可以日复一日地循环供给。（3）可再生性。风能太阳能被利用后能不断自我再生。基于气候资源数量上的无限性、供给上的循环性、利用上的再生性，以其地域空间的普遍存在、人人都已共享共用的现实，形成了全社会都可以不受约束、无限开发利用的观念。当然，单纯从自然属性来理解气候资源这似不为错。但若仅只看见此类资源在自然属性上的无限性并确立于开发理念之中，则具有较大片面性，因为这种认识忽略了在气候资源作为资源并加以市场性的开发利用时，还应考虑基于其社会属性上的受制约性，缺乏社会属性制约理念而形成的无限开发的政策取向以及越多越好、一哄而上的社会行动，必将带来诸如开发无序、重复建设和市场无法容纳等等问题。

因此，无限开发理念的成因究其实质而言，主要就是在于对气候资源的属性的认识的不清晰，没有从根本上分析气候资源究竟是否属于自然资源？属于哪一类自然资源？气候资源与传统资源有无差别，若有差别，差别体现于何处？这一系列的问题的解决除了可以在理论上厘清气候资源在资源体系中的位置，明确其特点，更重要的是，还可以解决困扰在我国新能源开发过程中反复出现的一些同类型问题。

二、无限开发理念的负面效应

气候资源相对于传统有形资源而言，确实存在数量、供给上的绝对优势，但是如果仅片面认识到这一点而忽视了开发利用是需要基于相应的社会条件、环境加以协调配合的，则会引发诸多负面效应，近年风能、太阳能开发利用的实际情况也印证了这一点。

一方面政策制定部门以极高热情制定开发政策，频繁出台多种推动措施并进行大力推进。另一方面，基于国家利好政策的刺激，大量资金、技术和人力非理性地进入开发领域，进行新能源开发的大规模建设，但如果单纯依照这样的认识指导市场的开发与资源的利用，形成风能太阳能"无序化、低效化、同质化"的不合理开发，最终引致产能过剩问题。

（一）无序化

主要表现为整个市场投资偏离理性曲线，部分企业缺乏行业经验，生产技术也显陈旧，致使产品在市场上缺乏竞争力。一些地方政府不顾地方行业内在架构、地区产业结构及企业营收情况等，盲目扩大招商引资规模，以税收、土地、融资等相关政策助推企业快速投入生产，进入市场，却缺乏必要的宏观控制。

从 2006 年开始，国内许多原本不具有风电装备制造经验的大中型企业，包括重型机械、航空、航天、发电设备、船舶等几乎所有与装备制造有关的企业，都涉足风电设备制造领域，后期甚至有个人投资进入，就此开始掀起投资建设风力发电场的热潮。据统计，2011 年底，全国民间投资新能源及设备制造领域的总投资额为 5250 亿元，其中对设备制造和发电项目的投资金额各占一半，其中前五位除第二位是水力发电之外，其余四位均是可再生能源发电或装备制造项目，依次分别是太阳能设备制造、太阳能发电、风力发电和风电设备制造。从投资领域来看，投资最多的领域是太阳能设备制造，超过了 2400 亿元，接近全国民间总投资金额的 1/2[①]。如此众多的企业瞬间涌入原本有限的市场，就出现了有的企业甚至不惜以亏损换取市场份额的现象，2006 年北京国际电力新能源有限公司在内蒙古辉腾锡勒风电项目的招标中，就曾创出了 0.382 元/千瓦时的全国最低价，只相当于山东省的火电价格，也就意味着企业只要一发电就亏损，发电越多亏损越多[②]。

有些地方在风力资源未曾勘测清晰的前提下，就盲目圈地建设风场，而且多地地方

---

① 参见国家可再生能源中心：《民间投资新能源领域情况》，http://www.cnrec.info/zt/syzggewgrbzgrry/2012-05-11-519.html

② 参见武勇、吕福明：《风电开发无序，"跑马圈风"者多赔本赚吆喝》，《新华每日电讯》2008年 2 月 23 日，第 6 版。

政府在规划风电场开发时，主要依据是当地风能资源情况，以此确定风电场建设的规模以及开发建设的顺序，基本不考虑风电场的建设能否满额发电，也未考虑当地电网是否可以消纳风电发电电量。

（二）低效化

低效化是无序化的延续，盲目进入新能源产业中的相当一部分企业特别是中小企业，在技术、研发等方面都处于较低水平，难以生产出具有市场竞争力的产品，为了抢占项目指标，甚至只能在不考虑成本、盈利的前提下片面降低报价，造成整个产业发展低效化的局面。

在各地方实行的风电开发特许经营权项目招投标过程中，多次出现企业为抢占风电特许权项目，以低于生产成本的电价中标的情况。甚至出现有的企业投资风电只考核装机容量，不考虑有效上网电量。早在 2006 年统计数据显示，当年 260 万千瓦风电装机容量中有 10 万千瓦左右的机组无法发电。

（三）同质化

表现为低水平重复现象突出，由于纷纷看好新能源这一战略新兴产业，大批资本涌入风能和太阳能开发领域，而庞大数量的企业并没有形成良性的产业链，它们大多采用类似的生产技术，生产类似的产品，低水平重复建设在多地出现。长此以往，原本利润较高的市场产品其利润空间迅速被压缩，尤其在遭遇海外出口市场的重创后，产业出现了整体低迷的情况。

在太阳能光伏设备制造环节，大批资金、企业涌入，早在 2008 年我国就已经是太阳能电池产量全球第一，但是绝大多数企业仍然挤占于成本最高、收益最低的制造链低端，大部分企业仍徘徊在产业低端的加工制造领域争夺市场份额，产品技术附加值低，缺乏核心竞争力，上游原材料多晶硅生产长期掌握在国外几家大型专业生产企业手中。2005 年以前，国际上多晶硅的市场价格仅为 30 美元 / 公斤左右，随着欧洲市场全面增长和我国太阳能电池制造产能迅速上升的双向拉动，国际市场上太阳能级多晶硅产品价格直线上涨，到 2008 年金融危机爆发前，价格最高已接近 500 美元 / 公斤，短短三年上涨十余倍，由于这些企业严格把控核心生产技术，整个产业链利润的大部分长期被其占据。这一情况即使在现阶段仍然没有明显改善，虽然在金融危机以后我国多晶硅开始国产化，但是效果仍然差强人意。截至 2013 年，中国有 60 家企业先后开始多晶硅生产，投产规模达到 7 万吨 / 年，建设规模已达到了 16 万吨。同年，国内产量达到 70000 吨，但需求量却超过 18 万吨，进口达 11 万吨，进口量将近 60%。即使在国产的 40% 中，由于成本过高，大部分厂家的成本在人民币 20 万元 / 吨以上，仅有江苏中能、特变、永祥等少数厂家成本可控制在 12~15 万元 / 吨之间，国产的多晶硅成品价格甚至高于同类进口产品价格，形成了价格倒挂的现象，换言之，国内产能有大部分不是有效产能，在市场规律作用下，企业只有减少产品生产以避免亏损，这也形成了我国多晶硅市场一个独有的矛盾现象，即市场在"产能过剩"情况的同时，却有超过一半的需求需要依靠进口才能解决[①]。

风电装备产业情况亦是如此，大部分风机生产厂由于缺乏核心知识产权和生产技术水平，所以只能生产在市场上面临淘汰的低单机容量风电机组，产业链上游无法掌握关键技术，产能不足，而绝大多数企业只有抢占下游已趋近饱和的市场，营业利润率不断下降。

以上种种负面效应相结合直接引发的结果就是新能源制造产业的"产能过剩"。以太阳能光伏产业为例，其作为新能源产业，虽是新兴的朝阳产业，但其对应的国内市场培育还不够成熟，光伏市场基本呈现"两头在外"的特点，即原料和市场基本在国外，在国外市场萎缩的情况下，我国国内制造业首当其冲遭受打击，据赛迪智库光伏产业研究所调查显示，我国半数以上的中小电池组件企业已经停产，30%大幅减产，10%~20%小幅减产或勉力维持[②]。

但拨开现象分析"产能过剩"这一问题可以发现，此处的"过剩"是一种相对过剩，我国风电、太阳能发电装机容量几年前即已跃居世界第一，2016年，我国可再生能源装机容量占全球总量的24%，新增装机占全球增量的42%[③]，但与化石能源发电量相比我国可再生能源发电比例仍然偏低，2015年，我国风电发电量1863亿千瓦时，占全部发电量的3.3%，光伏发电装机4318万千瓦，发电量392亿千瓦时，占全部发电量的0.7%，两种能源发电比例占我国总比例仅4%[④]，而一次性能源消费结构中，化石能源仍占绝对比重，2015年我国原煤消费量占能源消费比例达63.7%，风能、太阳能仅占2%，这一数据与世界上一些风电、太阳能光伏发电开展较好，市场高度发展的国家相比还有不小差距，如丹麦风能、太阳能占本国一次性能源消费比例为25.3%，德国为12.5%，芬兰为12%[⑤]，从这一数据再结合我国历次发展规划对能源结构调整的明确目标来看，我国风能、太阳能市场潜力是巨大的，目前不应出现绝对的"供大于求"的情况。从深层次剖析，我国新能源产业的"产能过剩"实际上是一种结构性偏离和体制性矛盾导致的"产能相对过剩"。

"结构性过剩"表现为产业发展的不合理的，并不是我国的光伏产品已经超出市场需要，主要原因还是在于国内市场并未建立与之相对应的市场进行产品的转化和消纳，我国发电市场煤电仍占绝对比重，光伏发电占全国发电行业市场份额极小，远未达到有效消化光伏产品的作用，国内市场制造与应用脱节，国外市场一旦萎缩，原来潜在的问

---

① 参见史珺：《中国多晶硅产业何去何从？》，http://guangfu.bjx.com.cn/news/20160112/700330.shtml
② 参见李平、江飞涛、曹建海等：《产能过剩、重复建设形成机理的治理政策研究》，社会科学文献出版社，2015年，第169页。
③ 数据来源：《我国可再生能源装机容量占全球总量的24%》，http://www.china-nengyuan.com/news/87735.html
④ 数据来源：新华社，《我国可再生能源发电占比超20%》，http://news.xinhuanet.com/2016-08/23/c_1119441839.htm
⑤ 数据来源：《2015年世界各国一次能源消费结构大盘点》，http://www.china-nengyuan.com/news/94280.html

题和矛盾迅速浮出水面。

"体制性过剩"则表现在：风电和光伏发电装机容量逐年增加，建设速度也逐年加快，但具体到地方，尤其是电力基础建设较薄弱的西部地区，如甘肃、宁夏、新疆、内蒙等省份，电力外输线路建设相对迟滞，输电规划与电源硬件建设不匹配，电力外送受限。此外，风电、光伏发电的用电模式基本是由电网收购后再行分配给用户，该模式严重影响了可再生发电的就地消纳，同时，可再生能源发电由于客观上具有间歇性、随机性、波动性的技术特点，以现有系统备用水平，规律化、无间歇的调度运行很难做到，再兼之可再生发电成本较高，目前成本远高于火力发电等传统发电模式，对输电企业来讲，即使有国家的政策与补贴作为激励，输电企业积极性仍然不高，所以，伴随风电和光伏发电装机容量的增长，"弃风""弃光"现象突出，以下数据即可说明上述问题，早于2011年，内蒙古风电弃风率就高达26%，2012年以来蒙西和蒙东弃风率则分别高达42%和50%[1]。到2016年，前三季度我国风电弃风电量达394.7亿千瓦时，平均弃风率19%[2]。弃光主要发生在甘肃和新疆地区，2015年上半年，甘肃省弃光电量17.6亿千瓦时，弃光率28%，新疆(含兵团)弃光电量10.4亿千瓦时，弃光率20%[3]。

以上的问题看似互相独立，某些问题的发生也似属偶然，但综合分析可以发现，目前市场的种种问题互相耦合，相互影响，挖掘其原因，都根源于开发理念的不清晰，来源于对气候资源基本属性的片面性认识。

第二节 规制内容的欠缺

相较传统自然资源，气候资源的开发利用是一种新兴市场行为，对于气候资源相关学理的深入挖掘也是在近年才逐渐成为研究热点，实践中对气候资源开发利用市场的政府规制仍在探索，结合前述市场中发生的种种乱象，有必要从规制理论和行政法原理出发，梳理和整理现有反映在不同层面的问题，从规制内容上看，气候资源的开发利用政府规制在气候资源权属的确定、气候资源开发利用政府规制的规划、气候资源开发利用市场的准入与产品价格的规制、气候资源开发利用的环境规制几个方面存在着不同程度的欠缺。

一、气候资源的权属划分问题

目前我国并未在国家立法层面对气候资源的涵义做出明确界定，而以宪法为核心的

---

[1]　参见史丹：《我国新能源产能"过剩"的原因与解决途径》，《中国能源》2012年第9期。
[2]　数据来源：国家能源局，《2016年前三季度风电并网运行情况》http://www.nea.gov.cn/2016-11/18/c_135839581.htm
[3]　数据来源：国家能源局，《2015年上半年光伏发电建设信息简况》，http://www.nea.gov.cn/2015-07/28/c_134455530.htm

法律制度体系也未规定有关气候资源的所有权归属及划分的内容，带来的直接影响是，到底在气候资源之上是否成立所有权，以及该类资源归谁所有，所有权行使过程中产生的法律后果由谁承担的一系列问题根据现有规范体系无法获得解释，尤其在2012年黑龙江省人大颁布《黑龙江省气候资源探测和保护条例》后，基于该法第7条直接规定"气候资源为国家所有""从事气候资源探测活动应当经省气象主管机构批准"的内容，引发了学术界和实务界关于气候资源所有权成立与否以及如何划分的激烈讨论，各方观点分歧巨大。

（一）关于气候资源权属划分的观点梳理

通过总结，我国目前关于气候资源权属划分的观点主要有以下几类：

其一，无主物说。主张气候资源所有权属无主物，任何人均可自由使用。该论点理据在于《宪法》第9条关于自然资源所有权的规定，在该条对自然资源的列举项中，未明确规定气候资源，且气候资源该条所列举的矿藏、水流、森林、山岭、草原、荒地、滩涂等自然资源有显著区别，认为气候资源是不能进行所有权限定的由人类共同占有的开放性资源，人人都有权利自由享用[1]。有研究者在这一结论之上进一步指出，由于气候资源是无主物，故对气候资源的开发利用权依照先占原则确定[2]。

其二，公共物品说。认为气候资源是一种公共物品，其公共性很强的，应当属于全民共有[3]。

其三，附属权利说。认为气候资源无法成立独立存在的所有权，由于其不具有独立性，只能从属于土地使用权或土地用益权[4]。

其四，国家所有说。认为气候资源属于国家所有，主要依据是通过《宪法》第9条的学理解释，能够推演出气候资源国家所有权的权属属性，并且从实践出发，气候资源国家所有权也是最合理的制度安排[5]。

其五，权利不成立说。认为气候资源无法成立所有权，原因在于气候资源不具有稀缺性和特定性，无法作为法律意义上的"物"而存在，无法成为自然资源，自然谈不上成立所有权[6]。

其六，搁置说。提出对于气候资源权属的争议目前应当搁置毋辩。该种观点与前

① 参见马宇：《气候资源国有的荒谬与危害》，《中国经营报》2012年7月2日，第B13版。
② 参见李克杰：《"风能归国有"暴露权力的狂妄》，检察日报2012年6月20日，第6版。
③ 参见曹明德：《论气候资源的属性及其法律保护》，《中国政法大学学报》2012年第6期；李艳芳：《黑龙江省气候资源探测与保护条例评析》，《风能》2012年第9期；李克杰：《"风能归国有"暴露权力的狂妄》，《检察日报》2012年6月20日，第6版。
④ 参见苏苗罕：《气候资源权利归属与探测开发的法律规制》，《法治研究》2013年第12期。
⑤ 参见庄敬华《气候资源国家所有权非我国独创》，《中国政法大学学报》2012年第6期；刘超：《气候资源国家所有权的社会功能与权利结构》，《政法论坛》2014年第3期；王树义、冯汝：《气候资源国家所有权问题探析》，《学习与实践》2014年第11期。
⑥ 参见张璐：《气候资源国家所有权之辩》，《法学》2012年第7期；侯佳儒：《气候资源国有化：法律上的"不可能任务"》，《中国政法大学学报》2012年第6期；

述各种观点有所不同，认为气候资源到底归谁并不重要，关键在于其能不能得到有效的利用[①]。

（二）气候资源权属划分不明引发的困结

通过上面对气候资源权属划分的观点的梳理可以发现：由于目前缺乏对气候资源权属划分的明确规定，导致在理论上该问题讨论的观点众多、分歧巨大，更严峻的问题出现在实践领域，表现为：

其一，由于《宪法》《物权法》《气象法》等上位法中均无对气候资源定性和权属划分的明确规定，以致与气候资源相关的法律关系长期处于不稳定状态，一方面，个体是否有权直接进行气候资源的开发利用无法在法律上得到明确，另一方面，地方基于发展需要出现对气候资源的立法需求时，由于无法从上位法得到规范支持，只能从自身理解和需要出发，以致在已有的地方性立法中，已经出现了各地立法对于相关立法的作用范畴划分不一、核心概念界定不同、权属是否应当明确等矛盾，我国作为一个地域广阔的国家，以省为单位进行划分就有三十余个，各地方域情差异大、基础条件和自然环境均不同，在上位法未明确核心问题时各地方做出气候资源及产权划分立法而产生相互矛盾，步调不一等问题也就不显突然，黑龙江《条例》一例中就是上述问题的典型反映，由于上位法的缺位，地方立法进行了作用于地方的关于气候资源的规范制定，但由于对基础概念和核心制度的不合理解读，引发了民众对该《条例》的担忧，引发了相关企业和市场的担心，也引发了学界对其立法涉嫌越权的争议。

其二，由于缺乏对气候资源的准确定性和对气候资源权属的明确划分，导致在进行气候资源开发利用的政府规制和管理活动时，缺乏稳定的制度性基础。所有权制度在现代社会中作用巨大，它引导和塑造了不同主体的行为模式，绝非可有可无，权属不同，政府规制的立场相应就会有所不同，如对气候资源开发的建设许可、资源开发许可制度的建立其基本前提就需要明确气候资源的权属，在未明确的前提下，现有准入制度中出现的一定程度的混乱也就不足为奇。同时，权属不明，规制深度与广度也会受到影响，在权属不明的情况下，以权属划分为基础建构的法律规范体系极不稳定，规制主体与管理部门各自划地为政，互不照应，从气候资源的勘测、开发、利用各环节来看，规范依据不一，制度构建不同，管理部门之间缺乏必要的配合，权限重叠与管理缺位的情况均有发生。

综上，只有明确气候资源的所有权主体，才能构建以气候资源所有权权属划分为基础的气候资源规范制度体系，建立良好的法律保障，才能有效防止非所有权人对气候资源的滥用，从制度基础上解决目前企业大肆圈地占地、无序开发等问题，实现气候资源的合理配置，故此，应当将气候资源权属划分作为气候资源开发利用政府规制的核心内

---

① 参见南方都市报社论：《气候资源立法，鼓励引导重于所有权宣示》，南方都市报 2012 年 6 月 19 日，第 AA02 版。

容加以构建。

二、行政规划问题

气候资源开发利用的行政规划是一种专门针对气候资源开发利用的专项规划，是行政机关根据我国风能、太阳能分布特点和开发利用现状，在法定权限内，依法对我国气候资源的合理开发布局进行整体安排并为达致某一特定目标预先部署一系列宏观步骤、方法或措施的行政法律行为。相比其他领域的政府规制行为，气候资源开发利用中行政规划行为的适用范围更广，作用更为突出，这是因为新能源产业是一个新兴产业，同时又是技术与资金密集型的产业，相较传统能源行业，其发展更多依靠政策与制度的双向引导，在诸多行政法律行为中，行政规划层次更高、指导性更强，对企业和行业的规制作用更为显著。

目前，我国气候资源开发和利用中的行政规划还存在目标定位不准确、规划内容的科学性和体系性不够、从规划层面反映的体制不健全和管理权限不明确的现象突出等问题。具体表现为：

（一）行政规划目标定位不够清晰准确

表现为在气候资源开发的前期，对于这类资源的开发没有准确把握其多重属性，导致对市场行为的预期判断出现偏差，其次还表现在经过 2011 年前后市场发生的重大变化，从国家总体规划层面已经有了一定的调整时，各部门和各地区在确定气候资源行政规划的具体目标时，仍然没有充分考虑气候资源开发的的实际情况，以确定一个合理的规划目标。从 2016 年开始，我国相继颁布了《能源发展"十三五"规划》《可再生能源发展"十三五"规划》《风电发展"十三五"规划》《太阳能发展"十三五"规划》，针对可再生能源和新能源的发展现状及未来的发展方向做了较为细致且具有操作性的安排，比如，《可再生能源发展"十三五"规划》明确提出，到 2020 年，全部可再生能源年利用量 7.3 亿吨标准煤。其中，商品化可再生能源利用量 5.8 亿吨标准煤。全部可再生能源发电装机 6.8 亿千瓦，发电量 1.9 万亿千瓦时，占全部发电量的 27%。这一总体规划特别提示了对于气候资源开发市场的产能进行总量目标控制，但体现到更为具体的地方和部门规划时，各类规划没有及时响应市场的需求，仍然以大力促进气候资源开发和利用为首要目标，由于各类规划目标之间缺乏应有的统一性和协调性，导致气候资源开发的行政规划并未起到最为理想的导向性效应，也在一定程度影响了气候资源行政规划内容的准确性和科学性。

（二）气候资源行政规划系统上的欠缺

1. 规划科学性有所缺失

这一问题具体表现在规划文本内容的不确定和规划环节设置的不够合理两个方面。在气候资源行政规划的内容确定上，相应规划文本应包括以下主要内容：气候资源开发的现状、市场发展的趋势、气候资源开发的主要方针和目标、该规划所应完成的主要任务、规划所涉项目和规划实施的各类保障措施等内容，以上内容应当与全局性规划相一致，涉及规划主要任务、项目和实施保障措施的内容都应具体，可量化的内容应尽可能量化。以现有的气候资源开发行政规划现状的考察，各类规划的主要内容涵盖不一，详略各异，尤其在行政规划对气候资源开发的现状和市场趋势分析以及规划的实施保障措施等方面规定上，还有有不同程度的欠缺。

在规划环节层面，表现为三个主要环节的合理性缺失：其一，行政规划的编制。这是行政规划能否有效实现规划效果的重要环节，而现有的气候资源行政规划在编制环节普遍存在规划编制前期调研不充分、公众参与程度不足，而有效的公众参与对于气候资源行政规划目标确定、方案论证、规划确认等内容都会发生积极的作用。其二，在气候资源行政规划的实施环节还缺乏对于规划实施效果的及时评估机制，应对开发规划的实施过程和实施效果建立可量化的科学化评估体系，这一点需要特别引起重视，评估的方法可以多样化，包括成本效益分析、定量核算、公众评估等，以便能及时和准确地掌握规划的实施情况，避免规划流于形式或是与现实脱节。其三，对气候资源开发方面的各类规划尚未建立有效的监督制度，主要体现为程序控制制度不完善，程序控制制度可以增强开发规划的科学性，避免实践中出现朝令夕改或是侵犯公共利益的情况出现，这一环节应重视发挥权力机关的审查和行政机关自身监督的作用。

2. 规划体系化程度不足

一般来说，以行政规划涉及的区域范围为标准，行政规划可划分为全国性行政规划、地方性行政规划和区域性行政规划，全国性的行政规划应突出指导性、宏观性和预测性，而地方性行政规划和区域性行政规划则应具备执行性、具体性和可操作性等特点，现阶段气候资源的地方性和区域性规划对于发展任务的具体化、发展对象的突出和可操作性上还需要进一步加强，此外与全国性的规划衔接上还不够顺畅。

从规划的对象范围，我们还可将行政规划划分为综合性规划和专项性规划，与气候资源开发有关的综合性规划首先是"十三五"规划，而各种具体的能源与可再生能源规划可相应地归为专项性规划，目前，气候资源开发利用的专项规划与综合性规划之间，也反映出了对趋势发展的判断、市场需求的预测、主要的政策措施等方面衔接程度不够的问题，比如：许多地区在进行风电场建设规划时，基本不考虑当地电网是否可以消纳风电发电电量，风电场规划和电网建设规划脱节，与其它能源规划脱节，导致风电与电网及其它能源的协调性发展不足。

另外，目前在气候资源行政规划上还存在的一个突出问题就是在不同类别的规划之间存在部分内容上的冲突。突出的反映在横向的中央与部门之间以及纵向的央地之间的规划冲突上。实践中，地方或部门拟制与风能太阳能开发利用的相关规划时，多围绕本地区或者本部门的情况进行，甚至还有一种情况是，在风能太阳能开发过程中，一些地区忽视产业发展的全局性，在2011年我国新能源产业遭遇寒流以后，在未解决产业结构调整、落后技术升级等问题的前提下，仍然在本地区新批多项开发项目。

通过对部分地方已有规划的文本分析，也在这方面反映出了较突出的矛盾和问题。在对江西、江苏、青海、山东、新疆等相应产业发展规划的基本原则梳理过程中，发现明确有"协调"原则的有：《青海省太阳能产业发展及推广应用规划》和《新疆维吾尔自治区太阳能光伏产业"十三五"发展规划》"坚持开发利用与经济、社会和环境统筹协调"的原则。基本原则的内涵说明中包含有"协调"的有：《江苏省"十三五"能源发展规划》"效率为本，协调发展"原则的规定；《"十三五"国家战略性新兴产业发展规划》"创新、协调、绿色、开放、共享的发展理念"规定，推动新能源产业发展部分中促进多能互补和协同优化规定；其中，均未明确政府如何推动"协调作用"，也都没有如何促进政府协调、促进社会经济环境协调的具体措施，似乎一厢情愿地认为规划既然出自政府之手，那么自始就具有"协调"功能。

三、市场准入规制问题

气候资源的商业性开发利用从性质上看，存在自然的弱垄断性和信息不对称性，并且其又同时关涉到经济发展、国家安全等重大战略问题，因此各国无一例外的会对相关企业的市场准入进行适度的干预，以平衡资源的有效利用和经济主体的公平竞争为前提，对经济主体的市场进入、退出、价格、竞争等行为实施有效的规范和管理。市场准入制度的设计是否合理关系到一个国家能源市场的成熟度和市场化改革的程度问题，行政许可、行政审批、备案是经常运用的准入方式。目前风能太阳能开发遭遇瓶颈，从市场构成的角度看，其根本原因并不在于行政权力过度地限制市场的准入问题，这点与传统能源的市场准入不同，目前传统化石能源领域普遍存在的诸如法律与政策障碍或是准入标准过高的问题，相反，为了大力推进新能源产业，政策上是激励型的政策为主，从《可再生能源法》的立法主旨来看，其基本方向也是鼓励开发利用新能源，但从整体上看，市场中的开发企业数量是偏多的，更准确地说，是市场无法消纳现有产能，整个产业的结构尚待调整，这些问题恰恰暴露了市场行为的先天缺陷，在市场发展到一定程度后其自身无法有效配置生产要素和劳务，需要政府以规范的行政行为进行适度有效的行政管理和法律约束，以实现资源的有效利用和维护国内市场的稳定，对于新能源的市场进入也需要加以法律性的规制。

（一）市场准入制度的内容构成

1. 准入体系的结构

从目前气候资源开发利用宏观政策来看，现有的企业进入新能源市场均应当符合宏观调控、产业发展规划和产业政策要求，根据2004年通过的《国务院关于投资体制改革的决定》所列举的企业准入的三种的方式，目前新能源建设项目主要通过三种准入方式，即审批、核准和备案。具体的适用标准主要是根据项目本身是否使用政府投资，使用政府投资的项目均实行行政审批制，之后在再依照事权性质、项目属性及资金来源来确定各主管部门、中央与地方政府之间的具体审批权限（总装机容量5万千瓦以上的风电站，由国家能源局核准或者审批）。项目若不使用政府投资则适用核准的准入方式，如项目既没有使用政府投资作为建设资金，又不在《政府核准投资项目目录》中，则无论其规模大小，一律实行备案制。不过2014年10月国务院制发的国发〔2014〕53号文中规定的"风电站由地方政府在国家依据总量控制制定的建设规划及年度开发指导规模内核准"要求，目前几乎所有集中式的风电项目开发均应通过审批进入市场，此外外商投资我国新能源产业还特别要经过商务部的核准。

2. 准入主体与环节

与风能太阳能能源建设项目和市场准入的有关准入主体包括：（1）气候资源的探测。目前全国层面的法律和行政法规并未规定气候资源探测的准入制度，根据目前已有的地方法规和规章，部分省份气候资源探测需通过审批。黑龙江省规定探测气候资源需省级气象主管部门审批；河北省规定国内组织和个人在现有的资料无法满足确需勘测的需探测气候资源的报省级气象主管部门备案，境外组织个人需探测的报气象、国安、保密部门会同审批；广西壮族自治区规定开展气候资源调查报自治区气象主管机构备案；此外，中国气象局制定颁布的《气象行业管理若干规定》第19条规定，要求外国的组织、个人及境外机构在我国属地范围开展气象活动，需向省级气象主管部门申请，报国务院气象主管部门审批。（2）风电、光伏发电设备生产的准入：一般采取特许经营的方式，在符合国家相关产品标准与质量要求的情形下进入市场。

气候资源能源开发利用有关环节准入内容包括：（1）能源主管部门负责对风能投资项目进行审批、对光伏发电项目进行备案、对并网发电项目实施许可；（2）电力监管部门负责对电力业务的许可；（3）土地管理部门负责土地使用方案的审批；（4）环境保护部门负责对环境影响评价报告的审批；（5）此外，涉及文物遗址保护的，还应由文物主管部门对文物保护方案进行审批。

（二）市场准入规制的问题表现

1. 市场准入形式易混淆

表现为风电、光电领域存在的项目投资审批、建设许可与业务许可功能混同。目前在风电、光电的市场准入中，普通项目（主要指分布式项目）企业要进入新能源市场只需通过取得"项目投资"审批，获得建设许可后即可取得新能源市场经营权，另有极少数的项目（主要是规划范围内重点建设的大型地面电站项目）则需要在获得建设许可之外，以公开招投标的方式获得特许经营许可方可进行，这就在风电、光电市场形成了比较独特的现象：产业内企业是通过两种不同的准入方式进入市场进行经营，并且根据国家相关政策，并且这两类企业在上网电价、政策支持力度、配套环节提供等均不相同（具体见表2-1）。而且，所有新能源项目一旦取得投资建设许可即可运营，在运营中无需再取得业务经营许可，从法理分析，投资审批、建设审批和业务经营许可是法律性质完全不同的准入制度，投资与建设审批的目的旨在从准入环节控制产业规模，以符合宏观规划的目标，属于固定资产投资管理制度。而业务经营许可是为评价市场主体的行为能力是否达到在某一市场经营的能力标准而设置的制度环节，针对风能、太阳能的自然资源属性，能源这类直接关系公共利益的垄断性企业的市场准入一般应采取特许经营的方式，此项制度是对经营主体是法律的资格与身份的确认，其目的在于配置自然资源的合理开发利用，具有专属性和不可转让性，而普通的投资项目是可以转让的。从新能源市场的准入方式看，以项目审核取代经营主体资格许可弱化了新能源市场准入的市场资源调节和配置功能。而在同一市场上又存在性质完全不同的两种准入方式，是不利于市场发展和市场主体的公平进入的[①]。

表 2-1　风电市场特许经营项目与一般项目区别一览表

项目类型	前期协调工作（选址、资源勘测、征地、环境评估等）	输电线路建设	非直接投资费用要求	设备国产化率要求	协议保证	上网电价标准
特许经营项目	政府牵头组织实施并协调；中标企业支付项目前期工作补偿费	电网公司投资建设	平均上千万的非直接投资费用，主要包括招标代理费和其他费用	至少50%的国产化要求，国内总装	中标企业与政府签署特许权经营协议，与电网公司签署售电协议	政府承诺执行固定电价，风电上网电价，且该上网电价纳入全省电价方案统一考虑
一般项目	企业自行进行	企业自己投资建设	无硬性要求	无硬性要求	无此项内容要求	政府不做承诺，上网电价在运行期间由电力公司会同物价局核定

资料来源：杨爽，《五期风电特许经营权招标分析》，《产业经济》2011年第6期。

2. 缺乏明确法定依据及标准

在风能、太阳能开发利用的政府规制中至今仍缺乏法律位阶高、效力强的统一法律规范，目前长期存在上位规范匮乏、下位规范互不协调、作用交叉重叠的情况，加之准入权限分工不明，程序不规范、不透明，责任不明确等问题，以致极大降低了现有准入制度的功能意义，项目进入市场缺乏法定性，不是依靠明确的规则和标准，不是基于市场的客观需要，而是更多的从能否拉动地方投资、能否促进就业，能否带动地方经济快速发展的政策因素考虑。因此，在部分地区就容易出现一些盲目增大投资规模，匆忙上马大项目的短视现象。

3. 欠缺过程监管，市场退出机制缺失

延续上述问题，部分地区出现了贪多求大的心理，片面追求装机规模，忽视配套电网和输出线路建设，不以有效上网电量为考核标准的现象时有发生[②]，加之法律与标准

① 参见李艳芳、林树杰：《可再生能源市场准入制度研究》，《中州学刊》2010年第2期。
② 参见任东明：《我国可再生能源市场需要有序化》，《中国科技投资》2007年11期。

缺位，程序不规范、不透明，准入环节的过程监管如产品安全和产品质量跟踪检查制度、环境污染监控制度又有不同程度的缺失，导致以过程监管保证市场规制的目的几乎无法实现。此外，新能源市场由于没有建立市场退出机制，所以对于违反法律法规禁止性规定的市场主体，对于达不到环保、安全生产等强制性标准的市场主体，没有有效的约束机制，长此以往，阻碍了市场的良性发展。

四、价格规制问题

价格规制主要存在于在自然垄断行业或者存在信息不对称的市场领域，规制主体通过对价格水平和价格结构的规制，保障产品的公平、有效配置。价格规制既是保障资源配置效率的有效手段，又可以保证企业的合理经营、市场的健全发展，因此，自政府规制形成开始就是重要规制手段。气候资源的价格规制一般是限定于能源市场内，是指规制主体对能源行业中的自然垄断产业的价格进行规制，制定价格公式或定价原则，甚至直接审批价格。目的是为了保护消费者的利益，并保证能源企业获得合理报酬[①]。

风电、光电的价格规制主要通过对价格水平和价格结构的规制来体现，形式上表现为电力定价和一系列的价格补贴措施。具体包括可再生能源电价形成的机制和补贴机制。目前，我国的风电、光电价格规制的主要内容和体系的形成是依据 2009 年修订后的《可再生能源法》及相关部门制定的一系列有关可再生能源价格规制的规范性文件，这些规范性文件主要包括：《可再生能源发电价格和费用分摊管理试行办法》《可再生能源电价附加补助资金管理暂行办法》《可再生能源发电全额保障性收购管理办法》《可再生能源发展专项资金管理暂行办法》《国务院关于促进风电产业发展实施意见》《国务院关于促进光伏产业健康发展的若干意见》等。相对应的能源价格规制制度主要包括全额保障性收购制度、强制上网制度、分类电价制度、费用分摊制度、专项价格补贴制度等。这些制度的实施极大促进了我国可再生能源产业和市场的发展，在之后十余年发展中，可再生能源产业无论在体量上还是质量上都有了飞跃式的提升。但发展中产生的问题也较为突出，以下从价格规制体制中各项制度的实施、效果层面对发现的问题逐一加以分析。

（一）制度支撑规范供给不足

这一问题突出反映在可再生能源全额保障性收购制度实施层面，这一制度要求国家能源主管部门和财政部门首先按照已公布的全国可再生能源开发利用规划要求，确定规划期可再生能源发电量应当占到的全国所有发电量的比重，再由国家发改委确定上网标杆电价，国家能源主管部门确定可再生能源保障性收购利用小时数，而后由电网企业根据上述两个标准，结合市场竞争机制要求，在保证供电安全前提下，全额收购规划范围内的可再生能源发电项目的上网电量，这一制度全面体现了可再生能源的优先发电权。

---

① 参见朱成章、杨名舟、黄元生：《电力工业管制与市场监管》，中国电力出版社，2003 年，第 169–181 页。

应当说这一制度是否落实到位是事关可再生能源产业能否得到长足发展的关键，因为目前可再生能源发电成本远高于传统化石能源尤其是火电成本，经过 2002 年电力体制改革后，电网公司实行市场化运作，不再承担政府职能，因此按法律规定也无需承担更多地发展可再生能源的公共义务，目前可再生能源发电成本无法在短期内明显降低，在火电电价明显较低的情况下，如果法律不通过倾向性保护制度促进可再生能源产业，完全凭借市场规律的作用的话，电网企业不会收购成本更高的风电和光电，可再生能源发电企业几乎无法同传统化石能源发电企业相竞争。应当说，制度的初衷应当是非常契合目前的国家能源发展要求和市场现状的，但在制度的落实层面，其效果却不够理想。《可再生能源法》是上位法，主要是确定基本制度框架和规制原则，不在法律中明确实施细则与具体制度是合理的，制度应当通过有权机关制定法律规范加以具体化，但在《可再生能源法》规定这一制度后长达 7 年的时间内，却没有任何一个有关部门对这一制度制定具有操作性的指导规范和依据，以致在 2011 年以后在可再生发电企业密集的多个省份，如内蒙、甘肃、新疆等省区几乎年年都出现了大量的弃风、弃光现象，既造成了大量资源的浪费，也极大影响了新能源产业的健康发展。还比如，由于制度没有对相关主体的权责尤其是政府的责任和义务进行明确，还出现了有些地方政府推出了一些行政措施，让可再生能源给火电让路，压缩可再生能源的发电量，这与可再生能源的保障性收购、促进消纳的目标和要求是不相符的，但由于缺乏必要的责任明确，也不能更好的规范这类行为。2016 年国家发改委制定颁布了《可再生能源发电全额保障性收购管理办法》后，这一情况可能会有所改善，虽然内容比照《可再生能源法》中对全额保障性收购的要求有所缩水，但起码该办法确定了政府、电网公司、发电企业几方的权责划分，有明显的进步意义。

（二）制度设计欠缺合理性

强制上网制度是我国可再生能源价格规制中新的制度尝试，旨在通过由国家确定可再生能源电力上网的定价，再要求电网企业必须购买可再生能源电力的行为，来达到一定比例的可再生能源占取市场份额的目的。但是，在该制度内容中，国家却对电网公司可再生能源电力购买量未作任何具体要求，只是规定了固定电价强制其购买，同时制度设计没有考虑到经济规律的作用，单纯依赖于政府单向推动，由于现实中可再生能源电力价格在市场上本就不占优势，在可再生能源的交易量依然取决于市场本身的情况下，电力企业认购缺乏积极性也不足为奇，可见，该项制度仅仅通过单向行政手段的推动，忽视企业和市场的需求，没有设计更多激励性的内容，实际实施效果欠佳。

又如，我国从 2009 年开始启动的金太阳示范工程，这一激励性政策采取投资补贴方式，按投资项目事先申报、拨付资金。其补助金额非常高，大致情况是对并网光伏发电项目原则上按光伏发电系统及其配套输配电工程总投资的 50% 给予补助，偏远无电地区按照总投资的 70% 给予补助，但是这种补贴方式很难控制设备质量、工程建设质量、实际并网规模及电站质量，最为关键的是新能源发电企业的发电量往往难以达到申报时承诺的水平，因此补贴并未有效拉动对光伏产品的需求，所以在 2013 年国家发改委规定不再新增"金太阳"工程的项目审批,这也意味着该工程开始退出历史舞台,可见,价格补贴措施必须考虑其设置目的,单纯的补贴往往不易发挥价格规制的效果。

(三)价格规制主体及权限较为混乱

规定风电、光电的电价形成机制的是分类电价制度,该制度明确我国风力发电项目的上网电价按招标形成确定价格,太阳能发电项目上网电价按照合理成本加合理利润的原则制定。

目前按照我国相关法律规定,与能源价格形成相关的规制主体及其权限主要是:电力产品定价权归属于国家发改委,即输配电价定价由国家发改委决定,市场电价由物价部门审核,专项资金由国务院财政主管部门核定,能源局负责能源电力市场日常监管。这样的制度安排导致价格规制权力过于分散,而且规制依据对于各自权限划分并不明确,按照《可再生能源法》第19条的规定,可再生能源发电项目的上网电价,由国务院价格主管部门即国家发改委根据实际情况加以确定;将以上规范相关内容加以比较分析,价格规制相关权限在各项规范中并未明确具体加以规定,实践中也因此而出现了问题,比如2016年8月,云南省物价局由于在《关于征求云南风电、光伏发电价格政策意见的反馈》的文件中规定了"在国家可再生能源补贴电价标准不变的情况下,参照云南省水电企业平均撮合成交价作为云南省风电、光伏标杆上网结算电价"的内容,引发了省内相关企业巨大反应,反对声不绝[1],根据在于《价格法》第45条规定,地方各级人民政府或者各级人民政府有关部门不得超越定价权限和范围擅自制定、调整价格或者不执行法定的价格。而且2015年国家发改委《关于完善陆上风电光伏发电上网标杆电价政策的通知》(发改价格〔2015〕3044号)中明确风电、光伏发电上网电价按不同资源区订立标准,同时根据《中央定价目录》,省及省以上电网输配电价由国家定价;电力市场交易机制形成前,省及省以上电网统一调度的未通过市场交易形成价格的上网电量电价、省及省以上电网未通过市场交易形成价格的销售电量定价原则和总体水平,也由国家确定。所以大家争论的核心问题就是这些企业认为省物价局缺乏相应管理权限。

同时,由于体制性原因,价格规制权限互相分割,也造成了一些问题,众所周知,电力产品定价是专业性很强的工作,但是按照现有体制,电力产品定价权由国家发改委行使,市场电价则根据各地价格管理权限划分,或由物价部门确定,或由各省发改委确定,我国目前的价格管理体制较为复杂,可以归纳为是一种"统一领导,分级管理"的混合型结构模式。价格管理与规制由中央和地方层次的价格主管机构组成,在中央层面主管机构是国家发改委,在省、市一级则基本分为四种情况,包括:发改委主管(北京、云南等8省市)、独立的物价局主管(上海、安徽等6省市)、发改委下设的物价局主管(重庆、天津、广东、山东等17省市)、工商局主管(目前仅深圳如此)[2],而负责

---

① 《正视云南调整风电光伏上网电价纷争》,http://guangfu.bjx.com.cn/news/20160829/767595.shtml
② 资料来源:宇探,《论当前我国价格管理部门的机构改革》,http://blog.sina.com.cn/s/blog_50019
76701007rgw.html

能源电力市场的日常监管权的能源局只享有电价调整的建议权，监督中发现的价格违规问题，确没有权限处理。而享有电力产品定价权的国家发改委，其内部负责价格专门管理实务的价格司、价格监督检查与反垄断局却由于人员有限，无法深入具体行业进行监督检查。在电价调整时，由于没有法定的协调机制督促各方共同协作，实践中各个部门多是从部门的自身利益出发，部门之间缺少必要沟通与协调。尤其是当前产业技术的发展越来越快，对价格部门来说，制定标杆电价难度也越来越大。为了使电价政策和实际的成本下降衔接起来，降低补贴的强度，让成本下降体现在价格上，2015年出台了退坡机制，但对价格制定部门来说要搞清楚不同资源区不同技术类型的真实成本越来越难①。体制的缺陷给电价制定和日常的价格规制造成了大量的矛盾和问题。

（四）政策变动过频，引发市场过度波动

价格规制是调整可再生能源市场和电力产品市场重要的规制手段，因此与风电、光电价格规制相关的政策数量也相当可观，例如可再生能源增值税减免政策、可再生能源价格全国分摊政策、太阳能光电建筑应用财政资金补助办法、上网电量全额保障性收购相关政策和以早期的"中国光明工程"和后期的"金太阳示范工程""光电建筑应用一体化示范项目"等为代表的风电、光伏发电上网电价补贴政策，在当前可再生能源标杆电价政策机制下，筹集补贴资金的压力一直较大。国家发改委曾五次提高可再生能源电价附加，从2007年每度电2厘钱提高到到现在的1.9分，此项款目是可再生能源补贴资金的最重要来源，按设计规模能征收到800亿元，但实际征收情况不是很理想，补贴缺口越来越大，缺口累计550亿元左右，尽管第六批可再生能源补贴目录很快会下发，但随着新增规模的扩大，年底缺口可能突破600亿，为此国家发改委开始在2015年引入光伏发电和陆上风电标杆电价的退坡机制②，2016年年底国家发改委又下发通知规定，2017年1月1日之后，一类至三类资源区新建光伏电站的标杆上网电价分别调整为每千瓦时0.65元、0.75元、0.85元，电价每千瓦时比2016年分别下调0.15元、0.13元，同时还明确规定，今后光伏标杆电价根据成本变化情况每年调整一次。因为这一政策的巨大利好，目前光伏业又开始重现抢装潮，企业项目建设热情高涨，但建好后发出的电能否顺利上网却是个巨大问题，毕竟目前许多省区已经出现大面积的弃风弃光现象，这样频繁的政策调整，尤其很多单项政策的出台缺乏全局性考虑，其效果很可能适得其反，引起政策制定时无法预料的连锁市场反应。

（五）价格规制存在程序缺陷

延续上述问题，在现有相对封闭的体制下，我国风电、光电标杆电价的制定、相关补贴制度标准等内容，缺乏必要的信息公开，利益相关人和大众对于电力产品的成本到

① 参见何诺书：《可再生能源法十年反思：旧模式难以为继，补贴缺口迅速扩大》，http://solar.ofweek.com/2016-09/ART-260009-8420-30038530_2.html
② 《国家发展改革委关于完善陆上风电光伏发电上网标杆电价政策的通知》，（发改价格[2015]3044号）。

底如何构成、如何核算、市场电价依照什么标准制定几乎无从得知，同时，电力产品作为与人们日常生活密切相关的事物，在价格调整时，也未曾设立类似于听证会或是论证会之类的公众参与形式，显然还是延续了计划经济体制下对于此类产品严格规控的管理型思路，在倡导参与式行政的当下，这一局面应当通过信息公开、公众参与的制度设计加以改变。

除以上分析的问题外，另一个与价格规制相关的问题是，目前风电、光电产品之所以成本远高于火电，除了风电光电市场、技术、配套及产品自身的原因之外，还有一个相当重要的问题是，目前我国火电的成本之所以低，是没有或极少计算其巨大的外部性成本，如其对环境污染、气候变化的重大影响，这部分的成本所花费的巨大支出事实上有相当大的部分都转移给了政府和社会，若要从根本上平衡各种能源电力产品价格，提升可再生能源产品的竞争力，除了技术提升、制度改良之外，从根本上转变认识观念，严格对火电产品的脱硫、脱硝等环保强制性义务督促也非常重要。

五、环境规制问题

环境规制措施主要是为了克服市场和经济发展中存在负外部性问题而设计的，所谓负外部性问题是指某种商品的生产或消费活动可能给其他的企业和个人带来的某种影响[①]，环境污染、生态破坏就是典型的外部性问题。以电力为例，火力发电企业如果需要降低运营成本，往往会采取对企业自身影响小、难度低的方式，因此不安装或者不按强制性要求运行脱硫脱硝等污染治理设备的方式就称为首选，对企业来讲，其承担了部分成本却获得了全部收益，但成本当中显然不包括对环境造成污染的损失，这就是环境污染的外部不经济性即环境负外部性的体现。

我国能源领域几乎所有的环境规制制度均围绕传统化石能源的环境影响而设计，如燃煤火电厂安装脱硝装备、脱硫装备强制性义务，企业环境信息强制披露机制等。在这样的背景下，大力发展风能太阳能可以很好地减轻传统能源使用对环境的破坏。

但在现有技术水平下，气候资源开发利用过程中仍然存在环境影响和污染，如果不对这些问题加以重视，可能又会重蹈"先发展、后治理"的老路。目前气候资源开发利用过程中出现的主要环境问题包括：

1. 风能发电风机运行有明显的噪音污染和光污染，在风场建设过程中，会不同程度对植被产生破坏，在太阳能开发中，作为光伏发电上游重要原材料的多晶硅属能源密集产品，本身要消耗大量能源，且生产多晶硅所产生的副产品如四氯化硅等是有毒物质，会对环境造成严重污染，由于该种物质回收再利用的成本昂贵，国内除少数几家规模较大的企业有配套回收设备，大多数中国太阳能厂房均未装设或完全安装相关的回收设备。

2. 个别风电和光伏项目开发后水土保持工作不到位，没有考虑环境保护，对生态环境也会造成一定的破坏。

---

① 参见谭荣尧、赵国宏等：《中国能源监管探索与实践》，人民出版社，2016年，第8页。

目前气候资源开发利用的环境规制主要存在的问题总结起来就是认识缺乏，制度缺失，几乎没有认识到其环境负外部性影响，所以缺乏相应的制度应对。

第三节 政府规制体制及权责关系问题

基于气候资源与能源的密切联系，气候资源开发利用的规制体制需要结合我国能源的规制体制加以分析。当今世界各国都十分重视建立和完善本国的能源规制管理体制，以期更有效地保障本国能源安全和确保充分的能源供应。我国基于历史发展及现实考量，在现有政治体制下形成了具有本国特色的新能源的规制管理体制，作为目前世界上新能源投资和规模最大的国家，我国新能源规制大致形成了统一规制和分部门规制、中央规制管理与地方分级规制管理相结合的规制格局[1]。其中涉及的重要问题包括：规制主体安排，规制权配置模式，与气候资源、新能源相关的规制主体怎样从横向协调能源规制部门与政策部门、气象管理部门、其他产业规制部门以及环境保护部门之间的关系，从纵向如何协调中央与地方关于气候资源开发利用以及可再生能源建设发展的相互关系，在规制模式上如何保证具体规制机构具有相对独立的规制权等，以下将从这几个方面分析规制体制中存在的问题。

一、法定管理权力体系欠缺协作机制

从目前体制结构分析，我国气候资源以及包括风能、太阳能在内的能源体制长期存在分散管理、多头管理的情况，由于主体之间权力分散，沟通机制欠缺，相互之间协调性不足。风能、太阳能开发利用过程的管理和规制环节应当包括：资源的调查与探测、产业发展规划的指导与技术支持、新能源的推广与应用、市场准入规制、价格规制、社会性规制等。按照现有气候资源和能源规制体制，根据我国《气象法》和《气象设施与气象探测环境保护条例》的规定，目前国务院气象主管机构负责全国气候资源的综合调查、区划及全国气象设施和气象探测环境的保护工作，组织进行气候监测、分析、评价。县级以上地方人民政府对气候资源的开发利用的方向和保护的重点作出规划，地方各级气象主管机构根据规划，向本级人民政府和同级有关部门提出利用、保护气候资源和推广应用气候资源区划等成果的建议，地方各级气象主管机构在上级气象主管机构和本级人民政府的领导下，负责本行政区域内气象设施和气象探测环境的保护工作[2]。而在能源领域，虽然由国家能源主管部门对能源进行统一的行业规制，但是现实中多头管理、分散管理的特征十分突出，表现为：新能源和可再生能源的研发计划由科技部门负责，

---

① 参见肖兴志：《"新常态"下我国能源监管实践反思与监管政策新取向》，《价格理论与实践》2015年第1期。
② 据《中华人民共和国气象法》第32、33条，《气象设施与气象探测环境保护条例》第5条。

由其在全国范围内组织科技力量对有关风能、太阳能开发利用的重大科技项目进行立项和示范研究及推广；能源产品定价权由国家发改委负责；能源专项资金由财政部门确定、协调；太阳能在建筑领域的规模化应用由建设部门负责；风电、光电的开发及造成的环境影响由环境保护部门负责规制，除此之外，国务院税务部门、金融部门、标准化部门、质监部门、教育部门等还对有关可再生能源的财政税收优惠、贷款优惠、技术与产品标准、质量标准、课程教育等都负有相应的管理职责。而作为国务院能源主管部门的国家能源局，其性质属于国家发展和改革委员会管理的国家局，按照部门职能划分，风能、太阳能等可再生能源的行业统一管理与规制职能由其行使，根据《可再生能源法》的规定，其主要职责权限为：制定全国可再生能源开发利用中长期总量目标；编制全国可再生能源开发利用规划；制定公布可再生能源产业发展指导目录等。从上述内容上看，有关新能源规制的权力分散在上述多个部门，多头管理，资金分散，协调性不足，削弱了行业规制能力[①]。

二、规制管理体制权责关系不清晰

（一）横向管理体制问题分析

在横向上，可再生能源的管理权限被分解到各个职能部门，国家能源局作为国家能源主管部门，负责风电、光电等可再生能源统一的行业管理和规制职能，却缺乏核心的市场准入和能源定价权，其余各相关部门职能交叉，造成的突出问题就是多头管理、政出多门、资金分散、协调性差。

气候资源和可再生能源相关部门因此各自为政、冲突时有发生，无法形成合力，即使在2010年国务院为加强能源战略决策和统筹的协调而成立了国家能源委员会，但其职能主要倾于协调咨商，定位为高层次议事协调机构，不具有决策和规制权限，故而在面临具体问题的协调上，其作用相对有限。目前的规制管理体制在一定程度削弱了国家的宏观调控能力，存在"有机构无管理"问题[②]。以当前普遍存在的弃风弃光现象为例，风电、光电虽弃风、弃光现象严重，但却不易降价，其中更多的原因并非来自市场，而是源于体制。在职能上，管价格的部门只负责价格监管，管产业部门只重视产业管理，而专门负责能源管理的部门却管不了电网。目前来看，若单纯考虑市场运行规律，在我国某些地区普遍存在弃风、弃光的前提下，风电、光电产品成本又由于技术革新、管理优化等原因已经有了的大幅下降，应当可以适当降价，但是，目前的可再生能源入网价格不是由能源主管部门确定，所以风电、光电产品是否降价不是单纯由发电企业决定，也并非能由能源主管部门决定。从体制权限分析，电价降价也涉及十分复杂的体制问题，我国电力规制体制十分复杂，同样存在多头管理、权限分散的情况，在我国电力建设项

---

① 参见李艳芳：《我国可再生能源管理体制研究》，载肖国兴、叶荣泗主编：《中国能源法研究报告（2008）》，法律出版社，2009年，第120-121页。
② 任东明：《我国可再生能源开发面临的问题与障碍》，《太阳能》2013年第4期。

目由国家发展改革委员会负责审批，电力技术改革项目和供电营业业务由商务部审批、许可，电价由国家发改委会同各省省级物价管理部门共同确定，国家财政部门负责电力成本规则的制定与财务监督，工商管理部门负责企业经营范围许可，电力安全、电力市场运行、电力普遍服务等规制由能源部门负责[1]，各部门之间权限交织，加之我国电网企业十分强大，目前我国只放开了发电价格，输电、配、售电仍未放开，国家电网公司和南方电网公司几乎控制了所有电力系统输、配、售电。正如习近平主席在 2014 年 6 月的中央财经领导小组会议上强调："能源领域应进行革命，还原能源的商品属性，在电、油、天然气等领域价格机制不清晰，应进行改革由市场决定能源价格"[2]。目前包括输配电价改革在内的电力体制改革虽已由国家发改委牵头进行，但整体改革涉及面广、进程缓慢，因此，可再生能源发展中存在的问题由于体制协调等方面的关系，短时期内仍属困局。

具体到新能源的管理体制，根据《可再生能源法》第 5 条的规定，可再生能源由能源主管部门进行统一管理。按照该法第 2 条的规定，法定的可再生能源包括风能、太阳能、水能、生物质能、地热能、海洋能等非化石能源。但是梳理目前涉及到几类可再生能源的原生资源相关法律会发现，新能源的管理和规制部门与新能源资源的管理部门在主体与权限上存在相互分离的状况，例如：《气象法》《水法》《矿产资源法》《海洋环境保护法》等相关法律分别规定我国的风力资源、太阳能资源、水资源、生物质资源、地热资源、海洋资源分别由气象部门、水利主管部门、农业部门、林业部门、国土资源主管部门和海洋行政主管部门管理。这种新能源管理与新能源原生资源管理分离的管理体制对实践操作的影响在于：当开发利用一个新能源的项目，需要首先获得资源管理部门的前置性审批，再具体的能源利用时还需要得到能源主管部门的审批，实际上造成了"双重审批"甚至"多重审批"，实际上无形中提高了新能源进入的"门槛"。

（二）纵向管理体制问题分析

从纵向上划分，可再生能源管理体制的特点为中央规制管理与地方分级规制管理相结合，中央规制主要是指国务院和国务院能源主管部门对可再生能源进行统一的监督管理和业务指导，体现为全局性、长期性和间接性的宏观层面的监督管理。地方分级规制则按照职责权能对应的原则，依次对应为省、市、县级的监督管理[3]。我国属于单一制的国家，纵向规制权的配置主要涉及中央与地方之间的关系，更准确的说，是体现单一制中央集权型国家结构形式的特点，该类型结构是基于"分工性"的地方分权而形成，表现为中央将部分权力交由地方行使[4]。

① 参见李有铖：《我国电网行业的规制研究》，吉林大学博士学位论文，2011 年。
② 澎湃新闻网：《新电改方案决策始末："阻力很大很大，跨出去一步就算前进"》，http://www.thepaper.cn/newsDetail_forward_1296406
③ 参见李艳芳：《我国可再生能源管理体制研究》，肖国兴、叶荣泗主编《中国能源法研究报告（2008）》，法律出版社，2009 年，第 120–121 页。
④ 参见熊文钊：《大国地方——中国中央与地方关系宪政研究》，北京大学出版社，2005 年，第 5–6 页。

在气候资源开发与利用问题上，纵向管理体制相对复杂，其中既包含地方政府基于自身事权、财权范围而体现的地方管理、规制权限，也有通过中央职能部门在地方设立派出机构形成的规制权下移，实行的垂直管理，前者体现为中央与地方的适度分权，后者则是一种基于规制质量和执行效率的考量而采用的权力分工安排，在气候资源开发利用的纵向管理体制存在的问题也反映在这两个方面。

在气候资源的开发过程中，伴随我国市场经济体制日益成熟，地方利益诉求日益突出。在此背景下，"央地矛盾"主要表现之一为中央与地方规划之间缺乏协调性和统一性。以风电项目规划为例，地方政府对风电发展一向保持热情，出于地方发展和利益考虑往往可能通过不同方式和途径绕过中央规划和审批权限的限制。例如：2013年前，根据2004年版《政府核准的投资项目目录》的规定，5万千瓦以上风电项目由国家发改委审批，5万千瓦以下风电项目由各地方审批，为规避政策，部分地方为尽快上马风电项目，大量运用化整为零的方式，大批核准通过4.95万千瓦风电项目，形成一地多个风电场分期接入电网、局部地区风电接入过于集中的局面，与国家倡导的集中开发风电的规划要求相悖，2013年，国务院完全向地方下放了风电项目审批权，意欲简政放权，充分调动地方发展积极性，解决之前由于风电项目的其他关联环节审批权限分属中央和地方，致使电源项目和电网项目人为条块分割而出现发电项目核准失效、电力送出工程未完工的失调现象，但与项目相关的环保、土地、安全预评估等前置审批部门的审批权限并未同步下放，使简政放权效果降低不少。结合近年来数据分析，这一举措的实际效果仍与预想有不小差距，风电项目集中的地区如甘肃、内蒙和吉林，近年来弃风率仍居高不下，风电并网、消纳仍存在不小问题。尤其在风电、光电相继出现"产能过剩"现象后，国家已通过各种规划明确了总量目标，即便如此，地方和国家规划仍然还有衔接不够的现象发生，各地可再生能源开发利用的中长期目标未严格依照全国总量目标确定，某些地方基于自身发展需求"贪多求快"而忽视国家总体调整安排的现象仍未根本解决，地方规划发展目标远超国家总体目标，发展布局和速度也与国家规划不一致。

气候资源开发利用中出现的"央地矛盾"表现之二体现为中央与地方事权界限模糊，权责划分不明。我国中央与地方在气候资源开发利用职权上没有具体规范加以划分，具体表现为：在法律以及更高的规范层面由于没有明确气候资源的属性和具体内涵，中央和地方的职责权限无法准确划分，涉及到气候资源的纵向管理体制的形成与协调运行缺乏扎实的制度性基础，他们之间的职责关系如何协调，还需等待立法上予以明确。具体到现行有关制度规定，仅在《气象法》《可再生能源法》中规定了关于中央与地方关于气候资源管理权限划分的原则性内容[1]，但下位法却无明确和有操作性的规范加以落实，对于中央与地方之间有关气候资源开发利用包括决策、执行、监督、协调与控制等行政权力运用各环节，包括事权、人权、财权、机构设置权等各项内容在立法和政策上均无系统规定，这也从根本上引发了中央与地方之间出现的规划目标、绩效标准等内容的冲突，无法适应国家能源发展战略的要求。在现行财税体制和政绩考核制度共同作用下，

---

[1] 如：《气象法》第5条、32-34条；《可再生能源法》第5-8条。

由于"财权上收,事权下移"倒挂性的压力型体制的影响,纵向体制总体面临"事权与财权不对等"的困境,中央和地方政府之间难以形成一个兼顾长远与当下、整体和局部的共赢安排。中央政府更加关注能源与资源、环境的协调和可持续发展,地方政府则迫于"短期内经济性政绩指标"的压力,机会主义倾向明显,更多会关注较短期间内经济指标(如固定资产投资比例、财政收入、居民收入、社会就业率等)的增长,对于能源、资源、环境等外部性指标的关注明显动力不足,同时地方政府之间也形成了以争夺经济资源作为获取竞争优势的资源竞争型模式[①],从而导致地方保护主义、生产过剩、重复建设等现象的出现。

三、能源规制权力配置模式与国家能源战略欠缺协调

能源规制权力配置模式是指能源规制机构与管理部门之间的权力配置形式。不同的国家政治体制中,由于历史、传统、现实体制等诸多因素的影响,每个国家所设置的规制模式都不相同,但也可以从中总结出一些共性的特点加以归类。总结一些有代表性的发达国家的规制实践,从世界范围来看,目前包括新能源在内的能源规制权力配置模式主要有两种类型:政监分离型和政监合一型,二者的区分主要从规制机构独立性的强弱以及其与政府主管部门之间的权力配置关系是怎样的来加以判断。前者的代表性国家包括美国、英国、澳大利亚、加拿大,后者的代表性国家包括中国、日本、韩国。两种权力配置模式各具特点,一般来说,市场化程度越高,规制机构的独立性越强;市场化程度越低,规制机构与政府部门的相关性越强。这是世界各国规制机构设置的规律和趋势,世界各国一般依照国情和市场化程度选择能源规制权力配置模式的设置。

(一)我国能源规制权力配置模式

我国属于典型的政监合一型权力配置模式,国家能源局经由 2013 年机构调整后,与电监会合并,从其机构、职能、人员上都进行了整合,规制职能扩大到了整个能源领域,形成了政监对外合一、内部相对分离的格局,也就是包括新能源在内的能源规制机构与管理部门的主体是同一的。

在"政监合一"模式下,我国能源权力配置格局如下。

1. 宏观调控与行政管理职能

在这一层次的内容中,涉及到能源的宏观政策制定与行政管理,主要体现为能源产业政策的制定、能源资源和国有资产管理、能源安全与外交政策制定,这一层面的权力分配最为分散。具体表现为:(1)国家能源委员会作为我国高层次的议事协调机构,负责研究拟订国家能源发展战略,审议能源安全和能源发展中的重大问题,统筹协调国内能源开发和能源国际合作的重大事项[②]。(2)国家能源局作为国家发改委管理的国家局,负责拟定能源发展战略、规划和政策,提出体制改革建议;实施对煤炭、石油、天

---

① 参见汪伟全:《地方政府竞争模式选择:制度竞争胜于资源竞争》,《现代经济探讨》,2010 年第 4 期。
② 国家能源局官方网站,http://www.nea.gov.cn/gjnyw/

然气、电力、新能源的管理；制定与能源相关的资源、财税、环保及应对气候变化等政策；管理国家石油、天然气储备；提出能源行业节能政策措施；开展能源国际合作等，同时，国家能源委员会办公室的工作也由国家能源局承担，是我国能源的主管部门。（3）国家发展与改革委员会也承担相当部分的关于能源及能源产品的宏观调控和行政管理职能，包括协调能源类规划编制、能源类规划与国家全局性、综合性规划的衔接；审批能源行业的基础设施投资项目；统筹全国煤电油气产运需平衡衔接和日常调节和运行保障；组织拟订能源资源和能源产品的运行调节、价格、收费等方面的相关法律法规草案，修订相关规章和政策、标准等。（4）与此同时，还有相当数量的国务院部委等机构享有特定范围的能源管理职能，如：水利部、国土资源部、农业部分别对水能资源、地热资源和沼气等农村能源的开发利用承担相应管理职责；国防科工局负责核电项目建设的管理；林业部负责林业生物质能开发利用的管理；国家海洋局对海洋能发电以及海上风电的开发利用负有管理职责；国家气象局负责评估太阳能、风能等气候资源。此外，还有住房与城乡建设部、科技部、工信部、交通部、商务部、财政部、国有资产监督管理委员会等部委在各自权限范围内承担管理职能。

2. 经济性规制职能

我们目前包括新能源在内的能源的经济性规制职能主要包括以下两个方面：（1）价格、市场准入和质量的规制权设置。按照我国目前能源资源和能源产品的规制职能划分，涉及价格、市场准入和质量等经济性规制的规制权主要由国家发改委、国家能源局和水利部承担。国家发改委负责审批能源行业的基础设施投资项目、核准有关能源的价格、收费等方面的法律与政策、拟定能源价格和收费政策等；水利部负责审批、核准国家规划内和年度计划规模内水电投资项目；国家能源局的规制职能主要集中于电力的监管与规制，包括：组织拟订电力市场发展规划和区域电力市场设置方案，监管电力市场运行，监管输电、供电和非竞争性发电业务，处理电力市场纠纷，研究提出调整电价建议，监督检查有关电价和各项辅助服务收费标准，研究提出电力普遍服务政策的建议并监督实施，监管油气管网设施的公平开放。（2）能源产品反垄断规制权设置。涉及能源产品的反垄断规制职能主要由商务部和国家工商局承担。

3. 社会性规制职能

有关能源的社会性规制职能主要涉及环境保护和核安全监管。有关职能分别由环境保护部、国家安监总局、国家能源局、国家核安全局、煤炭安全监察局等部门承担。环境保护部对包括太阳能、风电、地热等可再生能源在内的能源开发利用所对环境造成的影响负有规制职责。国家安监总局全面负责能源开发利用过程中的安全监管；国家能源局、国家核安全局、煤炭安全监察局则分别负责电力生产运营、核能开发利用和煤炭开发利用的安全性规制[1]。

---

[1] 参见李艳芳：《我国可再生能源管理体制研究》，肖国兴、叶荣泗主编：《中国能源法研究报告（2008）》，法律出版社，2009年，第120–121页。

从我国能源规制格局来看，我国属"政监合一"模式，与世界上大多数能源生产和消费大国（如美、加、澳、英等）所普遍采用高级别集中型管理模式不同，这一模式的运用很大程度上是基于我国自身的能源体制和市场发展现状，我国目前能源市场发展尚不完善，能源管理体制改革仍在推进之中，特别是当前我国能源供应安全、能源结构优化、能源效率提高等重大问题还没有解决，因此，在国家统一的战略、规划、政策指导下，建立相对统一的能源管理部门及选择"政监合一"的规制模式，加强能源行业管理与能源规制的协调，具有审时度势的现实意义，从之前我国唯一存在过的独立能源监管机构——电力监管委员会的成立、整合合并的过程也反证了目前我国成立高级别独立能源规制机构的条件仍未成熟。

在这一模式下我国能源权力配置格局表现出以下特征：第一，能源行业管理相对集中但不独立。国家能源局是法定能源行业主管部门，对电力、煤炭、石油、天然气、核电、可再生能源实施全面的行业管理与规制，但能源局在行政上受国家发改委领导，是国家发改委下属的国家局，在能源管理职责方面，能源局与国家发改委互有分工，职能上存在交叉，特别是能源项目核准、能源系统运行管理、电力定价权和能源市场体系培育方面，这一形式部分地导致了决策效率低下。第二，能源行业部分职能由多部门分散行使。能源产业链极长，除能源核心职能集中于能源局和国家发改委外，其余相关职能还分散于国土资源部、水利部、农业部、林业部、国防科工局、气象局、生态环境部、安监总局（煤监局）、国资委和财政部，此外，还有住房与城乡建设部、科技部、工信部、交通部、商务部、国有资产监督管理委员会等部委也在各自权限范围内承担一定比例的相关管理职能。第三，由于机构调整，能源经济性监管职能有所弱化。电监会在 2013 年国务院机构调整后被整合到当时新组建的国家能源局，形成了现在能源（主要是电力）规制的"政监合一"模式，相较于之前以独立设立的电监会为标志"政监部分分离"模式，经济性规制活力、效率和市场有序性均有所下降。

（二）我国能源规制权力配置模式问题分析

就目前这一管理模式来看，其自身仍存在不容忽视的问题，总体反映为"政监合一"模式下，专门机构的规制独立性受到较大影响，规制作用的发挥往往受限于部门内部。具体来说对比我国能源规制实际，在规制模式和规制主体、权限方面主要面临以下问题：

1. 权力配置模式功能定位模糊，能源专门管理机构欠缺独立规制权

世界上不论是老牌发达国家还是新兴市场国家，不论其能源规制权力模式是"政监分离"型还是"政监合一"型，伴随能源市场的成熟，设立职能相对独立的规制机构是普遍趋势，形式虽然不一，有的国家是设立在行政主管部门内，有的国家设立在部门以外，但就独立性而言，其实质均属于政监分离基础上的制度安排。

我国的能源权力配置模式虽属于"政监合一"型，但相对于其他国家"政监合一"型下的能源权力配置模式还是有很大差异。国家能源局从其职能设置看，具有最为集中

的行业管理职权，但是由于它同时也是国家能源委员会的办事机构，使它同时又承担众多指导、协调、监督等方面的宏观政策职能，不宜定位为独立规制机构；同样，国家发改委作为行使能源领域准入、定价等微观规制权力的机构，具有部外独立监管机构的典型监管手段，但是，国家发改委同时也承担了大量的规划、宏观协调甚至反垄断方面的政策与执法职能，也很难定位为是独立规制机构。政策职能与监管职能的多重混合，使整个能源监管体制陷入一种模糊状态。严格意义上讲，很难说我国目前存在独立的能源规制机构[①]。

2. 职能交叉、重叠情况突出

目前我国的能源行业采用的管理体制是"政监合一"型，这是在长期的实践中摸索发展而来的，在目前的体制下，我国实行完全"政监分离"的体制模式既不具备实施条件，也没有急迫性，但是，即使是"政监合一"的模式下，机构之间的相互独立也是十分必要的，在这一点上，我国的现状就显得不够乐观，就新能源规制而言，首先是能源主管部门下缺乏相对独立的机构行使规制权限，虽然在能源局下设了新能源和可再生能源司，但从其具体职责范围看，仅简单列举了如下内容：指导协调新能源、可再生能源和农村能源发展，组织拟订新能源、水能、生物质能和其他可再生能源发展规划、计划和政策并组织实施。从以上简短的描述中，并未发现该机构具有对新能源产业的规制职能，而国家能源局具体负责规制事务的监管司职责权限为：组织拟订电力市场发展规划和区域电力市场设置方案，监管电力市场运行，监管输电、供电和非竞争性发电业务，处理电力市场纠纷，研究提出调整电价建议，监督检查有关电价和各项辅助服务收费标准，研究提出电力普遍服务政策的建议并监督实施，监管油气管网设施的公平开放。从中也并未发现有针对新能源或其他能源类别的专门性规制职责，这样的机构设置与职能分配无疑并未达到规制的理想状态。

以上的表现共同影响到了我国新能源行业的规制制度现状，使得整体来看，在综合协调能力上，我国的新能源规制在不同级别的政府之间，在政府财政、税收、金融、贸易、投资、价格、交通、国有资产管理、城市建设等诸多职能部门之间，存在目标和步调不一致、国家利益和地方利益不一致、当前利益和长远利益之间不一致的情况。由于无法实现统一规制，导致极易形成规制信息不对称。比如作为价格管制机构的物价部门，由于不参与市场准入、供需管理、成本监控，对与价格形成有关的许多因素无法控制，制定价格的科学性无法保证。"十三五"规划提出，我国将推进能源革命，加快能源技术创新，建设清洁低碳、安全高效的现代能源体系。在此基础上，2016年发布的《能源发展"十三五"规划》更加明确的提出，未来我国将进一步充分发挥市场配置资源的决定性作用和更好发挥政府作用，深入推进能源重点领域和关键环节改革，着力破除体制机制障碍，构建公平竞争的能源市场体系，营造良好制度环境改革能源体制。为此将会进一步转变政府职能，深入推进简政放权、放管结合、优化服务改革，加强规划政策引导，

<hr>

① 参见周汉华：《体制转轨时期的监管机构与法治原则》，肖国兴、叶荣泗主编：《2009年中国能源法研究报告》，《法律出版社》，2010年，第261页。

健全行业监管体系。而目前的能源规制权力配置模式无论在内容还是在形式上，均无法完全适应这一目标的要求，因此，在推进以"公平效能"为主旨的能源体制革命过程中，对于现有规制权力配置模式的改良势在必行。

四、规制法治化程度不充分

（一）我国气候资源开发利用立法现况

目前我国气候资源在气象和资源领域的专门立法数量少，内容较单一，框架性和原则性内容较多，相比作为能源的风能和太阳能相关法律与政策显得较为单薄。在法律这一层面，仅有《气象法》一部，而在法规规章层面，目前均为地方性立法，共有 13 个省、市地方制定了气候资源开发利用与保护的规范，其中地方性法规 8 个，民族自治地方单行条例 1 个，地方政府规章 4 个（具体情况见表 2-2），此外还有 5 个地方政府以规范性文件的方式做了专门规定。而在能源领域，风能、太阳能作为主要的新能源类型，规范数量相对较多，但是，通过仔细梳理统计，会发现规章以上层面的法律规范数量仍然极少（具体情况见表 2-3），更多的规范多为政策性规范性文件（表 2-4）。

表 2-2 气候资源立法简况表【气象及资源类】

规范名称	通过时间	制定机关	法源	备注
《中华人民共和国气象法》	2000 年实施，2009、2014、2016 年三次修订	全国人民代表大会	法律	第1、32-34条
《河北省气候资源保护和开发利用条例》	2016 年	河北省人民代表大会	省级地方性法规	
《江苏省气候资源保护和开发利用条例》	2015 年实施，2017 年修订	江苏省人民代表大会	省级地方性法规	
《安徽省气候资源开发利用和保护条例》	2014 年	安徽省人民代表大会	省级地方性法规	
《贵州省气候资源开发利用和保护条例》	2013 年	贵州省人民代表大会	省级地方性法规	
《西藏自治区气候资源条例》	2013 年	西藏自治区人民代表大会	省级地方性法规	
《山西省气候资源开发利用和保护条例》	2012 年	山西省人民代表大会	省级地方性法规	
《黑龙江省气候资源探测和保护条例》	2012 年	黑龙江省人民代表大会	省级地方性法规	
《延边朝鲜族自治州气候资源开发利用和保护条例》	2017 年	延边朝鲜族自治州人民代表大会	单行条例	

续 表

规范名称	通过时间	制定机关	法源	备注
《宁波市气候资源开发利用和保护条例》	2017 年	宁波市人民代表大会	设区的市地方性法规	
《宁夏回族自治区气候资源开发利用和保护办法》	2017 年	宁夏回族自治区人民政府	省级地方政府规章	
《广西壮族自治区气候资源开发利用和保护管理办法》	2011 年实施，2016 年修订	广西壮族自治区人民政府	省级地方政府规章	
《内蒙古自治区气候资源开发利用和保护办法》	2015 年	内蒙古自治区人民政府	省级地方政府规章	
《四川省气候资源开发利用和保护办法》	2014 年	四川省人民政府	省级地方政府规章	

表 2-3 可再生能源相关立法简况表

规范名称	通过时间	制定机关	法源	备注
《中华人民共和国可再生能源法》	2006 年实施，2009 修订	全国人民代表大会	法律	专门性立法
《中华人民共和国大气污染防治法》	1988 年通过，1995 年、2000 年、2015 年三次修订	全国人民代表大会	法律	第 32、42、87 条
《中华人民共和国水法》	1988 年通过，2002、2009、2016 年三次修订	全国人民代表大会	法律	第 26 条
《中华人民共和国电力法》	1996 年实施，2015 年修订	全国人民代表大会	法律	第 5、48 条
《中华人民共和国节约能源法》	1997 年通过，2007 年、2016 年两次修订	全国人民代表大会	法律	第 5、40、59 条
《中华人民共和国清洁生产促进法》	2003 年	全国人民代表大会	法律	
《中华人民共和国循环经济促进法》	2009 年	全国人民代表大会	法律	
《电力监管条例》	2005	国务院	行政法规	
《河北省新能源开发利用管理条例》	1997 年实施，2010 年修订	河北省人民代表大会	省级地方性法规	
《湖南省农村可再生能源条例》	2006 年	湖南省人民代表大会	省级地方性法规	
《山东省农村可再生能源条例》	2008 年实施，2015 年修订	山东省人民代表大会	省级地方性法规	
《黑龙江省农村可再生能源开发利用条例》	2008 年实施，2015 年修订	黑龙江省人民代表大会	省级地方性法规	

规范名称	通过时间	制定机关	法源	备注
《湖北省农村可再生能源条例》	2010年	湖北省人民代表大会	省级地方性法规	
《浙江省可再生能源开发利用促进条例》	2012年	浙江省人民代表大会	省级地方性法规	
《电网企业全额收购可再生能源电量监管办法》	2007年	国家电力监管委员会	部门规章	

表 2-4 可再生能源相关政策型规范性文件概览表[①]

政策分类	功能	具体类型	代表性政策列举
引导型政策	通过规划、指导意见等政策工具引导行为主体自愿为或不为一定行为，以达到政策制定效果	规划	《国民经济和社会发展第十三个五年规划纲要》《能源发展"十三五"规划》《可再生能源发展"十三五"规划》《太阳能发展"十三五"规划》《风电发展"十三五"规划》等
		指导意见	《国家能源局关于建立可再生能源开发利用目标引导制度的指导意见》《国务院关于促进风电产业发展实施意见》《国务院关于促进光伏产业健康发展的若干意见》《可再生能源产业发展指导目录》等
激励型政策	通过利用经济手段或政策优惠鼓励与刺激当事人进行相应的行为选择	财政补贴政策 税收政策 研发扶持政策 价格政策 投资政策 产业化扶持政策 信贷优惠	《可再生能源发展专项资金管理暂行办法》《可再生能源发展基金征收使用管理暂行办法》《可再生能源电价附加补助资金管理暂行办法》《建设部财政部关于推进可再生能源在建筑中应用的实施意见》《可再生能源发展专项资金管理暂行办法》《可再生能源发电价格和费用分摊管理试行办法》《国家发展改革委关于完善陆上风电光伏发电上网标杆电价政策的通知》《关于发展生物能源和生物化工财税扶持政策的实施意见》等
强制性政策	通过规范性文件对行为人行为进行合理限制达到政策预期效果	电价机制政策 节能指标政策 强制配额政策等	《可再生能源发电全额保障性收购管理办法》《可再生能源发电价格和费用分摊管理试行办法》《可再生能源发电有关管理规定》《光伏电站项目管理暂行办法》《海上风电开发建设管理办法》《国家发展改革委、财政部、国家能源局关于试行可再生能源绿色电力证书核发及自愿认购交易制度的通知》等

（二）国外有关国家规制气候资源开发利用的立法实践

世界各国在地理位置、生态、气候、环境、资源及能源状况上情况各异，加之各国

---

① 对可再生能源政策分类标准参考公共政策学关于公共政策的分类理论。

之间的制度差别，使得各国在进行气候资源开发利用时，会针对国内具体实际及现实需要，设计不同的法律调整表现形式①。气候资源涵盖的资源范围广泛、涉及法律关系复杂，在世界范围内尚未出现全面完整的气候资源保护单行法，所有国家都是将气候资源的开发利用、保护的相关制度按不同领域进行相对集中的立法，各国立法均有鲜明的自身特色，以下就目前世界范围内气候资源开发利用立法实践最为成熟且成效显著的两个国家做以分析。

1. 美国

在气候资源开发利用相关领域，美国也同样沿袭了其立法体系庞杂且精细的特点，其重点的立法领域主要围绕能源领域。类型包括：（1）基础性、综合性立法。主要有《清洁空气法》(1977 年)，《能源重组法》(1974 年)，《能源供应与环境协调法》(1974 年)，《国家能源法》(1978 年)，《公共事业管理政策法》(1978 年)，《国家能源保护政策法》(1979 年)，《能源安全法》(1980 年)，《能源政策法案》(1992 年)，《能源政策法》(2005 年)，《能源独立和安全法》（2007 年），《清洁能源与安全法》（2009 年），《清洁能源就业与能源法》（2009 年），《能源法》（2010 年），《能源政策现代化法》（2015 年）。诸多法律文件虽未使美国形成综合独立的气候资源基本法，但却几乎涵盖了气候资源开发、利用和保护的各环节。（2）专门立法。主要包括《太阳能取暖制冷示范法》（1974 年），《可再生资源推广法》（1978 年）、《太阳能研究、开发和示范法》（1974 年），《太阳能光伏研究、开发和示范法》（1978 年），《风能系统法》(1980 年)，以及《太阳能和节约能源法》（1980 年），《可再生能源和能效技术竞争力法》（1989 年）等②。

除了联邦层面丰富的立法实践之外，美国还有为数众多的能源关联法案，诸如电力类、节能类、能源技术类、环境保护类以及更为细致的包括有能源税收、能源补贴、能源技术等方面的法案，并且，美国各州基于自身特点及管理的需要，在享有广泛立法与管理职能的前提下，也制定了为数众多的贴合各州实际的法案、行政命令。如：加利福尼亚州制定了《日光权利法》，德克萨斯州通过了《德克萨斯州能源规划：四大类十大政策建议》（2005 年），弗吉尼亚通过了《弗吉尼亚能源规划》（2006 年），密歇根州通过了《21 世纪能源规划》（2006 年）等。

综合其立法情况，美国气候资源开发利用立法特点表现为：（1）气候资源相关制度发展和变革速度较快，密切联系国内气候、能源政策走向，形成了相对完善、全面的气候资源保护开发利用体系，再辅之以有法源效力的丰富判例制度，使得其与政策的相互正向互补作用效果明显。（2）法律实施效果较好。在能源领域，美国能源体制也同样涉及多部门、多领域协调、合作的问题，所以美国在能源立法中尤其是以 2005 年《能

---

① 参见杨惜春：《气候资源的法律概念及其属性探讨》，《气象与环境学报》2007 年第 1 期。
② 参见杨惜春：《完善我国气候资源保护立法的思考》，湖南师范大学硕士学位论文，2006 年；https://www.gpo.gov/fdsys/pkg/BILLS-110hr6enr/pdf/BILLS-110hr6enr.pdf；高翔、牛晨：《美国气候变化立法进展及启示》，《美国研究》，2010 年第 3 期；http://www.360doc.com/content/16/0426/00/26447790_553811981.shtml；汪钰秀：《论气候资源开发利用的法律规制兼论＜黑龙江省气候资源探测和保护条例＞的合法性》，首都师范大学硕士学位论文，2013 年。

源政策法》为代表的系列能源基本法案、综合法案中对能源政策任务规定十分具体，涉及到落实到各部门，如能源、外交、环境保护、内政、商业等部门，并十分强调以明确规范引导它们之间相互密切合作，加之美国设有专门的能源管理部门，有强大的能源管理职能，因此，总体实施效果良好。

2. 德国

德国的气候资源开发利用制度也尚未形成一部独立的法律，但是其气候资源、风能、太阳能相关的可再生能源立法也有相当代表性，相比美国，其立法体系更为细致、直接。

德国与气候资源开发利用相关的立法大体包括：《电力强制收购法》（1991 年），《可再生能源法》(2000 年制定、2004 年、2008 年两次修订)，《建筑节能法》(2001 年)，《能耗标识法》(2002 年)，《温室气体排放交易法》(2004 年)，《项目机制法》(2005 年)，《生物燃料配额法》(2006 年)，《温室气体排放许可分配法》(2007 年、2012 年)，《可再生能源供热法》(2008 年)，《耗能产品生态设计要求法》(2008 年)。德国以《可再生能源法》为核心构建了一套配合紧密、效果显著的制度体系，涵盖了气候保护、温室气体排放控制、节能促进、可再生能源等领域，同时，在规制内容上，规定了价格、税收、技术标准、环境保护等内容。

在目前世界范围内，德国的可再生能源发展是最为迅速的国家之一。从数据上看，原计划到 2010 年可再生能源发电量占总发电量和占全部能源供应 7 的百分比目标提前到了 2007 年就已经完全实现了，原计划到 2025—2030 年实现的风力发电装机总量的目标也大幅提前到 2007 年就完全实现了[①]。可以说，这样的发展速度在德国的政策制定者看来都是完全没有预计到的。分析下来，其原因虽涉及多个方面，但德国围绕《可再生能源法》所构造的立法体系，对于其产业发展有巨大推动作用。

综合来看，德国气候资源开发利用制度体系特点包括：（1）始终注意根据实践中可再生能源的发展与国内需要调整制度内容，及时完成基本法《可再生能源法》的修订，既维护了制度的连续性和政策的延续性，也保证了制度对于现实内容的及时反馈。（2）《可再生能源法》作为基本法，其制度不仅具体而且明确，以具体的规范性和义务性条款明确了各项基本制度的落实，并且立法目的明确，因此能够保证体现经济效率目标优先全额收购和比例配额制度和体现社会公平目标的电力电价均衡分摊、限额使用和补贴制度能够协调实现，并通过价格、税收等形式保证市场主体有足够的动力进入市场，随后通过具体标准明确减免、补贴的递减机制，以规定的形式明确可再生能源义务主体并强化利用可再生能源的义务内容，以激发市场主体主动发展技术、降低成本，从而推动市场的成熟发展。

上述美国和德国的可再生能源立法经验表明，发展可再生能源，提供形式稳定、结构系统体系完备、内容具体的立法支持至关重要。立法的稳定性有助于提高人们对制度的合理预期，从而有助于形成个人、企业乃至市场长远的决策安排，因此，即使本国国

---

① 参见桑东莉:《德国可再生能源立法新取向及其对中国的启示》,《河南省政法干部管理学院学报》2010 年第 2 期。

内的能源政策变动相对较大,但是由于可再生能源立法相对稳定,国内相关能源市场的起伏也不会过大。美、德两国还非常重视可再生能源各领域的均衡发展,这在可再生能源立法体系的结构中也得到了体现,在体系上,两国的立法不仅包括基础性、综合性立法,也注重制定针对不同可再生能源种类的专门法,从而对于不同可再生能源的开发利用来讲,更加具有针对性。加之两国立法内容具体,目标明确,在立法中不仅注意制定有针对性的总体目标,还注重设定可再生能源及各个领域发展的具体目标,加之规范内容注意明确市场各参与主体的权利义务范围,程序上强调有关信息的公开性,从而增强了各项制度的可执行性。在有效的立法推动下,两国的可再生能源市场发展迅速,不仅推动了国内市场快速成长,也提高了国内相关企业在世界市场的竞争力。

(三)我国可再生能源立法问题分析

上述对现有气候资源、新能源和可再生能源有关的法律、法规、规章及规范性文件的分类和整理,可以直观地反映出我国目前在气候资源尤其是新能源和可再生能源的立法和制度建设上不断完善的趋势,并且这一进程正在不断加快,尤其在可再生能源领域,我国已建立了以《可再生能源法》为中心,包含不同位阶、不同领域在内的规章、规范性文件在内的较为全面的可再生能源法律制度体系。但客观地说,我国在气候资源、新能源和可再生能源法律制度建设方面仍然存在一些不容忽视的问题,表现为:

1.气候资源开发利用立法的结构性缺陷

这一层面的问题突出反映为各领域的立法进程不一,发展不均衡。目前我国有关气候资源、风能、太阳能的相关规范基本围绕着其作为能源的开发利用领域(详见表2-3、表2-4),而作为前提的法律特征性立法和需要受到重视的保护性立法在数量和内容上均有所缺失。风能、太阳能从特征上首先表现为气候资源,但是在气候资源领域,目前在法律这一层次,还没有关于气候资源的专门立法,相关立法仅有调整气象领域的基本法——《气象法》在第1条和第6章做了概括性规定,而已有的关于气候资源专门性立法,仅表现为部分省份的地方性立法,但是通过对照分析这部分地方立法的内容,可以发现目前这部分立法基本都围绕的是气候资源的调查、监测、规划、开发利用、保护等方面内容,更多的是从政府、尤其是气象主管机构行政管理的视角展开的,其内容大体都是对《气象法》相关规定的细化和具体化,这样的立法现状与现实需要是相对脱节的,目前在立法领域和实践领域已经出现了由于对气候资源的资源属性、所有权归属等基本法律命题无法明确而导致的诸多冲突和矛盾。最典型的例子就是颇受关注的2012年黑龙江气候资源新规之争,这一在全国开创气候资源立法先河的地方立法,从示范效应来看其积极作用毋庸置疑,但是由于该法在《宪法》和法律层面尚无明确规定的前提下,以地方性法规的形式明确了气候资源的定义、属性,尤其是直接确定了气候资源的权属,造成了大家的忧虑、争议。从法理分析,地方立法直接规定资源的权属确实有越权之嫌,但是这一事件的发生也反射出目前我国在气候资源法律体系极不完善的现状。对于气候资源的重要性在此无需老生常谈、反复列举,那么我们需要反省的是,在气候资源日益成为目前重要的战略性资源的情况下，在立法层面仍然缺乏积极的态度和足够的响应，而恰恰是由于对气候资源的定性不明，导致目前在理论上仍然还是存在关于"气候资源是否属于资源""气候资源是否属于宪法第9条所调整的自然资源"等一系列争论，这些甚至影响到目前关于气候资源的立法进程，如前所述，法律层面国家没有专门法明确气候资源的含义、外延、权属、权责划分等法律特征，与此有关的《气象法》也并未对气候资源进行明确界定和外延上的划分。在立法上的迟滞，使得在能源应用领域，风能、太阳能无法如其他传统能源如石油、煤炭，通过《矿产资源法》及配套法律、制度或是像同是可再生资源的水资源凭借《水法》及其配套规范进行资源领域的规范和调整，以明确其内涵、外延、管理和规制权限，进而规范其开发、利用和保护。

同样被忽视的还有气候资源的保护性立法，气候资源虽然有可再生性、相对无限性等特征，但是在实践中，其开发利用是一个系统工程，基于环境的承载能力、人类对气候资源利用能力的客观性等因素的考虑，我们对于气候资源的开发利用需要尊重客观规律可持续发展的需要，保护性的开发利用理念应当在立法中得以体现，但是，无论是《气象法》《可再生能源法》还是其他的相关法律如《环境保护法》《大气污染防治法》《节约能源法》《清洁生产促进法》《循环经济促进法》等立法对于气候资源的相关规定的表达方式均大致为"国家鼓励和支持利用可再生能源的开发利用"，这样的形式十分笼统，未在立法理念上充分认识到对气候资源和新能源的开发利用来说，保护与开发利用同等重要。

在气候资源的能源性开发利用领域这一问题同样突出。新能源和可再生能源法律规范体系涉及范围广泛，不仅涵盖不同种类能源（根据《可再生能源法》第2条的规定，可再生能源包含但不限于风能、太阳能、水能、生物质能、地热能、海洋能等非化石能源），同时新能源和可再生能源的开发、利用和保护还会全面涉及诸如国家宏观调控、技术研发与支持、财税金融等领域，这些领域的立法各有侧重，加之相关规范立法年代不同、立法理念各异、调整的社会关系亦有所区别，不可避免地会出现可再生能源的专门法与一些综合法，或是与其他领域的专门法相冲突的问题，以下将择取一些有代表性的突出问题做出分析。

我国的新能源利用主要集中在电力应用领域，供热和交通领域相对很少。目前我国在制度和实践层面均已通过多种举措加快了新能源在电力供应中的比重，并且这一比重在未来还会持续增加，但是，目前作为电力建设、生产、供应和使用领域的基本法《电力法》却并未体现这一趋势，甚至没有专门的条文规定可再生能源在电力生产、供应、使用方面的针对性内容，仅在第5条第2款概况规定了"国家鼓励和支持利用可再生能源和清洁能源发电"，而后在第48条做出以下规定"国家提倡农村开发水能资源，建设中、小型水电站，促进农村电气化。国家鼓励和支持农村利用太阳能、风能、地热能、生物质能和其他能源进行农村电源建设，增加农村电力供应。"很明显，农村可再生能源的利用仅是可再生能源利用的一个部分,成法与1996年并在此后没有做过大范围修改的《电力法》显然并未在内容上反映出我国目前对于可再生能源在电力领域的重要地位。

再有，我国尤其重视对可再生能源的技术研发和创新工作，而风能、太阳能等新能源的设备制造、应用都与技术支持密切相关。可以说，技术与资金、制度、市场一起决定起了新能源未来发展的程度与方向。《能源发展"十三五"规划》专门提到要鼓励风电和光伏发电依靠技术进步降低成本。但是在《科学技术进步法》第九条中谈到国家资金扶持的产业中，没有列举到新能源这一重要产业。

再如《可再生能源法》第5条规定了我国可再生能源的开发利用由国务院的能源主管部门统一进行。而《气象法》第5条又规定国务院的气象主管机构负责全国气候资源的综合调查、区划工作，并组织下级气象部门进行气候的监测、分析和评价。从内容上，这两条规范从文意上分析似乎并无冲突，其分工也相对明确，但在实践中，气候资源的开发利用理应包括调查、分析和评价的内容，从这一点上看，两部法律在权限划分的问题上也需要更为明确具体，以免造成行政资源浪费和管理、规制不到位的情况。

2.气候资源开发利用立法的系统性缺陷

这一层面的问题最为突出，表现为立法体系欠缺科学性、系统性。作为新能源和可再生能源基本法的《可再生能源法》是框架性立法，篇幅不长，仅有33条，不免使得内容上显得过于原则而造成可操作性和实施性差的问题。在这一背景下，就更加需要国务院、有关部门和地方立法适时制定配套性规范以支撑上位法的框架性结构，但目前我国这一层级的立法欠缺，取而代之并在我国广泛实施的规范形式大多为不同部门基于自身管理需要所制定的规范性文件，其法律位阶较低，客观来说，这样的做法并非一无是处，在政策响应的及时性、灵活性上，这种做法优势突出，制定规范性文件也是实践中一种常用且有效的做法，但是如果长时间采用这种"泛政策化"的规范创制模式其弊端同样明显，由于缺乏体系合理、逻辑严密、管理科学的规范体系，造成实践中无论具体的管理主体还是市场主体都无法准确作出合理的行为判断和调整，规范所应当具有的指引性、可预见性等特征在这样的制度体系当中无法充分呈现，长此以往，必然影响制度本身的权威性。同时，这一立法模式下也无法预先明确各个不同层次的管理和规制主体准确和清晰的定位，其权责内容相对模糊，这也直接影响到目前我国气候资源开发利用的管理和规制体制的相关内容，在地方立法层面，也只有少数省份对气候资源开发利用进行了专门立法，而且这些立法内容和体例均较为趋同，在体现地域性气候资源特色和开发重点的内容上还有待突出。再者，低位阶规范制定主体更多从自身角度出发对各自管理权限范围内的事项进行立法操作，导致规范更多会在内容上突出部门利益和地方利益。从经济学角度看，利益因素是导致制度变迁的重要决定性因素，各种利益集团往往通过各种博弈来影响某一行业的制度变迁。好的利益取向容易形成良性制度变迁，相反，不良的利益取向则往往会导致恶性制度变迁。由于部门利益、地方利益等利益集团的存在，并且在上位法没有对下级立法、管理主体权限以规范化形式进行划分的时候，各方争取利益的形式往往欠缺规范性，各种利益冲突也更易于出现。当这些利益冲突反映到规范层面，势必造成各种层级规范的冲突和抵牾，从而出现"政出多门"的现象。

3.气候资源开发利用立法的内容性缺陷

气候资源开发利用的立法规范不仅在形式上相对简陋，风能、太阳能相关立法在内容上也存在不同程度的缺失。

（1）立法理念有待更新。前文中对于气候资源开发利用的法律规制相关内容都应当在气候资源开发利用立法规范中、尤其是在基本性立法当中得到回应。而且《可再生能源法》作为风能、太阳能这些基本气候资源的有较强针对性的立法，在立法理念上，目前却尚未明确将应对气候变化作为《可再生能源法》的重要立法目的，同时也未充分认识到气候资源的特殊性，没有将保护与开发利用作为气候资源立法进程中同等重要的立法取向标准。

（2）已有立法强制性规范的立法比重偏低。《可再生能源法》作为框架性基本法，条文内容多为原则性、宣示性规范，其所确立的管理、规制主体的职责与义务，如规划、资源调查、产业指导、财政支持等内容均是原则性规范，没有直接明确相应义务主体法律责任，这就需要下级主体包括能源局、国家发改委、财政部等部门出台具体实施规范，但从已有实践看，以上主体在出台具体实施规则的时候没有选择更为规范、效力更高的行政法规、部门规章或是地方立法，而是倾向于在具体问题当中制定规范性文件，且这些主题由于受到管理权限配置和部门地方预期利益的影响，在具体规则当中也不一定会准确、及时地回应上位法或是上级主体所要求的内容。例如：总量目标制度、全额保障性收购制度、分类（上网）电价制度、费用分摊、补偿制度和发展基金制度这五项制度是《可再生能源法》确立的促进可再生能源合理开发和可再生能源产业发展的基本制度，也是支撑《可再生能源法》充分发挥法律实施效果的基本制度。但是在《可再生能源法》中没有明确相关主体的职责义务，仅使用诸如"相关部门督促落实"等督导性语言，显然，这样的立法实施效果就会极大地受到实践中各种因素的影响，近几年来，关于上述五项制度的落实也充分证明了在上位法缺少明确义务性强制规范地时候，《可再生能源法》的制度落实基本受制于相关部门的行政协调成本和利益主体的博弈情况。此外，在《可再生能源法》中基本忽略了公众参与的内容，也基本没有强调社会主体尤其是市场主体对于可再生能源法律规范实施效果的影响和作用，将法律的实施、制度的落实更多施加于行政管理和规制主体，自然，在内容上也基本没有社会主体的义务性规范内容。

第四节 政府规制机制保障制度内容不够健全

经济学在分析政府规制时，首要关注的是政府规制行为的效率，主要讨论的是政府的规制动因，规制主体以何种形式、从哪些方面开展规制，以及以成本效益比等指标评价各种规制形式在实现规制目标时所获得的成效。对规制主体往往笼统概括为"政府"，其职权如何，权力的获得与行使的方式等往往不受关注。而站在法律的视角，政府规制从本质上说是国家行使权力的一种方式，政府规制的实施者根据权力划分和职能的不同还应细分。规制实施主体在法律规定的权限范围内行使权力、实施规制行为，无论其规制内容如何，不论是经济性规制还是社会性规制，都会表现为形态丰富的法定行为方式，其实施都需要依据基本的合法性原则和合理性原则，按照法定规制程序实施规制行为，同时为保证规制效果的实现，根据权责一致原则，还需要在规制制度中构建一套有效的责任与救济制度，因此，在规制机制层面，政府规制的方式、程序、责任与救济机制对于评价规制主体的权力行使的合法性，职权履行的法律效果，具有重要意义。

在气候资源开发利用的的政府规制过程中，规制更多地体现为行政权的作用。在构建对政府规制的有效法律控制机制时，首先需要将注意力集中于行政机关的政府规制行为领域。目前的气候资源开发利用过程所运用的行政法律行为手段多样，规制程序复杂，责任与救济机制效果不一，在此就各部分当前现状及问题逐一展开分析。

一、政府规制方式的现状及问题

目前气候资源开发利用政府规制行为方式主要以传统的类型化行政法律行为为主，以行政立法为制度基础，涵盖行政许可、行政检查、行政处罚、行政强制等具体规制行为方式，这些行为类型大多属于刚性的命令控制型行为，《可再生能源发展"十三五"规划》提出当前我国要"坚持市场主导，完善市场机制，改变目前可再生能源发展对政策过渡依赖的现状"，在这一要求下，需要认真思考对于目前风能、太阳能开发利用的这些规制行为方式是否能够完全满足实践发展的需要，目前其存在哪些不足，应当如何完善。

（一）行政立法的制度供给

目前在政府规制的行政立法方面，突出的问题表现为必要的行政立法尚有欠缺。对于气候资源开发利用来讲，无论从市场层面还是技术层面其较之一般领域的综合性行政事务有所不同，其技术性强，体制复杂，政策面变动频繁，专门立法机关往往缺乏足够的能力制定详尽的法律，通常的也是相对保守的做法就是由法律做出原则性、框架性立法，由规制主体根据法律确立的原则与框架制定详细并具有现实可操作性的行政法规、行政规章，以实现立法的目的。而目前我国在气候资源无论在前期的气象勘测、开发领域还是后期的可再生能源开发利用领域，均欠缺内容全面、体系完整的的行政立法实践，目前仅有的部分行政立法仅为少数省级人民政府制定的气候资源开发利用管理规范和早期由电监会制定的一个部门规章。这些关于气候资源开发利用的地方政府规章，从内容来看，多数是对于《气象法》的内容和要求的再次强调，缺乏细化的规定和有操作性制度安排，横向对比各省区关于气候资源开发利用的这些地方立法也有"千篇一律"之感，缺少针对地方实际而订立的内容，而在可再生能源行政立法这一层面，情况也不容乐观，风能、太阳能的开发利用，是目前国家的能源战略重点领域之一，仅从宏观规划看，我国最为重要的全局性、基础性规划《国民经济和社会发展第十三个五年规划纲要》有独立篇幅涉及到风电和光伏发电的开发利用问题[①]，此外还制定了专门的《能源发展"十三五"规划》《可再生能源发展"十三五"规划》《风电发展"十三五"规划》《太阳能发展"十三五"规划》，其重要和重视程度可见一斑，但是形成鲜明对比的是在行政立法层面基本没有综合性的行政立法，管理和规制目标的实现基本依靠为数众多却缺乏体系安排的政策性行政规定（参见表2-4），这种状况虽由来已久，但却不是一个十分合理的情形，在推进法治建设的当下，即使气候资源相对特殊、能源领域相对专业又封闭，也同样需要有科学合理的规范体系作为产业进一步推动、市场加速开放发展的制度保证，所以，究其根本，目前气候资源开发利用政府规制的行政立法中存在的问题是欠缺必要的立法，而在这一层面立法的存在是绝对必要的。

在对气候资源开发利用进行政府规制的过程中，涉及到的规制行为类型众多、范围广泛，具体包括有行政许可、行政检查、行政处罚、行政强制等。

（二）行政许可[②]

1. 现状分析

行政许可作为政府规制的最主要方式，其主要目的在于规范市场竞争，克服市场失灵，进行资源有效配置，究其根本，行政许可的设立，是对市场和市场主体的经济活动自由的限制。风能、太阳能作为能源存在时，其属性也具有能源的一般属性，即自然垄断性，自然垄断性产品在市场上存在规模经济效应，市场内企业越少、规模越大，边际成本逐渐递减，反之，如果市场开放，有两家或多家企业共同竞争，则大家都会倾向于降低成本，确保竞争优势，从而导致企业生产成本越来越接近边际成本，不仅无法盈利，还会造成不必要的重复性基础设施建设，甚至还可能会带来环境问题等负外部性问题，因此，各国对自然垄断市场普遍采取许可等手段进行市场准入限制，从而能够充分发挥自然垄断的规模经济优势。所以即使在放松规制成为世界性潮流的当下，各国为防范风险、保障能源普遍供应、保证能源安全、规范市场，仍然设置了相应的许可，作为事前监督的必要手段。我国亦是如此，在"简政放权"的大趋势下，我国近年已取消了很多领域的行政许可事项[③]，但在能源领域仍保留了相当数量的许可内容，主要包括风能、太阳能的建设、市场准入、价格及相关领域的许可，具体如表2-5：

[①] 《国民经济和社会发展第十三个五年规划纲要》第30章第1节：推动能源结构优化升级。
[②] 行政许可是政府克服市场失灵，进行资源配置的基本行政手段，本书为便于表述，所指行政许可取广义概念，包括所有经申请的有关法律资格和权利的赋权行为，既涵盖《行政许可法》所指的由行政主体根据行政相对人申请，经依法审查，赋予或确认行政相对方从事某种活动的法律资格或法律权利的行政法律行为，也包括其他的许可事项，即常见的行政审批事项，尤其是政府内部审批事项。
[③] 2015年5月10日国务院发布了《关于取消非行政许可审批事项的决定》【国发〔2015〕27号】文，取消了共49个大项以及其他8项中的17个子项的行政许可审批事项。如2016年11月7日第十二届全国人民代表大会常务委员会第二十四次会议通过的《全国人民代表大会常务委员会关于修改<中华人民共和国对外贸易法>等十二部法律的决定》（主席令57号）取消了气象部门"大气环境影响评价使用非气象主管部门提供的气象资料审批""重要气象设施建设项目审核"。

表2-5 风电、光伏发电行政许可项目综合一览表[①]

序号	项目类型	实施部门
1	风电场、光伏发电场工程项目用地	国土资源部门
2	风电场、光伏发电场工程选址审核	规划部门
3	环境评价批复	环保部门
4	水土保持批复	水利管理部门
5	安全预评价批复	安全审查监管部门
6	文物古迹、自然保护区、林场、矿区、地震、军事区等审查意见	文教、人武、国土、旅游、地震部门等
7	发电类电力业务许可证	能源主管部门
8	审批、核准项目投资建设	发改委
9	建设工程规划许可、开工许可（能源基础设施建设）	建设部门
10	输配电价定价	发改委
11	新能源项目上网电价	物价部门
12	可再生能源电价附加补贴	财政部门、发改委、能源主管部门

行政许可是气候资源开发利用政府规制中最为重要的规制行为方式，它涉及到了政府规制中最为重要的两方面的规制内容——市场准入规制和价格规制，是政府对新能源市场进行规制的最主要行政手段。规制主体一般需要根据相关法律规范确立的条件对新能源企业进行新能源的开发、生产、输送和分配等行为的基本条件作出资格审查，再通过颁发许可证的形式认可企业进入相应市场的准入资格。目前世界上许多国家都采取概括的立法模式对规制中的行政许可进行规定，所不同的是有些国家是在能源基本法中规定，有些国家是在能源单行法中进行规定。我国采用的是后一种模式，具体到新能源，我国的《可再生能源法》第13条规定："国家鼓励和支持可再生能源并网发电。建设可再生能源并网发电项目，应当依照法律和国务院的规定取得行政许可或者报送备案。"

根据这一原则，我国的风能、太阳能项目的投资建设准入制度具体分为三种形式：

（1）审批制

根据《政府核准的投资项目目录（2016年本）》《关于印发国家发展改革委核报国务院核准或审批的固定资产投资项目目录（试行）的通知》《国家发展改革委关于印发审批地方政府投资项目有关规定（暂行）的通知》和《国家发展改革委员会关于改进和完善报请国务院审批或核准投资项目的管理办法》等规范的规定，目前我国对于使用政府投资建设的风能、太阳能并网发电项目，一律实行分级审批制。一般会按照项目性质、资金来源和事权划分来确定中央政府与地方政府之间、国务院投资主管部门与其他行业主管部门之间的审批权限。

根据规定，使用中央预算内投资、中央专项建设基金、中央统还国外贷款5亿元以

[①] 本表所列项目是综合整理目前关于风电、光伏发电所有许可、审批、核准项目以后所得内容，实践中各省的具体审批流程与环节会有所区别，部分新能源开发项目在近几年推进"简政放权"的大趋势下已经精简了部分许可审批环节，如分布式光伏发电的准入方式已从审批制转为备案登记制。

上的项目，使用中央预算内投资、中央专项建设基金、统借自还国外贷款的总投资50亿元以上的风能、太阳能发电项目，由国家发改委核报国务院审批，原则上由国务院审批可行性研究报告。

各级地方政府采用直接投资（含通过各类投资机构）或以资本金注入方式安排地方各类财政性投资的总装机容量5万千瓦以上的风电站，需由省级投资主管部门报国家发展改革委会同有关部门审批。另外，申请国家政策和资金支持光伏发电项目也需向国家发改委报审。

（2）核准制

对于企业不使用政府投资建设的项目，一律不再实行审批制，而是区别不同情况实行核准制和备案制。《政府核准的投资项目目录（2016年本）》规定，风电站属于政府核准的投资项目，由地方政府在国家依据总量控制制定的建设规划及年度开发指导规模内核准。根据《投资目录》和国家发改委制定的《可再生能源发电有关规定》要求，除总装机容量5万千瓦及以上的风能发电项目由国家发展和改革委员会审批之外，其余项目由省级人民政府投资主管部门核准。由省级人民政府投资主管部门核准的项目，需报国家发展和改革委员会备案。但考虑到一些重大项目的影响较大，根据《关于印发国家发展改革委核报国务院核准或审批的固定资产投资项目目录（试行）的通知》的规定，外商总投资5亿美元及以上的新能源和可再生能源发电项目，需由国家发改委核报国务院核准。

（3）备案制

目前我国的风电项目均需通过审批或核准的方式取得，备案制形式主要针对光伏发电项目。如光伏发电项目未使用政府投资建设资金，无论项目规模大小，一律实行备案制。根据《国务院关于投资体制改革的决定》的规定，实行备案制的项目，由企业按照属地原则向地方政府投资主管部门备案。根据《国家发展改革委关于实行企业投资项目备案制指导意见的通知》规定，除不符合法律法规的规定、产业政策禁止发展、需报政府核准或审批的项目外，应当予以备案；对于不予以备案的项目，应当向提交备案的企业说明法规政策依据。环境保护、国土资源、城市规划、建设管理、银行等部门（机构）应该按照职能分工，对投资主管部门予以备案的项目依法独立进行审查和办理相关手续，对投资主管部门不予以备案的项目以及应备案而未备案的项目，不应办理相关手续。政府投资主管部门应该严格按照规定的时限向提交备案申请的企业答复予以备案或不予以备案；要积极创造条件，逐步推行网上备案确认；在办理备案时，对各种所有制企业、中央企业、地方企业、本地企业、非本地企业等要一视同仁。同时，无论是准予备案的项目还是不予以备案的项目，均应按有关规定向社会公开，方便企业和个人查询，并引导社会投资①。

我国对于风能、太阳能投资建设项目所采用的三种形式，审批制和核准制均是由相关行政主体根据法律授权，在企业提出投资建设申请后，通过对其法定条件的审查而决

①　参见陈鑫艳,林树杰《可再生能源并网发电许可制度研究》,《河南师范大学学报(哲学社会科学版)》2012 年第 1 期。

定是否准予其进入新能源市场的一种行政法律行为方式，从其法律属性来讲均是行政许可，属于一种事前监督和规制形式，若再进一步细分，审批制和核准制的区别在于：审批制下，行政主体需要通盘考虑项目的行政目的可实现性和市场效益可取得性，即行政主体既要从社会管理者的角度考虑被审批内容能否"维护经济安全、合理开发利用资源、保护生态环境、优化重大布局、保障公共利益、防止出现垄断"，而且还要兼顾考虑项目和项目投资者能否实现经济效益，其市场前景是否看好等问题。而核准制下，行政主体的职责相对更为集中和单一，只需要站在社会管理者的角度考虑到管理和规制目的的实现即可。第三种形式——备案制则是事后监督的一种形式。

2. 目前规制中许可制度存在的问题

（1）统一立法不够，"多头审批"突出

在目前的风能、太阳能许可制度中，作为投资建设主体而言，其根本目的在于通过许可，取得市场主体资格，因此，其最为看重的是获得项目的投资建设审批，但是在获得审批之前却需要通过多项前置性的审核、批准、批复，方可获得申请投资审批的资格，以风电项目审批流程为例：从（表2-5）可以发现，在风电项目投资建设许可之外，项目的成功获批还需要取得多项前置性审批和许可，其许可审批过程极为繁复。其中，最为重要和关键的是需要获得省级发改委或国家发改委所发出的同意开展前期工作的通知，即社会普遍所称的"路条"，省级发改委发出的俗称"小路条"，国家发改委发出的则是"大路条"，路条的获得极为关键，取得路条才可能使项目进入地区投资建设规划，同时这又是取得其他许可的重要依据。此外，还有如用地审批、选址审核、环境评价批复、水土保持批复、安全预评价批复等多项前置性审批程序。造成这一现状的重要原因就是目前我国新能源审批缺乏统一标准，高位阶法律只有原则性规定，具体许可程序、标准的制定都是依靠众多规范性文件完成，而不同管理部门往往会设置更便利于自身管理需要的许可条件和程序，在规则缺乏、相互没有明确权限分工的情况下，多头审批、效率低下的问题就愈发突出了。更有甚者，在实践中，已大量出现倒卖"路条"的情况，甚至在有些地方，"路条"交易都已经逐步公开化，许可制度的异化为权力寻租的工具。造成这一项目的原因当然有很多，许可制度的不规范、不透明肯定是其中之一，这一问题如果任其发展，必然会滋生多种违规违法行为，从而增加市场主体进入市场的成本，影响其投资的积极性，长此以往，将会严重影响市场的规范运行和良好发展。

（2）许可功能弱化

这一问题和之前所分析的体制问题尤其是央地冲突的问题互有勾连。目前，我国的新能源项目实行的是分级审批制，即根据相关规范规定，除极少数超大型风电、光电项目由国家有关机关审批许可外，绝大多数风电、光电项目均由地方审批。地方为响应国家号召、争取政策与资源倾斜，以及缓解自身经济目标的实现，缓解经济增长、环境保护、能源转型等指标的压力，为避免在与其他省份、地区竞争中处于弱势，往往会无形地增加本地区、本地方新能源项目的规划数量和规模。相应地，行政主体在许可过程中，可能更多会考虑一些政策面的问题，而较少考虑本地区气候资源的实际情况、新能源市场的真实需求以及地方电网的建设能否达到相应规模的风电、光电入网,从而使许可制度失去了其本来的功能意义,破坏了新能源开发和发展的秩序,导致了实践中的盲目投资、大面积"弃风""弃光"。

(二)行政检查

行政检查是行政主体基于其享有的行政职权,依法了解行政相对人遵守法律法规或者履行法定义务情况的行政法律行为。行政主体为实现特定行政管理目标而赋予行政主体的一项重要职权,具有法定性、强制性和独立性的特征,又被称为行政监督检查[1]。

行政检查是政府规制活动中最为常见、运用最为广泛的行政法律行为,它既有助于实现规制职责,也是其他行政法律行为的重要过程性行为,是实现行政法律行为效果的重要制度保障,是规制主体正确做出与执行其他行政法律行为的前提与基础。同时,行政检查可以有效监督行政相对人,预防和及时纠正行政相对人的不当或违法行为,对相对人行为有一定警示性影响,从而有助于保证法律规范和有关行政法律行为的有效实施。通过行政检查还可以及时获取信息,反馈制度实施效果,及时发现不足、缺陷,促进法律、制度的及时调整和更新,完善相关的法律制度。行政检查作为一类行政制度,一方面,该制度为行政主体有效从事行政管理和规制活动提供有利条件;另一方面,行政检查行为也有可能影响到公民的合法权益。其在客观中的两面效果决定了需要对其加强法律规范的调控,建立起有效和健全的行政检查制度[2]。

目前与风能、太阳能开发利用相关的法律都规定了关于行政检查的内容,主要有:(1)各级气象主管机构对大型太阳能、风能等气候资源开发利用项目进行气候可行性论证、对其气候的可行性和气象灾害的风险性,发生气象灾害的可能性方面的监督检查;(2)能源主管部门对电网企业未全额收购可再生能源电量,对电力企业是否真实、完整地记载和保存可再生能源发电的有关资料并接受电力监管机构的检查和监督;(3)能源主管部门依法履行职责,对新建电源项目接入电网工作情况及投诉举报情况开展的检查;(4)国务院价格主管部门、国务院电力监管机构根据授权对电价实施监管检查;(5)电力监管机构依法进入电力企业、电力调度交易机构进行的现场检查;(6)环境主管机构依法对企业环境影响评价内容的事中监督检查;(7)发改委对政府投资项目的稽察检查等。

具体法律依据包括:《气象法》第 34 条,《气象灾害防御条例》(国务院令第 570 号)第 27 条,《可再生能源法》第 27、29 条,《电力监管条例》(国务院令第 432 号)第20 条、24 条,《电力监管机构现场检查规定》(电监会令第 20 号)第 2 条,《新建电源接入电网监管暂行办法》(国能监管〔2014〕107 号)第 16 条,《环境影响评价法》第 30、35 条,《国家重大建设项目稽察办法》(国办发〔2000〕54 号)第 3、7、9、27 条等。

---

[1] 应松年主编:《行政法与行政诉讼法学》,高等教育出版社,2017 年,第 257 页。
[2] 马怀德主编:《行政法与行政诉讼法》(第 5 版),中国法制出版社,2015 年,第 200 页。

风能、太阳能开发利用过程中的行政检查目前存在的问题突出表现为：常规性行政检查开展不够充分，更多的是专项监管和问题监管过程中的行政检查，不能有效动态监控气候资源开发利用市场。目前，专项监管和问题监管已经成为风能、太阳能市场规制的重要方式。国家能源管理部门每年都会制定印发年度重点专项监管工作计划（如表2-6），组织相关派出机构具体实施，并在专项监管工作结束后，发布监管报告。

表2-6 国家能源局2018年重点专项监管工作一览表

序号	名称	内容
1	光伏发电专项监管	光伏基本情况，并网接入情况，相关价格及收费政治执行情况，电量收购电费结算及补贴支付情况，重点关注光伏领跑项目、光伏扶贫项目、新能源微电网示范项目中的分布式光伏项目
2	电力安全专项监管	全国
3	电网公平开放专项监管	全国
4	油气管网投资公平开放专项监管	全国典型油气企业
5	全国持续供电情况专项监管	全国电网企业
6	电网企业输配电成本专项监管	全国相关重点企业
7	典型电网工程投资成效专项监管	浙福工程、哈郑工程、溪浙工程、糯扎渡工程、兰州东工程、溪洛渡工程、红沙岗工程、乐亭工程、内-察-汗工程、天一-春晓工程

在能源领域，另一种常用的监管形式是问题监管，是监管机构针对辖区内监管对象存在的一个或多个问题点，有针对性地开展检查、指导、规范、查处等工作的监管方式，其中，最普遍采用的行政手段就是行政检查和后续的行政处罚等。同样以2018年为例，涉及到风能、太阳能开发利用中的重点问题问题所展开的监管工作如表2-7：

表2-7 2018年涉及风能、太阳能开发利用重点问题监管工作一览表①

序号	名称	重点解决问题
1	光伏发电建设、并网问题情况监管	接入系统建设滞后，并网服务流程问题，发电项目建成后不能并网发电等问题
2	光伏发电市场环境监测评价情况监管	Ⅰ类资源区、Ⅱ类资源区、Ⅲ类资源区光伏发电环境影响问题
3	光伏发电项目计划、补贴结算情况监管	个别光伏发电项目计划实施不到位，补贴结算不规范等问题
4	风电项目并网情况监管	弃风限电问题
5	风电投资监测预警情况监管	存量风电消纳问题突出

---

① 资料来源：国家能源局网站，www.nea.gov.cn

专项监管和问题监管的优势在于其针对性强，问题明确，收效明显，但就行政过程来讲，日常动态的监督检查同等重要，而目前这方面的行政措施是有所欠缺的，但同时，也需要看到，规制主体受制于自身的人力、物力和财力约束，实践中是不容易实现对所有的被规制者施以普遍监督检查，因而，单纯依靠增加行政性投入，增加行政资源的方式，不是解决问题的有效之道，从这一层面分析，目前的行政检查模式带有自身的必然性和实践中的可行性，其求新求变应当跳出单纯从传统行政法律行为方式改良的思路，以大格局思维，思考改进的方向。

（三）其他规制行为

在行政许可和行政检查之外，常见的规制行为方式还有行政处罚和行政强制，这两类行为涉及的事务范围与行政许可、行政检查大体重合，实践中往往是在行政检查和行政许可实施过程中，当出现行政违法行为或是行政主体维护行政管理秩序，需要行政相对人的人身自由或财物实施暂时控制，亦或是当相对人未履行先定义务时需要对相对方的人身自由和财产予以强制时，行政主体就会实施行政处罚、行政强制措施或行政强制执行。

以能源行政规制和执法为例，行政处罚主要适用于以下情形：（1）对违反电力业务许可有关规定的处罚；（2）对违反电工进网作业许可有关规定的处罚；（3）对违反承装（修、试）电力设施许可有关规定的处罚；（4）对违反供电服务标准有关规定的处罚；（5）对违反电力市场监管规则的处罚；（6）对不配合电力监管机构依法履行监管职责的处罚；（7）对违反电力安全生产监督管理有关规定的处罚；（8）对未全额收购可再生能源的处罚；（9）对违反水电站大坝运行安全监督管理有关规定的处罚；（10）对违反电力建设工程施工安全的处罚等。

行政强制常见于以下情况：（1）对证据的先行登记保存和对可能被转移、隐匿、损毁的文件、资料的封存；（2）对违反《中华人民共和国安全生产法》的有关物品、场所的扣押和查封；（3）对逾期不履行行政处罚决定的加处罚款等。

法律依据主要有：《行政处罚法》《行政强制法》《中华人民共和国安全生产法》以及《可再生能源法》第28条、《电力法》第73条、《电力监管条例》（国务院令第432号）第29条、《电力业务许可证管理规定》（国家电力监管委员会令第9号）第39条、《承装（修、试）电力设施许可证管理办法》（国家电力监管委员会令第28号）第46条、《电力企业信息报送规定》（国家电力监管委员会令第13号）第24条、《电力安全生产监督管理办法》（国家发展和改革委员会令第21号）第31条、《电力安全事故应急处置和调查处理条例》（国务院令第599号）第32和33条、《电网企业全额收购可再生能源电量监管办法》（国家电力监管委员会令第25号）第19条、《水电站大坝运行安全监督管理规定》（国家发展和改革委员会令第23号）第40和41条、《电力建设工程施工安全监督管理办法》（国家发展和改革委员会令第

28 号）第 42 条等[1]。

在现有体制下，能源领域绝大多数的行政处罚与强制手段均设定于电力监管领域，其执法依据明确、具体、全面，反观新能源与可再生能源开发和利用环节，无论是相关规范的制定，还是行政执法的程度均有不足，由于缺乏动态化的事中和事后规制制度，使得行政处罚与强制很难发挥应有的执法效果。

二、政府规制程序的现状及问题

政府对于新能源市场的规制有时也会偏离公共利益，如在信息掌握不充分、全面的时候，规制政策的选择可能不一定是最优的，加之规制权本身是一种广泛的行政自由裁量权，权力被滥用的风险较大，容易出现规制失灵。因此，规范控制政府对新能源市场的规制，除了明确规制方式之外，还应当优化政府对新能源市场规制的程序，加强事中程序控制，确保规制适度，充分实现维护市场秩序和保护被规制主体利益的双重目的。从一般意义上说，新能源市场的政府规制方式多样，不同的方式其程序也有所不同。综合分析规制过程，在规制的程序性制度中，核心制度有两项：信息公开制度和公众参与制度。

（一）信息公开制度

行政程序的核心理念在于以有效的信息公开来保障民众的充分参与。信息公开的要义是要求规制主体公开信息，通过定期公开已有的和将要施行的规则信息，并以各种可能的方式（如现场公开、网络公开）等方式保证民众的充分知晓，以此达到公开的目的。从内容上来讲，政府规制信息公开应当包含依据的公开、过程的公开、结果的公开。目前来看，气候资源开发利用的政府规制在信息公开层面制度相对是规范和全面的。公众对规制的依据、过程及结果都可以通过便利的手段查询知晓。以能源主管部门——国家能源局为例，在其政府网站上专辟有"信息公开"一栏，内容涵盖了公开指南、公开依据、公开目录和公开申请等栏目，包括有信息主动公开情况、信息依申请公开情况、信息公开收费及行政复议情况等。其信息的更新及时，基本能够实现及时传递信息的目的。以 2015 年为例，该局在门户网站加载 2193 篇信息，网站累计访问量 7.2 亿次，日均 48 万多次[2]。在日常信息公开之外，该局还在网络上开通有"建设企业投资项目在线监管平台"，通过网络监管平台，企业和公众均能直观、及时地了解项目核准情况，并将办事指南在平台上对社会公布除网络公开外，能源局在政务服务大厅专门设信息公开窗口，以上形式基本可以保证新能源管理、规制、监督信息的公开性和透明度。

气候资源开发利用政府规制的信息公开虽取得了长足进步，但也需看到目前在信息公开环节仍存在诸多问题，应当加以重视并解决。主要是：

---

[1] 有关能源部门行政许可、行政检查、行政处罚和行政强制的法律依据内容部分整理自《国家能源局派出机构权力和责任清单》（试行）。

[2] 数据来源：《国家能源局 2015 年政府信息公开工作年度报告》。

1.各部门的规制管理信息沟通不足，缺乏信息互联共享机制。能源政府规制是一个涉及多领域、多环节的系统管理工作，相关规制、管理主体分散，各职能部门对气候资源资源的调查与探测、产业发展规划的指导与技术支持、新能源的推广与应用、市场准入规制、价格规制、社会性规制等不同内容行使权力，在现有体制下，由于缺乏统一协调机制，各自的管理内容是相对封闭的，体现到程序上，各部门一般均公布与其管理职权、职责相关的信息，其信息公开程度不断提高，效果也十分显著。但综合来看，涉及某一事项的信息可能分布在不同部门、不同层级的规制机构，在相互不沟通的情况下，信息的冲突矛盾极有可能发生。而且，站在市场主体和公众的角度，大家获取信息的成本仍然较高，需自行收集、归纳、汇总，在不了解各环节衔接程序的情况下，仍然无法全面、及时获取相关信息。

2.个别规制环节的信息公开程度有待提高。目前在气候资源开发利用环节的规划编制、规范实施情况、价格制定和项目审批环节虽然已有信息公开的内容，但是更多的内容是结果的公开，缺少制定过程、环节论证等方面的内容和信息的公开。而在国外，除了资料、结构的公开外，规制过程，如规制机构会议的公开也是法定要求，这也是对规制机构的过程行政实施问责的重要基础。例如，《澳大利亚清洁能源规制机构法》（Clean Energy Regulator Act 2011）就明确了能源规制机构会议的信息公开原则[①]。

（二）公众参与制度

从公共行政学角度来看，规制的过程被认为是由被规制市场中消费者、企业和政府规制机构互相博弈的过程。其决策过程实质上是一种"话语权"的分配。良好规制体制的设计不应压制某一方的利益，而是应该为规制机构和利益主体提供良性互动和充分沟通的渠道。规制体制应当提供一定的程序和机制，为各方充分表达自己的利益主张提供条件和保障，从程序层面促使各方利益得以协调、社会正义功能得以实现[②]。公众参与制度是目前各国普遍采用的程序性制度。该制度可以通过类似于立法过程的程序，充分考虑各方利益，沙夫的过程合法性理论认为，只要规制决定是建立在被规制主体同意的基础，它就是合法的[③]。从形式上看，公众参与应当不仅要求义务机关应主动向公众通过各种形式发布有效信息，还应当根据法定程序接受咨询、反馈意见。

实践中，尽管我国能源规制体系不断完善，市场化程度不断加强，但与此相对应的公众参与机制建设推进的速度与实施效果并不完全与之匹配。有效的公众参与既可以督促改进规制内容，也可以赋予规制机构及其政策以更高的合法性，目前在新能源政府规制中，虽然《可再生能源法》有关于公众参与的原则规定（第4条、第6条、第12条第2款），但明确的制度性规定是缺乏的。公众参与在新能源政府规制程序上的表现是要求新能源规制机构在规制规则的制定和执行的环节，均能给予相对人和利害关系人以

---

① 该法全文可见 https://www.legislation.gov.au/Details/C2011A00163
② 参见唐要家：《试论政府管制的行政过程与控制机制》，《天津社会科学》2008年第4期。
③ Scharpf,Governing in Europe:Effective and Democratic? Oxford University Press,1999,p.766—881.

充分表达意见的机会，听取其陈述和申辩，并在充分考虑这些意见的基础上做出最后的决定。从形式上既有表现为正式程序的听证程序，也有表现为非正式程序的征求意见等。虽然目前新能源市场化进程取得了长足发展，但新能源政府规制的公众参与建设并没有随之加快。其问题表现为：

1. 参与范围狭窄，部分程序流于形式

实践中，无论是规制机构的设置还是与公众、企业和市场密切相关的重要事项实施变更，参与程序都相对封闭，公众参与程度不足，即使近年来开始组织能源领域内的听证会，但还是以封闭式听证为主，参与主体均来自政府相关部门和利益相关企业的代表，缺少专家和公众代表，程序潦草，有的甚至只简单地发表几项意见，没有严格的制度明确意见进入决策的条件和程序，事实上无法实现公众参与功能与效果。

2. 参与程序缺乏完整制度规定

虽然现在在政策制定和执行时也开始对公众征询意见，但形式并不规范，也没有程序制度加以约束，有的在征询后没有及时与公众交流互动，有的没有对意见是否采纳做出说明，所谓科学论证，也没有强调公民参与的过程与内容，使得公众在新能源推广应用的过程中既无法知晓推广的价值和意义，也没有激励机制促使公众参与到规制当中，更无法保障公众对规制过程的监督功能。

三、政府规制的责任与救济机制问题

就行政法的规范手段而言，气候资源开发利用中的政府规制一般包括对气候资源规制权的设定、行使和责任救济三个环节，三个环节互相影响，互为犄角。无论行政法对气候资源规制权的设定与实施做出多么详尽完备的规定，仍然需要以责任与救济机制保证气候资源规制权不被滥用。在目前制度框架下，行政责任的实现机制主要包括两种：一是行政系统内科层制主导下的内部行政责任追究；二是行政系统外部的责任追究，以行政救济制度实现[①]。

（一）内部行政责任机制存在的问题

十八届三中全会《中共中央关于全面深化改革若干重大问题的决定》在阐述构建科学有效的权力制约机制时就明确要严格绩效管理，突出责任落实，确保权责一致。

在落实气候资源行政规制中的内部行政责任制度时，首先需要以法律规范加以明确。在现有的规范中，明确内部行政责任的规范大致分为两类：一类属于一般性规范，即针对内部行政责任普遍适用的规范，这类规范主要包括《公务员法》《行政机关公务员处分条例》（国务院令第495号）和《关于实行党政领导干部问责的暂行规定》（中办发〔2009〕25号）；另一类规范则针对具体规制权力行使领域不同而设置的专门法、特别法，如《气象法》《可再生能源法》《电力法》《气象行政许可实施办法》《电力监管条例》

①　参见方世荣、谭冰霖等著：《回应低碳时代：行政法的变革与发展》，社会科学文献出版社，2016年，第280页。

等。从现有内部行政责任是实现体制看，还存在一些不足，主要表现为：

1. 不同领域责任条款的规范详略不一、责任实施效果不同。现有气候资源开发利用管理和规制的法律规范分布于不同管理领域，包括了气候管理、可再生能源管理、电力管理等，相对规范更细致、全面的管理规范基本集中在电力规制和管理环节，该领域除有《电力法》之外，还有更为具体、操作性更强的《电力监管条例》《电力监管机构现场检查规定》等，其责任条款明确具体，比如《电力监管条例》第 29 条就规定了电力监管机构从事监管工作的人员的具体行政违法行为，包括违反有关法律和国务院有关规定颁发电力业务许可证的、发现未经许可擅自经营电力业务的行为，不依法进行处理的、发现违法行为或者接到对违法行为的举报后，不及时进行处理的、利用职务便利谋取不正当利益等情形。相比之下，新能源领域的管理规范体系就十分简陋了，《可再生能源法》第 28 条规定了具体行政责任能源管理部门在不依法作出行政许可决定、发现违法行为不予查处和不依法履行监督管理职责的其他行为时由本级人民政府或者上级人民政府有关部门责令改正，对负有责任的主管人员和其他直接责任人员依法给予行政处分。除了这一项规定之外，再无下位法落实相关管理行为和管理责任的监督。

2. 责任规定过于抽象笼统，实际操作难度大

在规制的行政责任追究规范中，大部分专门规范如《可再生能源法》《电力法》关于责任追究都有援引性条款，大都表述为："由有权机关对不依法履行监督管理职责的人员依法给予行政处分。"目前我国关于行政责任追究的一般性规范主要是《公务员法》《行政监察法》和《行政机关公务员处分条例》，这些规范在落实行政责任时，规定过于抽象原则，可操作性不强。例如，《公务员法》在第九章中规定了公务员禁止性行为包括"玩忽职守，贻误工作""滥用职权""违反职业道德、社会公德"等，都比较笼统，在操作层面，无法发挥准确的指引性功能，很难准确认定和把握，容易造成不同主体执行尺度大相径庭的情况。

作为现代法治一项基本原则，过罚相当原则要求根据责任主体的过错程度和大小给予准确适当的责任形式。然而，在实践中，由于缺乏科学的责任划分标准和归责原则，行政系统内部的责任追究普遍存在用道德责任代替法律责任、用行政法律责任代替刑事法律责任、用行政处分或刑事制裁代替行政追偿中的经济赔偿责任的问题[①]。

（二）外部责任与救济机制存在的问题

在气候资源开发利用过程中对行政相对人和利害关系人所造成损害，应当在制度中具体设计有针对性的救济机制。现有规制制度规范过于分散，规范之间缺乏协调性，即使是规范自身也未有从规制的过程性和规律性角度出发，设计具有内在统一性和外在可操作性的权力监督和权利救济规范体系。仍以《可再生能源法》为例，其关于外部行政责任追究与权力救济性规范只有寥寥 3 条，其内容也仅针对具体事项，如电网企业落实

---

① 参见陈党：《行政责任追究制度与法治政府建设》，《山东大学学报（哲学社会科学版）》2017年第 3 期。

全额保障性收购制度的法律责任，管网经营企业经营符合入网技术标准产品的法律责任，石油销售企业销售符合国家标准的生物液体燃料的法律责任。不仅零散，没有涵盖可再生能源管理和规制的全过程，也没有区分责任的具体形式，对于承担行政责任和民事责任的不同情形，尚未有具体规范加以明确。

第三章 气候资源"有序开发"理念与原则的确立

第一节 "有序开发"理念的提出

一、气候资源"有序开发"理念提出的背景及涵义

（一）"有序开发"理念提出的背景

风能太阳能"无序化、低效化、同质化"的不合理开发所引发的产能过剩，是一种结构性偏离和体制性矛盾所导致的"产能相对过剩"，是在开发理念的不清晰的情况下，所引发的一种集体无序状态，规制主体偏重于考虑经济发展指标和政绩考核的压力而忽略对气候资源的社会属性的挖掘，地方政府竭力争取资源、政策而忽视产业发展状况和地方实际，市场主体则更看重政策的利好层面，趋利性明确，甚至于为争取补贴不惜空置设备或是赔本生产。

对于能源立法而言，由于能源分类的不同，传统化石能源立法和可再生能源立法中立法目的应当是有所区别的。从我国已有的传统资源和能源立法来看，大部分成法时间早远，虽后来均经过数次部分修改，但规范的立法目的和基本原则没有调整，其中许多已经落后于时代发展和现实变革的需要。

气候资源作为新兴资源种类，虽定性未明，内涵有待丰富，但其明显不同于传统资源，因此在进行政策层面内容的设计时，必然不能再局限于以往的思路，对比以往的资源和能源领域立法，较新的能源立法已经转向开发与保护并重的思路。《节约能源法》第 1 条规定："为了推动全社会节约能源，提高能源利用效率，保护和改善环境，促进经济社会全面协调可持续发展，制定本法。"《可再生能源法》第 1 条规定："为了促进可再生能源的开发利用，增加能源供应，改善能源结构，保障能源安全，保护环境，实现经济社会的可持续发展，制定本法。"从这些立法的目的条款可以看出，能源立法

已经由早先的最大限度开发、利用功能向在保证能源供应基础之上的高效利用、注重环境保护和能源的可持续利用转型。遵循这一思路，虽然国家立法层面尚未形成《气候资源法》，但对其开发理念的理性提炼必然应当解放思路，尊重客观规律。

（二）气候资源"有序开发"的涵义

有序开发，顾名思义，是在资源开发过程中，以长远利益为出发点，在不破坏已有生态环境的前提下，充分考虑环境和资源的恢复和再生能力，平衡近期利益和长远利益，对资源进行有规划的合理开发。气候资源的有序开发是指在资源开发过程中，充分尊重社会规律，以气候资源的有效利用为前提，以长远利益为出发点，对气候资源进行有规划、有步骤的合理开发和利用。

对于一些有限资源的开发需要有计划、有限度的开发，人们是容易理解的。但如果对气候资源的开发提出以有序开发为出发点，很容易让人认为这是与国家当前大力提倡开发新能源和可再生能源的能源发展主旨相悖的，但以现有开发情况来看，新能源开发利用的市场活动虽然活跃，但出现的问题也不容忽视，因此，有必要从理论上对气候资源的开发进行重新审视。

气候资源作为自然资源和能源的集合体，其具有显著的社会属性，必然要遵循相应的社会规律，因此，不能片面的把风能和太阳能等气候资源理解为其自然属性上的无限性，即不应当将风能和太阳能理解为是两种可以不加任何限制即可无限利用的资源和能源。

回归我国气候资源开发和利用的现实情况，在今后相当长的一段时间内，新能源基于其开发的规模和成本来说，虽无法实现对常规能源在数量和价格上形成有意义的替代，但从根本目的来说，我国大力提倡加快新能源的开发的目的在目前来说主要是基于国家长远发展战略以及保障能源安全、应对气候变化的需要，但这并不意味着可以无序开发、无限开发，在开发的过程中仍然应当尊重市场的客观规律，仍然应当强调政府的有效规制，进行有序开发，避免造成资源和能源的无效损耗，也可以有效地避免造成诸如生产过程中附带造成环境污染等外部性问题，这也契合了我国提倡可持续化和低碳化发展、加快推进生态文明建设的发展理念。

有序开发理念就是在认识和尊重气候资源社会属性的基础上总结而成的。气候资源作为人类社会生产活动的劳动手段和劳动对象，其所表现的性质与特征可以具体化为其所具有的社会属性。在气候资源社会属性的作用下，应当认识到气候资源的开发利用不同于气候资源本身，它是一种社会活动，要通过一定的社会生产和消费而实现。在社会属性层面上，气候资源有与其自然属性不同的特点，这集中体现为开发利用社会条件的有限性。气候资源的开发利用必须依托现阶段人类所具有的技术、社会环境以及市场规则等因素，而这些都是社会属性的因素，这些因素就决定了其开发利用是有限的。当认识层面上不加以厘清时，在政策制定上和实施上，就容易片面强调开发利用的无限性，违背客观规律。在社会属性上，气候资源开发的有限性具体表现为：

1. 现有气候资源开发技术条件的有限性

按照现有我国能源利用的趋势来说，新能源对传统能源的替代应当是越多越好，不应该在全面发展之初的短时间内就出现"产能过剩"的倾向，究其原因很大程度上是因为我国现有的风能和太阳能开发企业大部分不具备核心技术和关键设备开发技术的研发能力，大多数光伏发电领域的核心技术和专利大多在国外。同样的问题也出现在风电开发领域，对于世界上的主流的 2 兆瓦及以上风机机型还未形成产业性生产，并且在兆瓦级机组总体设计技术上落后于国际先进水平，除此之外，还普遍存在产品零配件生产技术和工艺流程粗糙的问题，除了风电接入设备不具备条件之外，产品质量可靠率低、稳定性差也是一个突出问题。

以上所表现出的技术条件的制约，造成我国虽然在太阳能和风能的设备制造数量和装机容量上居于世界领先水平，但由于关键技术和核心设备生产技术条件的缺乏，为数众多的新能源企业只能集中于一些对技术和设备要求不高的设备制造领域，前面所说的"产能过剩"就集中地表现为设备制造的过剩，也才会出现经过全球金融危机的影响尤其 2011 年出口市场的快速萎缩的冲击，国内许多中小光伏产品生产企业处于停产或半停产状态的局面。

上面的问题在一定程度上反映了气候资源开发所依赖的技术因素现阶段存在局限性，这样的技术条件状态显然不足以支撑无限度开发，从这一点来说，对于新能源企业的准入应当适度控制，否则就会形成无序发展、低效重复建设，并且也将造成社会资源较大的浪费。

2. 气候资源开发中所依托的环境承受能力的有限性

大力发展风能太阳能的初衷是减轻传统能源使用对环境的破坏，但在现有技术水平下，风能发电风机运行仍有噪音污染和光污染。如在风场建设过程中，会不同程度对植被产生破坏，在太阳能开发中，但作为光伏发电上游重要原材料的多晶硅属能源密集产品，本身要消耗大量能源，且生产多晶硅所产生的副产品如四氯化硅等是有毒物质，会对环境造成严重污染，由于该种物质回收再利用的成本昂贵，国内除少数几家规模较大的企业有配套回收设备，大多数中国太阳能厂房均未装设或完全安装相关的回收设备。现阶段风能太阳能开发所伴生的环境问题虽不出自于这些清洁能源自身，但却是现有开发技术条件所不能完全克服的，因此，我国气候资源开发必须考虑环境承受条件问题，以有限性开发的理念指导风能太阳能的科学开发和合理利用，否则将与发展风能太阳能以保护环境的初衷相背离。

3. 气候资源开发所需要的平台承载能力的有限性

风能太阳能虽然是以无限资源为开发对象，但是这类资源一旦用于开发利用必要牵涉需依托的相应平台，即必须借助的载体，而这些载体都是有限的，其承载能力直接限制着风能太阳能开发的规模和效果，这具体体现为：

（1）开发所用土地是有限的。现有的光伏发电主要是集中开发的形式，即在大片土地上安装设备进而转化为电能，但若实行无限开发，大面积的太阳能发电组件会占用大量的土地资源。以太阳能光伏发电为例，按照太阳电池每 100 Wp（Wp 是指在标准太阳光照条件下太阳能电池的输出功率）占地 3.2 平方米计算，每千瓦光伏发电装机需要占地 32 平方米。根据预测，2050 年世界能源需求按 60 太瓦计，如果建设大型光伏电站，则需要 192 万平方千米（每平方米按照 30 W 装机），由此可见，建设大型太阳能电站仅具备良好的光照资源还不够，还需要广阔的土地资源[①]。尽管太阳能是无限的，但承载光伏发电设施的土地却是有限的，土地的大片占用当然也应作为开发有限的因素加以考虑。

（2）开发所需空间是有限的。与上一情况相类，风能开发则存在着所需空间有限的问题，风能开发除了需要大片土地之外，还需要占用大量空域，这同样也构成了开发的条件制约。此外，在一些风力状况良好的地区密集兴建大型风电项目，还可能造成了局部无风或减弱的局面，极端的情况甚至会影响局部地区的气候，这种情况尤其在近几年特别突出[②]。

（3）开发所需要的运载条件是有限的。我国目前风能太阳能产业的规模化效应仍无法达到，主要在于缺乏完善的电力存储技术、风电接入技术等。在一些风能资源丰富的地区，其电网架构一般比较弱，已经开发的风电项目，在遇有电力负荷较低时，电网企业为保证电网的安全运行，往往会限制风电并网，使得风电场无法正常运行。笔者在相关调研中曾了解到，由于电网调度线的负荷限电，使得企业的实际发电量远低于设备实际设计水平，有的企业电网限电达到了30%~35%，稍好一点的企业也达20%，也就是说，由于风电并网难，许多设备只好闲置晒太阳，这无疑是对资源的浪费。在近年来一些风能资源丰富的地区大规模投产风电设备后，这个现象更加突出，虽然很多企业也做了技术革新，比如安装稳控装置，或是进行了低电压穿越的技术革新，力图增加风电接入的稳定性，但总体上讲，电网的容纳程度仍然十分有限。

（4）与开发相适应的市场容纳程度是有限的。以光伏发电为例，假设燃煤的发电成本为 1，则光伏发电的成本则高达 11~18[③]，这一比例近年来虽有所降低，但现有成本还是高于火电成本。2009 年以后国际多晶硅材料价格有所下降，太阳电池的组件价格也有相应降低，即使如此，短时期内其价格还是无法与燃煤价格相比。所以光伏发电虽然有国家的补贴，其成本仍远高于其他能源发电成本，也就造成市场的接纳程度有限。在市场容纳条件不具备的前提下，如果盲目增加新能源项目的进入，不仅不会产生更好的市场效应，甚至会使现有市场供需不匹配的问题进一步加剧。

---

① 参见张守一、葛新权、张真真：《把沙漠建成太阳能发电的基地》，《华北电力技术》2010 年第 2 期。
② 笔者曾随国家社科基金重点项目"应对气候变化的行政法问题研究"课题组于 2012 年 7 月对青海、甘肃等风能、太阳能资源丰富的几个省区的新能源发展现状展开了实地调研，期间与多家光伏发电企业、风力发电企业及电监办的同志召开了多次座谈会，关于这方面的问题反映还是比较突出的，如甘肃的玉门地区、昌马地区，都属于风能资源特别丰富的地区，但是在近两年密集投产了多个大型风电项目以后，风电产能明显下降。
③ 贺德馨：《对中国风能产业的思考》，《高科技与产业化》2008 年第 7 期。

基于对风能太阳能开发社会属性的认识，需要确立气候资源有序开发的基本理念，适时调整现有新能源发展思路，避免跑马圈地式的开发模式，转变现有分散、狂热的开发与发展形态。国家加强调控，实施必要的行政法规制，以此为基础进行相关法律和政策的制定。目前在实践中，在地方立法层面已经开始关注气候资源的社会属性及其影响，并从立法内容上做出响应。目前，所有气候资源的地方专门立法[①]，都在规范中将保护气候资源立法目的之中，并在具体内容中或繁或简的规定保护气候资源的具体措施和要求。其中 2016 年 10 月 1 日实施的《河北省气候资源保护和开发利用条例》更是明确规定了气候容量的概念，认为气候容量是指一个地区特定气候资源所能够承载的自然生态系统和人类社会经济活动的数量、强度和规模。并在第 19 条做出规定："当地政府和相关职能部门应当对本地城市和重要区域的气候容量以及空气污染扩散和集聚的气候条件进行评估，并对气候资源可开发利用潜力作出评估预测"。

二、气候资源"有序开发"对政府规制的要求

有序开发理念需要落实于具体实施机制，政府规制对于"有序开发"理念的回应，应当注意两方面的问题。一方面，目前气候资源开发与利用的市场机制存在问题，需要以政府规制矫正偏离市场理性的行为，目前在实践中出现的关于气候资源政府规制的内容、体制、机制层面的问题，为避免政府规制作用虚化，我们还需要对政府规制进行优化，强化效果，应当明确其内容，改良其体制，优化其机制，以夯实市场规制的作用力；另一方面，政府规制还应当注意对从法治层面约束政府规制行为，注意防止过度规制而引发的"政府失灵"。

（一）克服市场失灵，避免规制虚化

经济学所定义的市场失灵是市场均衡状态偏离帕累托状态，有垄断、外部性、信息不对称、不确定性以及公共产品等方面的表现。公共利益理论学派认为，特定条件下，市场机制是配置稀缺性资源的最佳方式，而实践中是无法复制理论上最佳状态的条件的，也就是说，市场对资源往往不可能实现优化配置，从而使寻找必要的替代性资源配置方法成为现实需要。政府规制的出现成为应时之需，政府规制"对社会公正和效率需求所作出的无代价、有效和仁慈的反应，是针对私人行为的公共行政政策，是从公共利益出发而制定的规则，目的是为了控制受规制的企业对价格进行垄断或者对消费者滥用权力，具体表现为控制进入、决定价格、确定服务条件和质量及规定在合理条件下服务所有客户时的应尽义务等；并假定在这一过程中，政府可以代表公众对市场作出一定理想的计算，使这一规制过程符合帕累托最优原则。这样，不仅能在经济上富有成效，而且能促进整个社会的完善[②]。"也就是说，有市场失灵出现，就应当运

---

① 主要包括安徽、黑龙江、西藏、新疆、贵州、四川、河北、广西、宁夏、山西、延边、宁波等地区的气候资源立法。
② 陈富良《放松规制和强化规制》，上海三联书店，2001 年，第 8 页。

用政府规制手段。

实践中，气候资源在其特性和属性中表现出的外部性问题，是因为气候资源的开发利用需要规制，也需要在其社会属性要求下有序开发并加以保护。对气候资源的开发利用从本质上看也是人类为追求自身需求和利益需要而进行的活动，属于一种理性行为。但个体自发的理性行为出发点各异，很难考虑其他利益相关者的利益、社会的公共利益或更为深远价值追求，需要由政府作为公共利益的代表者向社会提供规制服务，这种制度输出可以看做将原本个体或自发的市场行为所导致的外部性加以内化的过程，这一内化过程的效果实现则取决于规制体制与机制的内容是否落到实处，能否起到防止市场失灵的效果。之前在开发利用过程中所出现的种种问题与乱象提示我们目前气候资源开发利用中的政府规制虽然有效，但仍有缺陷，"有序开发"理念下的政府规制重构，需要避免的首要问题就是规制措施缺乏针对性和实效性，而出现规制的"虚化"。

（二）防止政府失灵，避免规制泛化

"有序"开发理念的实践，还需要警惕另一种可能的倾向发生，即由于规制过程的规制"泛化"而导致的政府失灵。

政府规制作为规范市场不可或缺的制度安排，对现代市场经济有重大影响。本质上政府规制是在不断处理变化中的政府与市场、政府与社会之间的关系，规制的基础是市场，市场出现失灵或是社会中出现无法管、管不了、管不好、不能管的事务就需要政府凭借规制工具有所作为。但规制的边界并非一成不变，纵观世界规制实践成熟的国家，其规制轨迹大都经历了"自由市场竞争——规制——放松规制——再规制"的过程，这一过程不是一成不变的循环往复，而是呈螺旋式地发展演进。在政府规制兴起伊始时，多数人都乐观地认为只要不断加强政府规制就可以完美地解决市场失灵的问题，及至后期出现了政府规制充斥社会各个领域，行政低效、规制成本激增、规制结果偏离预期目的的现象相继产生，政府规制也可能失灵成为大家不得不承认的事实。放松经济性规制的呼声应时而起，但很快出现问题（如美国安然事件）提示了过度放松规制和规制不足也有负面作用，政府再规制的阶段很快出现，但此时的规制不再是简单的"此进彼退"的问题，而是在理性分析政府、社会、市场特点和关系基础上，不断优化各自核心作用与功能，清晰界定各自边界，在增强市场资源配置功能的基础上，不断清晰规制界限，是政府规制的"有所为，有所不为"。

气候资源开发利用的政府规制亦是如此，在"有序开发"理念下，既要以积极的姿态面对市场出现的问题，以防止市场价格扭曲、市场秩序紊乱等不理性的市场行为，也需要明确政府规制的合理边界，以清晰的目标设定规制路径，从内容、体制、机制三个层面划定规制的界限，防止过度规制可能引起的"政府失灵"的问题，从而推动市场的良性发展和法律政策的高效执行。

第二节 气候资源"有序开发"所要求的政府规制原则

一、依法开发原则

我国气候资源的开发利用存在一定程度的盲目性。一方面，开发强度持续维持高点。虽然近年来国家持续采取各种措施以求缓解，但仍未能完全从根本上解决开发过热的问题，另一方面，我国风电、光电产业和市场尚未完全规范，盲目建设、过度开发、影响环境等问题均由市场的不规范而引发。将气候资源开发、利用和保护纳入法治轨道十分重要，既可以消除盲目性，也可以抑制投资过热等问题。因此，依法开发是有序开发理念下的首要原则，它要求气候资源的开发利用应当在法律拟制的框架下以适当、合法的方式进行。做到"依法开发""依法规制"，在国家制定的法律规范下，依法开发利用，加强管理与规制。

目前我国尚未出台专门的《气候资源法》，与气候资源开发、利用和保护密切相关的法律是《可再生能源法》，该法第1条关于立法目的的规定，强调可再生能源法促进可再生能源的开发利用，对增加能源供应，改善能源结构，保障能源安全，保护环境，实现经济社会的可持续发展的重要作用。同时在第4条第2款中明确国家鼓励各种所有制经济主体参与可再生能源的开发利用，依法保护可再生能源开发利用者的合法权益。但该法还未以明确内容确立对可再生能源依法开发利用的原则。在地方立法层面，对气候资源的依法开发原则更为明确，已经制定气候资源开发利用和保护规范的12个地区，均确立了合理开发利用和保护气候资源是立法的首要目的，并要求在地区区域内从事气候资源开发利用和保护活动都需当遵守法律。

现有制定法均要求在法治层面合理地开发利用气候资源，在此，还有必要明确关于"合理性"的客观判断标准，本书认为，应当以"公共利益实现"其判断标准，公共利益的实现是行政行为正当性和合法性的前提，是我们讨论行政目的的可靠依据。公共利益虽是一个难以给予确定性界定的概念，但我们还是可以借助一定的标准圈界公共利益的范围，比如姜明安教授就认为，对"公共利益"的基本含义和大致范围进行界定是可能的。他进一步建议，可以参照我国台湾地区的做法，通过法律明示的列举、概括与明确排除相结合的方法，就可以实现这一目标[①]。有序合理开发气候资源并依法进行政府规制，是依法运用行政权的行为，其行政目的应当立足于确保公共利益的实现。在这一原则约束下，需要依法平衡开发的主体和规制主体的利益关系，概况来讲，公共利益应当是指全体社会成员在对话和协调后所整合而得的共同利益，不包括地方

---

① 参见姜明安：《界定"公共利益"完善法律规范》，《法制日报》2004年7月1日，第9版。

利益和部门利益。

我国的气候资源与能源法律体系正在形成当中，在依法治国方略和可持续发展理念的背景下，必须牢固地树立有序开发的理念，在坚持依法开发、合理开发的前提下，实事求是、统筹规划，按照市场经济规律和客观规律，依法实施政府规制。

二、长远规划与合理布局原则

有序开发原则表现的第二层涵义是要求气候资源开发利用的政府规制应当长远规划、合理布局。

在规划层面，应当注意规划的系统性、规范性以及结构的合理性。气候资源的开发利用是一个系统工程，既有横向的部门沟通、衔接与合作，也有纵向的中央与地方的协调问题。气候资源需要"有序"地开发、利用和保护，首先需要解决规划布局的合理性与科学性问题，因为行政规划既是政府规制实施的主要依据，在具体规制过程中规划本身也具有法律效力，在规划中明确的目标、制度、措施都需要责任主体加以落实，在法律效果上体现出了较强的指导性和强制性，规划是行政法律行为的一种存在形式，同样受到来自信赖保护原则的约束，实践中，各行业主管部门已经把主持编制行业发展规划作为部门主要职责之一。目前有关于气候资源的各类规划在各领域为数不少，尤其在能源领域，关于新能源、风电、光电的各级各类规划不仅数量众多，作用也十分突出，但是，在此之上却缺乏一个规范明确的规划体系，规划之间协调不足甚至时有冲突。在"有序开发"理念下，气候资源开发利用的的行政规划应当加强体系化建设，具体表现为内容和程序两方面内容。

在内容上，以立法明确规划编制原则和内容范围。这方面可适当学习其他领域立法上的成熟经验，如我国《森林法实施条例》第 12 条就规定了制定林业规划需遵循的原则。在对主要内容作了范围限定以后，在规划制定过程中就可以就规划的具体内容作出详细规定，也可以保证各个层次的规划在体系上的协调、结构上的合理。

程序上，同样需要以制定法的形式明确规划制定与实施的核心环节和具体步骤。我国没有统一的行政程序法，各单行法中也没有对行政规划制定程序的完备规定。目前这种相对宽松的行政规划制定程序极容易影响行政规划的科学性和合理性，妨碍行政目的的实现。气候资源的开发利用中行政规划的问题也反映出了程序性内容对于科学规划的重要性。概况来说，在气候资源开发利用过程中的行政规划制定，可以借鉴德国行政计划制定程序，以立法的形式明确行政规划应当包含下述程序性内容：拟定规划的提交、拟定规划的公开、异议的提出、听证程序的设计、确定规划的裁决、规划竞合的特殊规定、规划变更程序的设计等①。

---

① 参见应松年主编：《比较行政程序法》，中国法制出版社，1999 年，第 285 页；孙镔：《行政计划程序立法比较研究》，《学术探索》2007 年第 5 期。

三、系统规制与有效规制原则

在气候资源具体规制过程中，应当树立规制的整体主义思想，注重对规制内容和规制体制的整体调整。

气候资源政府规制在内容上包括作为前提的权属问题，体现为经济性规制内容的市场准入的规制、价格的规制问题，体现为社会性规制的环境保护问题以及建构在内容之上的规制体制，从系统论的角度，以上各部分内容均不是孤立的存在，虽然各部分之间有所差异，但是相互之间又是在相互关照中相辅相成的。气候资源权属的界定是政府行使规制权的正当性前提，气候资源权属划分结果的不同，不仅影响规制内容实施路径的走向，也影响着规制体制的构成。相对应地，构成规制内容的经济性规制和社会性规制又是形成气候资源权属划分的决定因素，不同规制体制所要求规制内容亦有所不同。

"有序开发"理念下的政府规制内容与体制，一方面提示需要关注各部分之间的相互作用和影响，需要以整体观构建规制体系；另一方面，系统规制还要求各部分明确各部分功能，强调在整体性下的功能分层，以各部分有效的规制回应整体要求。

四、风险防范与科学评估原则

站在广义概念角度界定的风险，可以囊括所有可能发生的危险，其存在源于危险发生的不确定性。从行政法角度理解风险预防，就是要求运用科学手段预测社会领域中可能存在的危及社会成员和公共利益的危险，并运用行政方法对这类危险进行干预和防范。风险防范的行政行为重在预防，无需真实危险发生，只要存在危险出现的可能，就需要行政主体对其保持足够的关注。

在气候资源的开发与利用领域，可能出现的危及社会成员和公共利益的危险主要来自于环境危害、行政成本控制等方面。

风险防范原则首先就是作为环境法的基本原则加以运用，应该广泛采取预防措施，遇有严重或者不可逆转损害的环境威胁时，不得以缺乏确实证据为理由，延迟采取符合成本效益的措施。它是针对环境恶化结果发生的滞后性和不可逆转性的特点而提出来的[①]。随着人们对气候变暖问题的日益重视，在1992年《气候变化框架公约》这一关涉气候问题的重要国际条约中，首次将风险预防作为重要构建气候变化制度框架的基本原则予以确认，该公约第3条第3款规定，"当存在造成严重或不可逆转的损害的威胁时，不应当以科学上没有完全的确定性为理由推迟采取这类措施"。气候资源应用为能源本意是为了避免传统能源开发中可能出现或已经出现的环境问题，作为替代性能源，它们一直被作为有助于环境保护的绿色能源使用，但是从上文的分析可知，气候资源的过度开发仍可能引发不可逆转的环境破坏，如果涉及企业的某些开发技术或行为可能会造成对环境、生态的潜在威胁，除非能以缜密的科学理论推导出其无法致害，否则就应暂时

---

① 参见胡德胜：《环境与资源保护法学》，郑州大学出版社，2010年，第103页。

搁置，以待未来条件成熟再行适用。具体来说，在气候资源开发项目的环评制度中，应当严格环评制度评价，在风能太阳能开发的市场准入中增加环境标准，设立检查制度，建立合理的收费补偿制度，将环境外部成本转化为企业成本，从而以行政规制手段尽可能保证企业降低对环境的影响或破坏的危险的可能性。

对于气候资源开发中可能发生的风险还存在于整个行政过程的成本估量和控制当中。对于这类风险的理解应当从气候资源开发利用当中行政部门所扮演的角色来分析。基于行政事务数量的庞大和所涉领域的广泛等因素的影响，现代行政权所关照的范围已经遍布整个社会生活，即使在"国家－市场－社会"三元模式逐渐构建成型的当下，行政机关作为行政权的主要行使主体，仍然发挥着巨大的能量。在气候资源这类现实中开发和利用仍未完全成熟的领域，行政权往往以积极姿态运用公权力，但是现阶段某些行政手段的运用，对客观条件和全局性把握不够充足，在忽视了气候资源存在的有限性特征的情况下，各级政府、各有关部门都以极大的热情对待这类资源的开发，频繁动用公共资源包括以极大的行政成本促成气候资源的充分开发，在市场已经偏离了理性曲线之后，仍然在动用各种行政资源调动企业参与其中，这样的结果，不仅表现为市场没有得到合理的发展、企业没有获得预想的收益，也表现在了行政成本的极大浪费这一问题当中，事实上，这一现象也就反映出了在一定程度上行政资源和成本不合理流失这一风险的存在。

对于这一风险的预防，重要的手段就是需要运用行政成本收益分析的方法进行风险的科学评估。行政法律规制的成本收益分析是对经济学上成本收益分析方法的借用，主要用以评估行政行为的投入产出比，其适用的初衷主要在于认识到了任何一种规制手段都会对相对人产生影响并且产生相应的行政成本。因此，行政法律规制的成本收益分析主要用以评估某项规制手段是否达到了预期目标。在风能太阳能的开发过程中，政府所制定规制措施从规划、实施到监督等各个领域，都应进行相应的成本收益分析，因为政府在进行规制的过程中不可避免地会支配和使用资源和资金，这就意味着行政法律规制行为存在成本的问题，如果某项规制措施实施的成本过高，或是产生的收益过低，都将不具有可行性，否则就是对公共资源的浪费，此外，特别重要的一点是，由于风能太阳能的开发具有一定外部性的特征，如若不对其加以正确评估，将导致成本预估的不准确，对于这类风险，就需要通过建立科学的行政成本收益分析评估机制加以防范。

五、程序正当与保障救济原则

这一原则意在要求行政主体做出影响行政相对人权益的行政行为时，须遵循正当的法律程序，包括事先告知相对人，向相对人说明行为的根据、理由，听取相对人的陈述、申辩，事后为相对人提供相应的救济途径等。这一原则主要用以规范行政主体的行政自由裁量行为。面对新能源开发与利用规模的扩展，政府规制主体在新能源规制领域的行政裁量权也随之扩大，因此，从制度上规范和约束行政主体的自由裁量权显得尤为必要。

　　具体来说，在新能源开发的过程中，规制主体关于规制规则的制定和实施都应当遵循程序的正当性原则，涉及到公共利益和关系新能源开发企业等主体的规制事项，都应当遵循程序公开的要求，保证市场主体能够有效地参与规制过程，避免行政专断，这一点可以借鉴美国的监管协商程序，该程序侧重于保障利益受到相关行政规则实质影响的各方主体，可以进行协商并最终就拟议规则达成一致。我国新能源开发过程中，政府如若要制定相关监管规则，在一定范围内可以尝试与相对人就规则的实质性内容进行协商，这既便于在行政过程中调节各方利益冲突，也体现了公共参与行政过程的发展趋势。

第四章 气候资源开发利用
政府规制法律内容的再造

气候资源开发利用的政府规制应当是一个由多类制度组成的有机整体，为合理有效利用气候资源，针对前文对气候资源开发利用政府规制制度内容的问题分析，应当明确我国目前需要构建以"有序开发"作为总体原则和根本要求，以气候资源的产权制度、开发和利用的规制制度为主要内容的制度体系。

第一节 明确气候资源国家所有权的权属定位

随着生产力水平的提高，人类开发利用自然的能力不断提高，自然资源的种类日渐丰富，在自然和环境层面人类的生存利益与以生产利益为目的的开发开始产生对立并日趋激烈。这样的现实需要法律予以回应，法律能否科学地反映自然资源的属性和特征，直接决定着人们对自然资源开发、利用、保护的态度和程度。现阶段气候资源的开发与利用又再度反映了这一历史进程，一方面是实践中基于生产利益、经济效益的需要而引发地大规模的开发热潮，另一方面是立法、执法、规制层面的谨慎与克制，然而这样的克制甚至已经低于现实对制度的最低需要，规范层面目前对气候资源的法律界定、法律属性、权利归属缺乏基本的制度安排，引发了关于气候资源的各种冲突、争议、纠纷，为求追本溯源，文章尝试以气候资源的权利界定及权属划分为分析原点，重构关于气候资源开发利用政府规制的内容体系。

一、气候资源的性质与属性

（一）气候资源作为自然资源而具有的自然属性和社会属性

1. 自然资源内涵与发展

前文已明确气候资源属于自然资源，自然资源泛指"天然存在的并有利用价值的自然物，如土地、矿藏、气候、水利、生物、海洋等资源"[1]。从其特征上看，自然资源的产生基于其价值，即自然存在的因素和条件作为客体能够对主体产生的效应和影响，这种效应和影响不仅体现为经济利益或物质收益，随着社会的发展与进步，生态环境的改变等因素的影响，自然资源的价值在一定程度上还应包括社会价值和生态环境价值。《大不列颠百科全书》关于自然资源的定义就体现了这样的价值内容，"自然资源是人类可以利用的自然生成物以及形成这些成分的源泉的环境功能。前者如土地、水、大气、岩石、矿物、生物及其群集的森林、草场、矿藏、陆地、海洋等；后者如太阳能、环境的地球物理机能(气象、海洋现象、水文地理现象)，环境的生态学机能(植物的光合作用、生物的食物链、微生物的腐蚀分解作用等)，地球化学循环机能(地热现象、化石燃料、非金属矿物的生成作用等)[2]。"自然资源特点表现为：不同自然资源在国与国之间分布不均衡，自然的生产、供应往往容易被控制并产生垄断效果，自然资源中比重更大的是不可再生资源，自然生产、交换和消费极易产生负外部性，造成对生态、环境等的不利影响[3]。人类认识并提炼自然资源的概念首先是从以土地为基础的有形资源开始，如土地资源、水资源、矿产资源、森林资源、动植物资源等，伴随人类认识水平和技术水平的提高，一些原来在传统上不被认为是资源的自然条件开始被纳入自然资源的范畴之内，如风力资源、太阳能资源、无线电频谱资源等，自然资源的范围也随之不断被修正和扩展。从这一角度，自然资源最传统的分类是划分为有形自然资源和无形自然资源，虽然二者外在表现不同，但无形自然资源的内在属性与有形自然资源是一致的，同样具有自然属性和社会属性。

2. 气候资源的自然属性与社会属性

气候资源具有自然和社会二重属性，这源于其作为资源的本质特点，资源存在的本质目的就在于能为人所用，即这类物质和条件能够对相应的主体产生影响、作用和效应。人们的利用的初衷虽是看重这类物质和条件的自然属性，但人们如果要利用这些物质和条件，却必须依托人类所具有的客观技术条件和社会环境因素。

自然属性是自然资源得以存在的客观基础和前提，社会属性是自然资源的价值归属和体现。自然资源不论其是否可以再生、是否体现为有形事物，其产生均不依赖于人的创造，而是来源于自然的作用，这是自然资源自然属性的表现，同时，自然资源作为资源来讲其根本价值在于其能够被人类利用而产生相应的价值和利益，也就是说，只有在自然资源被开发进入社会领域以后才可称为完整意义的资源，其价值也最终需要通过社会条件才可实现，这体现了自然资源的社会属性。正确认识社会资源的自然属性和社会属性及其相互关系，具有重大理论意义和实践价值。只有承认自然资源的自然属性，才能认识到自然资源有其自然变化的规则，而只有明确自然资源有其社会属性，才有助于理解为何其开发、利用也需要遵从一定的社会规律。

---

[1] 《辞海》，上海辞书出版社，1999年，第2286页。
[2] 转引自孟庆瑜、刘武朝著：《自然资源法基本问题研究》，中国法制出版社，2006年，第3-4页。
[3] WTO, World Trade Report 2010, pp.5-6.

在自然资源属性下，气候资源具有无限性、循环性和可再生性的特点，这些特性是基于气候资源的自然特征而总结的，但是如果片面看重其自然属性而忽略社会属性对气候资源开发利用的影响，就会出现前文所阐述的在开发利用过程中无序化、低效化和同质化的问题。

气候资源的开发利用不同于气候资源本身，它是一种社会活动，要通过一定的社会生产和消费而实现，这使得自然资源的开发利用具有了社会属性。或者说，气候资源的社会属性是气候资源作为人类社会生产活动的劳动手段和劳动对象所表现的性质与特征。风能、太阳能从社会属性上分析具有与其自然属性不同的特点，这集中体现为开发利用社会条件的有限性。风能太阳能的开发利用必须依托现阶段人类所具有的技术、社会环境以及市场规则等因素，而这些都是社会属性的因素，这些因素就决定了其开发利用是有限的。当认识层面上不加以厘清时，在政策制定上和实施上，就容易片面强调开发利用的无限性，违背客观规律。在社会属性上，风能太阳能开发的是存在开发技术条件、环境承受能力和平台承载能力方面的有限性。

（二）自然资源作为法律意义上"物"的存在

法律意义上"物"这一概念范畴的确立作用在于明确权利客体，进而以此为基础构建物权制度体系。现有制定法并未对"物"做出概念界定，只在《物权法》第2条第2款规定："本法所称物，包括不动产和动产。"这一规定事实上只说明了"物"的种类，并未明确其内涵。在民法研究领域，对于"物"的概念界定的主要观点有：（1）物是指存在与人体之外，为人力所支配，且能满足人类社会生活需要的有体物[1]；（2）物是指客观存在并能为人们所支配和利用的物质实体和自然力[2]；（3）物是指占有一定空间、能够为人力所支配并能够满足人们需要的物体等[3]，虽然几种说法表述不一，但是都强调民法语境中的"物"应具有价值并可支配。同时，根据传统物权法理论的"一物一权"原则，作为物权客体的"物"需应具备特定性。概括起来，"物"作为物权客体，应当同时具有可支配性、价值性和特定性的属性。

回顾物的立法历史沿革，由罗马法开始确立物的概念，但当时物的外延范畴仅限于当时可被认知并可支配的动产和不动产。伴随社会科学技术发展水平的提高，人类可通过劳动和社会活动所支配对象的范围不断扩大，近代开始，早期以德国为代表的立法例将"物"限定为"有体物"，即有形的、可触觉并可支配的物。之后以法国法为代表的立法例拓展了物的范围，认为物既包括有体物，也包括作为无体物的权利[4]。可以发现，伴随人类对自然界的认识能力的大幅提高，人类所能够支配的物的范围有了极大的扩展。概而言之，"当代民法的物，是一个多极化的形态"[5]。

---

① 王利明主编：《民法学》（第2版），复旦大学出版社，2015年，第216页。
② 张俊浩主编：《民法学原理》（修订第三版）（上册），中国政法大学出版社，2000年，第367页。
③ 钱明星著：《物权法原理》，北京大学出版社，1994年，第23页。
④ 参见王利明主编：《民法学》（第2版），复旦大学出版社，2015年，第216页。
⑤ 杨立新主编：《民法总则重大疑难问题研究》中国法制出版社，2011年，第155页。

自然资源作为法律认可并规制的"物"有一个形成、发展的过程，这一过程也是物的多极化形态扩展的过程。较早期，人类支配自然能力较弱，其可支配的物范围极为狭窄，当时自然资源只能作为人类开发自然的环境资源条件而存在，随着人对自然支配利用能力的迅速增长，自然资源开始成为人类生产与发展不可或缺的外在物资条件，具有满足人类需要的价值性，自然资源开始作为"物"即作为物权客体而存在。

自然资源作为物的存在不仅扩展了物的范围，也修正并发展了传统物权理论。在价值属性上，传统物权的价值要素主要表现为经济价值，这是一种建立在人类中心主义基础上的价值观。伴随人与自然关系的变化、生态理念的革新，以自然资源这一类概念为基础形成的物权类型发展了物的价值内涵，典型的自然资源如土地、矿藏、水流、野生动植物等，作为物的价值不仅在于其经济价值，还具有包括自然生态价值和审美价值在内的丰富价值内涵，造就了物权的价值多元性。在物权的特定性上，传统物权特定性的阐释是建立在"一物一权"原则上的，故而物权的特定性要求其客体原则上应当为有体物、特定物（尤指物理属性上的特定，即具体的形态、大小可以明确界定）和独立物，在自然资源发展并丰富了物权范围以后，一些在自然资源中形成的新型物权类型已经修正了传统物权特定性理论。如：《物权法》第123条规定了探矿权、取水权，以探矿权为例，这一权利客体在权利设定时是无法如传统物权客体一样准确预知的，因此，按照传统理论理解，是无法进行特定性的确认的；取水权也是如此，从物理角度分析，取水权的客体是无法精确识别的，更何况其与水资源所有权的客体还是融为一体的，实践中经常存在的多家企业被同时许可在同一河流或水库中取水，以传统特定性理论嵌套，这若干家企业如何才能在该水域范围类进行以物权独立性为目的的特定化呢？现实的需求加上立法活动的不断认可与推进，传统的物权特定性理论已经做出相应变通以顺应变化发展需要，如上文中所提及的取水权，其客体的特定性已无需局限于呆板的以绝对独立性为基础的特定，而是可以表现为客体的定量化，如在同一水域中A公司取水2亿立方米，B公司取水1亿立方米，只要可以定量，相互之间也不会因此而产生冲突，则物权的特定性即可成立，同理，探矿权可以通过特定地域加以确认[①]。可见，从自然资源的开发利用角度来看，物权理论的发展事实上是建立在如何将有限的自然资源在不同用途上进行合理配置的问题上的。

二、明确气候资源所有权的必要性

（一）明确气候资源所有权对社会实践的重要影响

长期以来，人们认为只有有形资源才是自然资源，如土地、矿藏、水流等，而气候要素长期不被认为是资源，它仅是环境的组成部分，原因是气候要素不具有稀缺性，也不能直接进入生产和市场过程。况且，如前所述，与当下的需求相比，气候要素的数量

---

① 参见叶知年主编：《生态文明构建与物权制度变革》，知识产权出版社，2010年，第87页。

极大，达到了在目前的条件下任意取用仍不会影响到其存量。但是，工业社会发展的一些负面后果在世界各国的发展进程中逐次出现，生态危机的爆发已经不再是耸人听闻的特异理论，自然不再是无条件的予取予求，人类开始不断承受来自自然的强大反噬力量，诸如大气污染、全球变暖等已经成为全人类需要共同面对的生态问题。如若气候资源继续作为无法设定所有权的公共物品存在，而不具有相应排他性和竞争性，则气候资源利用中，经济主体取得了收益，却不会承担治理污染等因素带来的成本，甚至于，我们完全可以假设一种极有可能发生的情况，就是任何人都可以向空气中排放污染物却无需因此承担任何费用，因为，单纯从经济学角度考虑，当我们限制自己的污染行为时，是不可能从中直接获得收益，也就没有自发限制排污的原始动力。若果真如此，经济越发展，则空气污染等生态问题势必越严重。从这一层面分析，明确气候资源权属既有急迫性也有必要性。气候资源与其他自然资源一样，都具有一个合理承载量的阀限，既不能无限度使用，也需要明确其权属，以避免"搭便车"行为和"公地的悲剧"发生[1]。实践中，已经有了对于气候资源利用的合理限制与管理的尝试，这就是我国从 20 世纪 90 年代除开始的排污权交易实践。1993 年初我国根据京都议定书确立的排放权交易 (ET)、联合履约 (JI)、清洁发展 (CDM) 三种灵活的减排机制，原国家环保总局开始在我国的一些城市逐步开展了 SO2 等的排污权交易试点工作。排污权交易即是以产权制度为基础，在明晰产权的前提下允许排污权交易，从而通过市场手段达到环境资源的优化配置。

（二）法律制度与规制体制构建的客观需要

产权制度是市场经济中最为基础的一种权利制度。对气候资源进行所有权的界定和保护是市场主体开展经济活动的前提条件，也是加快新能源能源行业发展和应对能源市场化的必要条件。"产权的基本功能是引导在更大的程度上实现外部性的内部化的动力"[2]。在经济发展和转型过程中，构建一个以完备法律为基础的制度体系对于包括气候资源在内的中国能源行业的改革至关重要。同时，也只有通过明晰产权才有可能从制度层面解决环境和资源利用中的外部性问题，"有关外部效应的实际问题，都是在产权未能很好界定的情况下发生的"[3]。气候资源是为公共物品无疑，但如果对其利用的形式不加区分，放任其开发利用，则前文所描述的气候资源利用中强烈的负外部性会很快发生，在目前这样的外部性由于人类的利用水平和开发程度有限，气候资源开发有限，尚且可以被消化，但伴随科技进步，气候资源终将无法完全满足社会整体需要，此时，

---

① 1954 年，保罗·A·萨缪尔森在他的论文《公共支出的纯理论》中提出了公共物品比较精确的分析和定义：公共物品是这样一种物品，"每个人对这种物品的消费，都不会导致其他人对该公共物品消费的减少"。公共物品普遍存在两个问题：第一是"搭便车"问题，即缺乏对消费品或服务支付的激励，第二是所谓的"公地的悲剧"问题，即缺乏防止资源过度利用和耗竭的激励。在开放性进入资源中，个人不会令边际社会成本与边际利益相等，而是令边际私人成本与边际利益相等，从而产生了低效的结果。因此，在开放性进入资源领域会存在过度消费问题，同时对资源保护的投资往往不足。引自高扬主编：《微观经济学》，中国财政经济出版社，2010 年，第 252–253 页。
② 【美】哈罗德·德姆塞茨：《关于产权的理论》，陈黎译，出自盛洪主编《现代制度经济学（上卷）》，北京大学出版社，2003 年，第 82 页。
③ 【美】海·R·范瑞安：《微观经济学：现代观点》，费方域译，上海三联书店，1994 年，第 700 页。

需要有政府的参与，政府规制也需要相伴进行。政府参与气候资源开发利用，进行政府规制的目的不是在于将气候资源作为传统的所有权人的产品提供到市场，而是作为最适宜的管理者进行气候资源的合理配置。

三、气候资源的权属分析

综合归纳来看，目前反对设立气候资源国家所有权的理由集于两个方面：一部分认为我国公权力本就强大且监督约束机制不完善，一旦确认气候资源国家所有则会出现"与民争利"和"权力寻租"的问题，从而使气候资源成为行政垄断或部门、地方垄断的资源。另一部分观点认为气候资源属于国家所有不具备合理性和正当性，在理论层面，气候资源无法成为所有权客体，不具备设立所有权的条件，在实践层面，设定气候资源所有权不利于新能源产业发展，对民营资本尤其不利，即使需要制定对气候资源开发利用和保护的制度也无需以气候资源所有权的明确为前提，并认为根据国外实践，气候资源所有权不属于国有，而应属于因开发利用风能而对建设用地享有使用权的经营者。从目前关于气候资源是否应当设立所有权和所有权具体归属的争论来看，理论上其争议颇大，而实践中所出现的众多问题则是这些争议的反映和延伸，不从理论上廓清气候资源的权属问题，是无法从根本上解决现实中所出现的诸多问题的，因此，明确气候资源的所有权归属十分有必要。本书认为，气候资源不仅可以成为物权、所有权的客体，而且必须以国家作为气候资源的所有权人以不同于个人所有权实现的方式行使所有权。

（一）气候资源的价值性

气候资源的价值性源于其自然属性和社会属性，表现在价值上应体现为包括自然价值和社会价值等在内的多元价值。

气候资源的社会价值较为显见。人类通过开发利用使气候资源为人类所用，从而具有了传统意义上的对人类生存和发展所具有的效用，这类价值更多表现为社会经济价值。气候资源中无论是利用较为成熟的太阳能、风能，还是空气成分或者其他气候资源类型，都是通过人类的直接或间接利用而产生价值的。其或是可以为人类生产生活提供直接条件或原材料，如大气成分中的二氧化碳是农作物生长过程中光合作用的主要原料，或是供给人类以能源，如将太阳能的热能、风能中的动能通过技术转化为人类生产生活所必须的电能，对人类而言，人类对气候资源的开发利用还有巨大的空间，其可用性之大、范围之广，就当前的人类的认识和技术水平来说，我们只是认识和利用到了气候资源极小的一部分，在今后对气候资源仍会有很大的发展利用空间。

除社会经济价值之外，气候资源还有源于自身的自然价值，气候资源作为自然环境的重要构成，不仅是地球自然条件的有机组成部分，也是推动自然生态系统运行的重要条件，它影响了地球整体的物质流动和能量交换，也极大地决定地球生态系统的稳定与平衡。相比人类对气候资源的社会经济价值的认识与利用而言，人们目前对于气候资源基于自身所具有的自然价值、生态价值的认识程度还处于较低水平，很长一段时间中，人类对于气候资源的利用和开发都是站在纯粹的经济性角度考虑，在认识上，基于气候资源具有无形性的特征，认为其无法进行物理分割和排他性消费，以致无法进行法律意义上"物"的界定和所有权的设定。我们需要认识到，作为自然资源和生态条件的气候资源，虽具有自我调节、自我恢复的特征，但这只是在一个合理承载量的阈限内的相对稳定，如果人为割裂气候资源本身所具有的密不可分的经济价值和生态价值，或者没有完备的制度体系对于生态价值予以承认并保护，则这种脆弱的相对稳定性极易被打破，届时自然无法进行自我补偿和缓冲，其反作用力必会最终影响人类自身。

易言之，我们需要重新思考气候资源价值的多元性，也需要对气候资源的价值进行再认识，仅通过资源类法律和环境类法律对气候资源在内的自然资源、环境资源承认与保护是不充分的，还需要通过物权法等法律形式来确认气候资源的自然生态价值，以避免物权人（用益物权人）在利用气候资源时片面追求物的经济性而牺牲其生态性[①]，以制度将保护气候资源的外在压力转化为行动决策的内在约束力。

（二）气候资源的稀缺性

稀缺性所描述的是人类社会的一种常态：物品是有限的，而需求相比而言则总是无限的[②]。所谓稀缺性，即意味着特定物质相对人类的需求在数量上的不充分。稀缺性是自然资源进入社会经济领域的最基本条件，也是所有权产生的经济根源。假若气候资源稀缺而仍被无偿使用，那么就会产生资源配置不当。

根据物质不灭和能量守恒定律，气候资源同其他自然资源和环境要素一样，并非取之不竭、用之不尽，在有限的技术和经济条件下，相对于人类的无限需求来说，气候资源的供给总是有限的。以风能、太阳能为代表的自然资源，在理论上其可用数值是惊人的，甚或可说是接近无限大的。但气候资源作为公共物品有一定阈限，在限度内，人们的消耗相对其存量，一旦超过该限值，其仍然会与其他资源一样表现出稀缺性，气候资源基于其社会属性，实践中此类资源的实际可得性是有限的，其有限体现为人类在一定的发展阶段由于认识水平、技术等因素的局限，实际取得这类资源的能力是有限的，同时，取得这类资源需要付出相应的成本，成本有多少、是否能够承担、由谁承担都是需要解决的问题，尤其在利用这类资源的时候还会产生较大的外部性成本的时候，这些问题更为突出，所以，实际上，这类资源的实际可使用量是有限的，随着经济发展，人口激增，气候资源的稀缺性特征日益明显，人类的生存利益与生产利益在对环境的需求方面开始产生对立并呈日趋激烈的态势，以现阶段的情况分析，这类资源是无法完全满足人类的需要的，其稀缺性是存在的。加之，随着人类活动范围的扩大，环境污染的加剧，高质量的气候资源有退减的趋势，例如随着城市的扩展、大片荒山和滩涂的开发，许多可利用为风能发电的优质风能资源的有效能量大为缩减。在这样的趋势下，气候资源的稀缺性更为凸显。此时，若仍然维持传统法律中对物的认识与界定，这一状况无法圆融解决，

---

① 参见李国强：《物权法的环境观》，《环境资源法论丛》（第 4 卷），法律出版社，2004 年，第 17 页。
② 参见曹明德：《生态法原理》，人民出版社，2002 年，第 43 页。

在此情形下，有必要对气候资源进行重新认识，对权利进行重新配置，以平衡与制约人们因利用气候资源而产生的竞争关系，同时，尤其需要注意关注代际公平问题，人类既要生产，也要满足发展，包括后代的发展，所以，明确气候资源的稀缺性，可以保证在所有权明确的前提下，既兼顾当前人们的需要，又不对后代人满足需要的能力构成伤害。

（三）气候资源的特定性和可支配性

特定性是所有权成立的一个必要条件，即法律上的物应当明确、具体，可被物权人通过占有、使用而支配，建立在特定性上的可支配性反映了人与物的法律关系模式，从目的上讲，物可被支配不完全基于物自身的特性，而是更着眼于人类以目前的技术手段能否对物实施有效控制的可能性，只要可被控制，就应当纳入物的范畴，从而明确物的归属和人对物支配的形式[①]。许多观点认为风能、太阳能这类气候资源是无形、不可控的，因而不能成立所有权的，认为风能和太阳能是流动的、不表现为有形物质的，因此是无法表现为特定物，当然也就无法由特定主体对其行使所有权。这种看法有失偏颇，正如前述，物的特定性和可支配性着眼于人的支配程度，目前根据各国立法例，无形物作为物权客体并不鲜见。包括法国、瑞士、意大利、阿根廷、奥地利、荷兰等国均在其民法中明确物包含有体物和无形物[②]。如1907年《瑞士民法典》第713条规定："性质上可移动的有体物以及法律上可支配的不属于土地的自然力，为动产所有权的标此中无形物除包含财产性权利之外也包括无体的物。"1942年《意大利民法典》第814条规定："具有经济价值的自然资源视为动产。"1994年《魁北克民法典》第906条规定："为人控制和利用的波或能，不论其来源于动产或者不动产，均视为有体动产[③]。"《阿根廷民法典》第2311条第2款规定："有关物的规定，准用于能被控制的能量和自然力。"[④]。

我国立法例中也有此类规定，《物权法》第50条规定："无线电频谱资源属于国家所有。"无线电频谱在其物理属性上与气候资源相似，不表现为实体物，也无法像土地、矿藏等典型物权客体一样通过直接的占有、使用而进行支配。其利用和支配需要依托技术手段、依靠无线电接发装置而为人类所支配。这样的立法实践反映了目前物权客体扩大化的趋势，对于物权客体外延的描述，不应局限于僵化的窠臼，而应在明晰其内涵和法律逻辑的前提下反映实践的发展和需要。与无线电频谱资源类似，各种类型的气候资源，人们目前均可以依托可靠的技术及设备装置加以利用和支配。再者，气候资源亦可凭借自然科学技术手段进行量化工作，对于目前某地区所蕴含的风能总量和光热能总量，目前已有的专业计量方法已经十分成熟，这样的量化结果也已经作为进行规划、具体规制和管理的依据。而在转化为新能源而利用时，气候资源还可以通过其转化的电能、热能形式，使用功率的单位瓦特 (W) 或是能量单位焦耳 (J) 来进行计量。

---

① 参见常鹏翱：《民法中的物》，《法学研究》2008年第2期。
② 参见余先予：《台湾民商法与冲突法》，东南大学出版社，2001年，第75页。
③ 杨立新、王竹：《论自然力的物权客体属性及法律规则》，《法学家》2007年第6期。
④ 《最新阿根廷共和国民法典》，徐涤宇译，法律出版社，2007年，第493页。

概言之，"对特定性不能做机械的理解，只要物在经济和社会观念中特定即可，并不要求无体物在属性上或者物理形体上必须单一特定"①，因此，可以说气候资源的特定性和可支配性，是指气候资源的可被量化的功能所具有的可确定和可支配的性质。

四、气候资源国家所有权的确立目的及内容

（一）确立气候资源国家所有权的目的

自然资源的不同所有权配置对人们利用自然资源的行为有着重要影响。在产权制度中，已有的所有制形式包括私有制、国有制（由国家拥有和控制财产）、共有财产制（财产由几人共同拥有和管理）和无主制（财产不归任何人所有），不同的所有制形式将会提供完全不同的资源使用的动机与方式②。创设气候资源的国家所有权，其目的与作用体现为：

1. 宣示气候资源国家所有的法律性质，维护社会公共利益

风能太阳能这类典型的气候资源之所以在现在得到了重视，不仅在于它们本身与人类日常生产、生活密切相关，还在于它们既是自然条件和自然资源，又可转化为能源产品，对于维护国家能源安全、缓解环境压力、减缓气候变暖进程都有重要的战略意义。创设气候资源国家所有权，其最为显见的目的在于宣示气候资源权属性质、明确其公权属性。气候资源与水资源类似，作为自然资源，与自然环境密不可分，本身也是自然条件的组成部分，其上附着了一些不具有竞争性和独占性的生态环境功能和社会公益属性，从而作为了一种公共物品而存在③。在对气候资源的产权制度安排上，选择私有制、无主制、公有制均容易出现忽视重要社会公共利益的危险，也无法自觉地进行环境保护等带有社会公益性质的行为，更重要的是，我国的根本制度是社会主义制度，虽然在我国各地域之间存在经济、资源等因素和条件的不平衡，但在单一制国家结构形式下，需要由中央通过成熟的制度模式平衡区域间的资源和生产资料的配置，从公有产权的潜力和发展趋势看，公有产权有着私有产权无法比拟的大优势：其有利于促进微观效率与宏观效率的统一；有利于促使经济效率与社会效益的统一；有利于促使计划效率与市场效率的统一；有利于促使人的效率与物的效率的统一④。气候资源不同于一般的物，作为重要的自然资源，它关涉国家战略，对国民经济的健康发展及国家能源安全有重大影响，在气候资源的开发和利用中，基于气候资源的多用途性和多元价值，其间容易出现经济效用和生态效用的冲突，极易引发气候资源上所同时承载的社会公共利益和私人利益之间的矛盾，这类资源由国家行使所有权是最优选择。

---

① 常鹏翱：《民法中的物》，《法学研究》2008 年第 2 期。
② 参见【美】汤姆·锡藤伯格著：《环境经济学与政策》（第三版），朱启贵译，上海财经大学出版社，2003 年，第 61 页。
③ 参见裴丽萍：《水权制度初论》，《中国法学》2001 年第 2 期。
④ 王国平：《公有产权论》，立信会计出版社，1994 年，第 53-56 页，转引自桑东莉：《可持续发展与中国自然资源特权之变革》，武汉大学博士学位论文，2005 年。

法国行政法在长期的实践中形成了成熟的公产制度和理论，值得参考与借鉴。公产与私产的提法虽早在古罗马法上就已存在，但直至近代 19 世纪，法国第戎法学院院长 V·蒲鲁东才在借鉴民法学说概念的基础上，在其著作《公产论》中首次明确对公产理论做出系统阐释，提出在政治共同体的财产中，供一般公众使用的财产称为公产。20 世纪以后法国公产理论有了很大的发展，人们认为公产范围不仅限于在自然性质上属于公众使用的财产，还包括行政主体为了公共利益制定作为公用的财产在内，其是否应作为公产而受到行政法保护与调整，不是根据其性质决定，而是根据其所履行的功能而决定。区分公产和私产的标准首先在成文法中产生，1957 年《法国国有财产法典》第 2 条规定："国有财产中，由于本身性质或由于政府制订的用途而不能作为私有财产的属于公产，其他财产属于私产"，这一标准由于过于陈旧，只反映了 19 世纪的公产概念，在实践中未被普通法院和行政法院所采纳，相反，基于法国行政判例的丰富经验与实践，在判例上发展和延伸了公产的内容，及至 20 世纪末，法国成文法和判例所认可的公产包括海洋公产、河川湖泊等公产、空中公产及地面公产[1]。从性质上看，法国立法和司法实践中均未对公产的具体判断标准作出明确界定，但通过实践表现，其对于公产的认定主要基于其功能与作用，即是否用于公益所需，从种类上看既包括财产类公产，也包括资源类公产，2006 年法国新通过了《公法人财产法典》（简称 CGPPP），对于公产仍选择只在内涵和种类做了概括性规定而未做精准界定[2]，其主要考虑就是公产数量庞杂且新的种类不断产生，为保持立法的足够弹性，有必要为实践尤其是司法实践保留足够的解释空间。从其利用的功能和作用分析，应着重于其公益属性，在制度设计上，通过国家行使气候资源的所有权，可以依托国家作为社会公共利益的代表，以使其在规制气候资源开发利用的过程具有合法明确的身份，凭借气候资源所有权主体的身份在社会的不同需求和资源的多用途实现之间寻求合理的解决方案，以平衡公益和私益的不同诉求。

2. 确保气候资源开发利用中"市场失灵"和外部性问题的合理解决

气候资源国家所有不仅存在一种政治上的宣示作用，还具有相当的经济合理性，除了可以解决上面所论及的有关"搭便车"现象和"公地悲剧"出现以及"市场失灵"的问题之外，还有以下有关经济上的考虑：气候资源可以量化，但难以进行准确分割，如若规定为个人所有，监督和实施产权的成本就会相当高，同时，如果出现他人对这类资源产权的侵害将会很难得到有效监管和充分的救济。此外，这类自然资源具有规模效应的特征，即必须具备一定的规模才能发挥作用，一直以来能源行业都具有投资周期长、投资规模大、政策风险高的特性，虽然我国目前也在推行分布式光伏发电形式，但从其体量来讲，不是光伏发电的主要比例构成，如果气候资源所有权被过度细分，就会导致资源整体功能的下降。

同时，气候资源的开发利用同样存在着外部性问题，如若开发不当或是过度开发，仍然会对环境造成不可逆的影响，因此，在实践中应当对社会性规制尤其是环境规制内

---

① 参见王名扬：《法国行政法》，中国政法大学出版社，1988 年，303-311 页。
② 参见彭涛：《法国 CGPPP 的公共财产法律制度及其启示》，《行政法学研究》2010 年第 3 期。

容予以重视。风能太阳能虽然属于绿色能源，但是仍然会在开发的过程中带来对环境的影响，将气候资源明确为国家所有，有助于合理解决外部性问题，并可在此基础上建立完备的环境管理与规制制度体系，包括环评制度、检查制度、市场准入中环境标准的加入、收费补偿制度等。

3.明确气候资源管理和保护责任归属

在行使气候资源国家所有权时，首先需要明确区分国家所有权与个人所有权的不同。个人所有权重在直接支配和排他性利用，因此在长期的理论与实践积累中，形成了占有、使用、收益、处分几项基于个人所有权上的权能内容，国家所有权则不同，其成立的目的在于为国家规范资源利用，引导资源秩序提供充分合法性，二者行使的目的和内容均有很大差异。前文已经分析气候资源所有权可以成立，但气候资源的所有权属于国家所有权，具有公法属性，如基于宪法视域分析，宪法规定的个人所有权是一种"防御权"，主要为了防御来自公权力的不当干预和限制[1]，而宪法第9条集中规定的自然资源的国家所有权内容，其中第1款属赋权条款，第2款规定权责内容规定，其性质均表现出公权特征，主要是为国家进行积极规制、排除资源的低效利用或者权利滥用提供基于宪法的正当依据。其实质是对相关领域国家权力运行的许可、对国家干预的宪法承认[2]。以立法行为体现民主授权，可以最大程度地体现正当性，而后再通过规制与管理手段的实施，明确自然资源的使用权内容，包括如何设置准入制度，如何对利用过程进行规制，如何明确规制中的监督与救济内容，通过制度的完善解决上述问题，从而建立以资源的国家所有权为基础的制度体系，确立资源开发利用规则，将资源开发置于行政规制与管理之下，运用公权力有力解决资源利用中的外部性问题，并运用公共机制把资源收益转化为公共和社会福利支出，其本质上是以国家强制为基础、以政治程序为运行机制形式的公共权力[3]，这也符合公法上的职权责统一的特性。在行政规制上，与资源权属有关的规制内容，包括审批许可制度、总量控制制度、争议解决制度等在内的各项制度安排也无一不具有公法上的意义。以此而论，资源的国家所有权迥异于个人所有权。

再回归目前的制定法寻找依据，气候资源在我国宪法第9条中虽未被列举为明确的自然资源类型，但根据该条规定："矿藏、水流、森林、山岭、草原、荒地、滩涂等自然资源，都属于国家所有"，按立法原意，此处的"等"为等外等，这一解释可通过《物权法》所列举的国家所有的自然资源种类加以佐证，我国《物权法》第46条至52条规定的国家所有的自然资源包括：矿藏、水流、海域、部分土地、部分野生动植物资源、无线电频谱资源、部分文物、国防财产、部分铁路、公路电力设施、电信设施和油气管

---

① 进入20世纪特别是20世纪中期以来，许多国家都在宪法中设立专门的自然资源国家所有权条款。社会主义国家如苏联、越南，非社会主义国家宪法如阿联酋、菲律宾、吉尔吉斯斯坦等，其中秘鲁宪法中更是专设"自然资源"一节，对国家的资源权力义务作出专门规定。邱秋：《水资源国家所有权的性质辨析》，《湖北经济学院学报》2009年第1期；巩固：《自然资源国家所有权公权说》，《法学研究》2013年第4期。

② 参见巩固：《自然资源国家所有权公权说》，《法学研究》2013年第4期。

③ 参见王军：《国企改革与国家所有权神话》，《中外法学》2005年第3期。

道等基础设施,从种类上,《物权法》已极大的发展和丰富了国家所有的资源种类,可见《宪法》第9条的规定实际已为新型自然资源类型预留了空间,通过前文分析,气候资源属性上属自然资源无疑,通过对现有法律的解释而确定其可为宪法和相关规范所涵射在理论上并无障碍。进一步说,即使是制度的变迁也不是凭空形成的,其变迁需要依托现存结构,我国包括气候资源在内的自然资源国家所有适应了社会主义根本制度和公有制为主体的所有制结构形式的基本要求,反映了国情的需要。

（二）实现气候资源国家所有权的具体要求

资源有效利用的首要前提是其产权必须清晰界定,长期以来自然资源的国家所有权的实际实施效果不尽人意,问题并不在所有权和制度本身,而是在于现有制度对于规制主体的职责、权限,自然资源的利用规则与程序等内容均未有明确规定,反映到外在层面,就是对于国家所有权的实施缺乏制度支撑,以至于所有权的实现、资源的规制与管理都没有达到预期的效果。要实现气候资源国家所有权,应当以权能适当分离作为气候资源国家所有权的实现模式,以立法规制为所有权实现的基础,以规制和管理制度为气候资源国家所有权的实现的保障。

在市场化条件下,要使气候资源的国家所有权能在实践得以真正实现,需要将气候资源国家所有权从功能上加以解构,借鉴个人所有权的权能划分理论,将气候资源这类公法性质的资源所有权按权能进行分解,将气候资源国家所有权权能划分为占有、使用、管理和开发利用,各权能对应的实施主体、实现途径和实现目的均有不同。

1.使用权能

气候资源国家所有权中"使用"权能,专指社会成员对气候资源的一般性使用,气候资源不同于民法上个人所有权的排他性支配权,个人对所有物的占有旨在保障所有权人对于所有物的排他、完全、永久的独占;气候资源则不同,作为公共属性很强的自然资源,其在自然属性上带有强烈的"公共"印记,通俗地说,空气、风、太阳的光能和热能是人类维持基本生存的必然需要,应天然地向全社会成员开放,作为个人所需,各社会成员均可在不影响他人权利行使及社会公益的前提下自由取用,公权力主体对此应当承担的职责与义务是保障社会成员自由的使用,不得为此增加公民负担或增设义务。

2.占有权能

占有权能是对资源"全民所有"的表现。气候资源之所以需要规定国家所有,根本原因在于气候资源在现代社会生活当中价值性不断提高,其上不但附加了日益增强的经济价值,也体现了应当益发受到重视的生态价值,因而需要以制度加以约束。在这层含义上,气候资源即具有公共性,也有稀缺性,"全民所有"最佳实现方式表现为立法,通过立法确保气候资源不被任何社会个体独占享有。我国有完善的民主代议制度,"全民意志"由各级人民代表大会依照职权以立法形式予以呈现,气候资源占有权的实现途径亦是如此。我国现有资源立法模式可以概括为概括性立法与分散型立法相结合的模式,宪法作为根本法,在第9条对自然资源的权属及范围作了概况规定,其内容简要概况,在明确自然资源体系框架的同时也很好地兼顾了未来实践需要，为下位法的细化与发展提供充分空间。在法律层面，《物权法》作为民事基本法律，在第5章规定了国家所有权的内容，此外还有《森林法》《草原法》《土地管理法》《矿产资源法》《水法》《渔业法》《煤炭法》《野生动物保护法》等资源类和财产管理类特别法对不同自然资源的规制、管理内容进行规定。具体到气候资源，在国际上，与气候资源有关的专门规定与立法已引起各国的重视，有些国家已将其归入国家所有权的范畴。例如，1996年《乌克兰宪法》第13条规定："土地、矿藏、大气、水资源以及乌克兰境内的其他自然资源、乌克兰大陆架的自然资源和专属（海洋）经济区是乌克兰人民所有权的客体。国家权力机关和地方自治机关在本宪法规定的范围内代表乌克兰人民行使所有者权利[1]。"危地马拉等国家甚至还将其国家财产的范围扩展到领空和法律确定的同温层。《吉尔吉斯共和国宪法》《塔吉克斯坦宪法》也有类似规定[2]。我国气候资源的相关立法则相对滞后，《宪法》《物权法》还未明确规定气候资源，目前已有立法不论是《气象法》还是《可再生能源法》都不属于气候资源的专门立法，未来即使制定气候资源专门管理法的条件不成熟，也应当在基本法律如《物权法》中将气候资源及其权属予以明确，从而为气候资源所有权的行使提供明确的合法性前提。

3. 管理权能

气候资源国家所有权的管理权能旨在实现国家对气候资源应有的管理义务，在制度设计上，首先需要明确管理权行使的前提，基于气候资源国家所有权设定的前提是满足公共性和公益的需要，调和公益与私益的冲突，而不是将气候资源全面置于国家的控制，限制市场发展。因此，如制定关于气候资源的专门法，可以以列举式明确管理的前提，即应划定"公共利益"的范围。在管理权的实施中，应回归规制职能，体现坚持市场主导的大方向，完善政策机制，以此推动市场资源配置决定性作用的发挥，鼓励以竞争性方式优化资源配置，鼓励技术创新，加快成本降低，优化产业布局。通过完善行政规划、市场准入、价格规制、环境规制等领域内容，充实实体性管理与规制制度，通过完善授权程序、决策程序、监督程序、行政信息公开程序、行政参与程序充实程序性制度。

4. 开发利用权能

气候资源国家所有权的另一项权能为开发利用。此项权能与使用权能不同，其专门针对市场主体对气候资源的经营性使用或称商业性使用。这项权能的实现不是为了限制公民或企业开发利用气候资源，而是重在实现"有序开发、合理使用"的目的。我国《宪法》第9条第2款关于"国家保障自然资源的合理使用"的规定，其中"合理"二字既提示了自然资源在数量上的有限性，也提出了对有限的自然资源进行合理配置、节约使用、高效利用的全局性规划和基础性定位。在权能的实现过程中，公权力主体应通过准入规制以规范市场主体与市场行为，使其通过许可的方式有偿或无偿地利用气候资源。即使现阶段气候资源的经营性使用应被鼓励，原则上不应征收资源出让费，

---

① 王树义：《俄罗斯生态法》，武汉大学出版社，2001年，第146-147页。
② 邱秋、张晓京：《当代自然资源国家所有权制度发展的新趋势》，《湖北经济学院学报》2011年第5期。

这也是在气候资源国家所有权制度框架内基于现实内容的具体实施需要，而不应成为反对气候资源国有化的理由。同时，这一权能安排有助于将气候资源所有权的内容与《物权法》的内容相衔接，我国《物权法》将自然资源使用权规定在该法"用益物权"一编的"一般规定"中，该设计认可自然资源使用权属于用益物权性质。与探矿权、取水权类似，气候资源开发利用权应归于用益物权，这一安排既可解决气候资源开发利用实施主体的民事主体资格问题，也可以将气候资源国家所有权的公法属性与"用益物权"的私法性质相结合，以明确民法类的私法制度可以对于气候资源开发利用权行使过程中所形成的民事法律关系进行规范。在制度构建上，针对资源的开发利用，应设定资源开发的公开招标制度，费用收取的听证、核准制度，收益分配与使用制度等内容，从而明确其开发的目的与用途。

国家是气候资源所有权主体，其行使权力的目的更多的是在于管理、规制，而非经营，相反，一旦国家或者代表国家行使地方管理职能的地方政府参与具体执行，则极有可能使所有权异化为权力寻租的工具。通过对气候资源国家所有权权能的划分，既能明确不同实施主体及其权利（力）界限，也可以很好防范气候资源国家所有权的虚化和异化。

第二节 完善气候资源开发利用政府规制的行政规划制度

行政规划是行政主体为达到特定行政目标，在实施行政事业和其他行政活动前，事前制定规划蓝图，以期在未来一定期限内予以实现的行政活动。

我国立法实践尚未对行政规划作出统一、明确的法律界定，也未制定统一的单行法或关于行政规划的程序法，而是选择对不同类型的行政规划进行分别立法，如《城乡规划法》中对城乡规划的系统规定，《土地管理法》中对土地利用总体规划的规定等。有关气候资源和新能源的法律依据主要集中在《可再生能源法》中，该法第8、9条概况规定了编制可再生能源规划的原则、主体和程序要求。

一、功能定位

国务院2004年发布的《全面推进依法行政实施纲要》中明确提出要"充分发挥行政规划、行政指导、行政合同等方式的作用"。近年来，行政规划在经济发展、社会管理和法制建设中的作用日益明显，已是我国行政管理的重要手段。气候资源开发利用领域更是如此，行政规划在规制过程中的作用十分突出，适用非常广泛。在进行气候资源相关规划拟定与执行时，应首先注意把握和发挥行政规划的下述功能。

（一）计划功能

计划功能是区别于其他行政手段的重要特征，行政规划侧重于未来，作为规划制定的基础，其也会回顾研究过去和现状，但目标还是基于大量通过计算、对比、调研等方法获得的预测性事实，来预测未来情势发展和目标实现的可能性，从而减少未来的不可控和不确定，从而为规划内容实施主体和行政相对人的行为安排提供基本框架。

（二）协调功能

行政规划往往都涉及全局性、统筹性安排，即使是专门规划，也会涉及各方主体，故行政规划协调功能即表现为行政规划制定过程及内容应注重协调各行政机关、各种利益之间的关系。如在行政过程中缺少规划环节，缺失了规划所体现的协调功能，则具体行政管理和执法活动中，会出现分散管理、政出多门的情况，不仅导致行政效率低下，也影响行政行为实施效果。而行政规划的设定，可以在明确实施各方共同远景目标的前提下，整合现行政策和措施，确保步调一致，为行政机关运转和指导社会生活发挥了重要的作用。

（三）引导功能

引导功能是由行政规划的属性引申而来。行政规划不同于其他具体行政行为，其具有准立法属性[①]，可以规制、引导其他行政法律行为。有引导性不仅体现为引导具体行政行为的实施，在一定程度上，行政规划也起到了引导后续立法行为进行的功能。

（四）规范功能

行政规划作为对未来的远景规划与安排，虽一般不直接针对当事人，但可能会对行政相对人的活动产生潜在影响，而某些拘束性行政规划，由于具有单方强制性，则有可能直接影响相对人权益，这是规划主体权力行使的体现。

二、规划类型划分

（一）长期规划与短期规划

我国行政规划在实践中的实施是很充分的，从理论上说基本覆盖了政治、经济、社会、文化、生态建设各个领域。如将规划从时效性作区分，行政规划可分为长期规划（一般为5年以上），如我国每五年编制一次的《国民经济和社会发展五年规划》《可再生能源中长期发展规划》和短期规划（包括年度规划和2年期的短期规划）。

（二）综合规划与专门规划

这一分类是按照规划的作用范围进行划分的，综合规划是综合性全局性的规划，如前述的《国民经济和社会发展五年规划》，这类规划作用范围大，内容原则、宏观，具

---

① 行政规划虽具有准立法性，但其不是行政立法，其一般采用不确定行为模式，基于现实情况，针对具体事宜确定目标、具体实施手段和步骤，而行政立法则具有一般法律规范的逻辑结构，即条件假设－行为模式－法律后果。

有相当的权威性，是国家一段时期各领域的发展定位、工作重点的重要指导内容。后者如《能源发展十三五规划》《可再生能源发展"十三五"规划》《太阳能发展"十三五"规划》《风电发展"十三五"规划》《新疆维吾尔自治区光伏产业"十三五"发展规划》等，专门规划针对特定领域、特定区域，往往是基于综合规划内容和原则下的细化，也往往是部门、政府指导该领域发展以及审批、核准重大项目，安排政府投资和财政支出预算，制定特定领域相关政策的重要依据。

（三）指导性规划与拘束性规划

若将是否追求特定法律效果作为划分标准，行政规划可以划分为指导性规划和指令性规划。指导性规划不以产生特定法律效果为目的，不影响相对人权益，其反映着政府预期要达到的目标，按照宏观控制的要求为社会指引方向，以提供数据、预测等手段，引导相对人自愿做出行为安排，多属一些宏观政策性内容，如产业发展目标、经济预测建议等，气候资源利用中的大多数上位规划均属于此类。拘束性规划，又称指令性规划是以影响和限制相对人权益为目的，带有强制性，实践中，大量城乡建设中的规划如城市规划、旧城改造规划即属此列，这些规划由《城乡规划法》直接规制，该法对城乡规划的制定、实施、修改、监督检查职责和法律责任具有明确详细规定，直接影响相对人的行为安排，如违反该法规定，则会带来否定的法律后果。比如有关城市规划区建设工程的选址和布局就必须符合城市规划，否则无法获得有关部门的批准；未经批准即施工的，还将依法受到相应的处罚或其他处理。气候资源开利用中涉及到许可、审批、核准等行政事务的，也属于拘束性规划。对于拘束性规划，由于其对相对人会产生直接法律效果，具有强制性和拘束性，法律一般对其变更和废止程序进行了明确规定，对于非强制性的指导性和影响性规划纲要，其废止和变更的随意性较大。

三、规划的法律调整

（一）规划制定原则的确立

1. 依法规划原则

依法规划既是一项基本原则，又是其他原则与制度实现的前提和基础。在气候资源开发利用领域，关于新能源和可再生能源的行政规划相比其他能源形式起步最晚。直到2007年我国才颁布《可再生能源中长期发展规划》[①]。近十年来，虽然新能源产业蓬勃发展，各种规划制定频繁，但其法治化程度还有待提高。规划重在对未来的安排，带有预测性，在强化气候资源、新能源和可再生能源立法建设的前提下，行政规划首先应遵循有关法律法规，预防规划决策的短视行为，通过立法在实体上明确职权主体，行政主体行使行政规划权必须要有法律、法规明确授权。在程序上注重规划程序的合法性要求，提高民主参与度，避免随意性，力求规划制定与实施的制度化。

---

① 史际春：《新能源与可再生能源市场培育的经济法考量》，《甘肃社会科学》2010年第2期。

2. 科学规划原则

科学规划原则体现在理念和制度两个层面。在规划理念上，应体现气候资源的"有序开发"原则，以此为前提平衡各方关系，兼顾各方利益。规划的内容既要鼓励开发与建设，也要重视气候资源的合理利用。规划既要体现经济价值，也要重视人与自然的关系，突出气候资源开发利用中的生态价值，反映人与自然关系，重视可持续发展。在内容上尤其应注重各种关系的协调整合。对于行政系统内部，纵向上需要整合上位规划与下位规划的关系。上位规划（即综合规划、上级机关规划）的应明确具体目标，通过制度约束，构建完善监督机制，以切实约束下位规划的制定与实施，避免下位规划与上位规划的冲突，下位规划应对上位规划进行具体化、明确化，增加可操作性，专项规划尤其要在趋势判断、市场预测、政策措施等内容上保持与上位规划的一致性，如此，则部分地区弃风弃光严重的问题会在相应的地区规划、专项规划中得以避免；横向上，在同位规划之间，应构建良好的事前沟通与协商机制，避免各自为政、分而治之，涉及重大规划的制定，可由上级机关牵头，提前论证，充分交换意见，如此，则前文所述的风电场规划与电网建设规划脱节、与能源规划脱节的情况会有很大改善。对外部，虽然大部分气候资源相关行政规划对相对人没有直接约束力，不属于拘束性规划，但仍然对社会成员有影响，因此，需重视把握以人为本、规划为民的立法理念[①]，既要注重保护市场主体的合法权益，也要十分重视规划内容对社会全体成员的影响。

在规划体系上，可以采取"中长期战略 + 五年规划 + 年度规划实施方案"的规划体系，由长期规划明确发展战略和目标，短期规划侧重于具体目标的实现及宏观目标的机动性调整，同时在规划指导下加强项目建设引导，合理确定建设时序，使用补贴、价格手段倒逼项目单位承担一定的市场风险，避免"重开发轻消纳"的短视行为[②]。

为保证新能源资源和市场的合理布局，气候资源开发利用过程中的规划行为应当关注产业链的各节点的均衡发展，避免资金和资源的浪费，体现规划的"控制"作用。针对现实情况，规划应当主要关注新能源的研发和利用环节，将设备制造环节留给市场。如果新能源终端利用不畅，产能必然过甚，大规模的生产就只能产生大规模的浪费[③]。

3. 民主参与原则

行政规划民主参与原则应体现在规划的各阶段，具体表现为程序的公开原则和参与原则的落实。公开原则就是要求行政规划拟定、确定的程序公开，规划本身的公开，监督与救济的途径、方式与程序的公开等。参与原则建立在公开原则基础上，其形式包括正式的听证程序，也包括非正式程序中的多种参与形式，如座谈、论证、访谈、网上信息收集等。

[①] 参见姜明安：《尊重行政规划的法制属性》，《北京日报》2017 年 4 月 24 日，理论周刊版。
[②] 参见伍旭勇、杨光：《关于我国可再生能源发展的政策思考》，《可再生能源》2016 年第 9 期。
[③] 参见林伯强：《我们想看到什么样的新能源产业规划》，http://finance.sina.com.cn/roll/20100812/09398468585.shtml

（二）规划的实体法控制

所谓实体法规制是从行政机关制定行政规划的权力来源以及对行政规划内容等方面进行法律控制。

1. 明确权力来源

关于行政机关制定行政规划的权力来源，存在两种情形：一是有明确法律依据的。例如，《宪法》第89条规定了国务院"编制和执行国民经济和社会发展计划和国家预算"的职权。二是法律未予明确规定，行政机关主要根据其职权和管理需要而编制行政规划。这是现实中绝大多数行政规划制定权的情形，行政机关完全可以灵活运用各种手段和方式进行社会公共事务的管理，包括以行政规划的方式。虽然在权力来源上对规划进行规制不易，但立法和实践中有一些尝试，如《城乡规划法》第17条规定了城市总体规划、乡镇总体规划的强制性内容。这些立法和举措可在一定程度上压缩了行政规划的裁量空间，获得了一定效果。

气候资源的开发利用规划权的权力来源即授权也应当尽量明确具体。在不同层级主体的权限划分上，应遵循中共中央、国务院印发的《关于深化行政管理体制改革的意见》提出的要求："中央政府要加强经济社会事务的宏观管理，……把更多的精力转到制定战略规划、政策法规和标准规范上，维护国家法制统一、政令统一和市场统一""整合完善行业管理体制，注重发挥行业管理部门在制定和组织实施产业政策、行业规划、国家标准等方面的作用。"全国性的行政规划应突出指导性、宏观性和预测性，地方性行政规划和区域性行政规划则应具备执行性、具体性和可操作性等特点中央主管部门制定的行政规划重在宏观调控，通过规划中的产业政策、配套的财税、金融、土地、科技等支撑性政策手段的约束对下位规划实现引导和监督。地方省一级主管部门所制定的规划应在落实上位规划的前提下体现地方资源和管理工作重点，省级以下的规划，原则上只能落实上位规划，不应规定宏观调控内容①。

2. 落实规划的制定依据

我国行政规划方面的立法起步较晚，至今尚未制定专门的行政规划法。与气候资源开发利用相关的立法主要集中于能源领域，包括《可再生能源法》《电力法》。两部法律都对相应的发展规划有所规定，但过于原则，属框架性内容，并无实际制度性和规范性规定，作为行政规划的法律依据，其内容是薄弱的。如要改变这一问题，应加快立法进程，在我国没有统一《行政程序法》作为一般法的前提下，可以完善现有法律规范，具体可借鉴《城乡规划法》的模式，在规划部分制定带有规范性内容的规定，可以考虑制定《能源规划编制和实施管理办法》，明确可再生能源发展规划与其他能源类发展规划的协调关系。同时，有必要借鉴国外的理论研究成果，在立法对行政规划的实体规制方面提出总体要求，即要求规划符合法律正当性、遵守法定前置的程序、尊重先前规划

① 参见任京东：《能源规划的法律规制问题探析》，《中国能源》2012年第4期。

的法律效力、遵守法律的其它强制性规定、遵守有关利益权衡的法律规定[①]。

（三）规划的程序制度规范

1. 规划的一般程序

我国虽未制定《行政规划法》，也无法律明确规定行政规划的法定程序，但实践中，规划的一般程序内容包括：

(1) 规划的拟定。一般提出规划目标的主体是主管部门的职能机构或政策研究机构，也可能是规划的利益相关主体，如行业协会、社会组织或企业等，与规划目标一并提交的一般还包括与规划相关的数据分析、情势预测、背景材料等资料，并应明确规划编制的必要性、衔接单位、论证方式、进度安排和批准机关等。当规划向主管部门提交后主管部门将根据之前已提交的资料和事后的调研材料、意见征求材料进行规划的草拟，再提出规划草案。

在拟定规划草案时要特别注意规划的内容与其他规划特别是上位规划的衔接，以避免相互矛盾或冲突而带来后续执行的困难。如规划冲突难以避免，也应建立与其他机关之间的协商沟通机制，及时会商解决方案。

（2）规划的确定。规划的确定是主管部门对规划草案进行评估、论证后，依照法定权限和程序对规划进行认定而使其获得法律效力的过程。指导性规划一般都是由拟定机关经法定程序通过后，由部门首长签署而确定，一般不需再经上级机关或其他机关批准。如涉及到行政相对人的拘束性规划如规定了审批、许可、核准等行业管理内容的规划，则涉及将规划提交有权机关批准的问题，一般应在提交规划的同时需提交完整的材料和说明，包括编制过程说明、意见征求情况说明、专家论证的情况以及未采纳的重要意见和理由说明及其他应提交的相关材料。

（3）规划的实施。行政规划的实施往往就以转化为其他行政行为，严格意义上不属于行政规划的效力范畴。

（4）规划的变更、废止。行政规划制定后并非一定要变更，但实践中如具体情势发生重大变化，相应的行政规划作出及时调整是应有之意。由于变更往往会涉及利益结构的变动，所以应对变更和废止的启动条件作出明确规定，而且在规划的变更和废止的过程中，一定要重视保护相对人和利害关系人的合法权益。

2. 规划程序制度的改良

（1）重要阶段引入听证程序。行政听证是现代行政程序法的核心制度，是行政相对人和利害关系人参与行政程序的重要形式。在规划的程序中，重要阶段如规划的拟定、规划的变更，对规划的实施有重大影响，可以考虑引入听证程序，以提高规划编制的质量，保证相对人和利害关系人权益。此处可借鉴德国《联邦行政程序法》的内容，该法规定重要规划的拟定应提交听证，听证机关接到规划计划书后应公示，公示期内如有异议需记录在案，异议期间经过后，按照行政程序中听证程序的一般要求，提前公告听证的时间、

[①] 【德】汉斯·J·沃尔夫等：《行政法》，高家伟译，商务印书馆，2002年，第261页。

地点、事项及参与者，听证过程需引导各方主体充分讨论，裁决形成的听证结果应作为规划的重要依据[①]。

（2）设定带有强制性的公众参与程序。公众参与决定着规划的正当性和内容的科学性，行政规划本身是一项重大且复杂的行政行为。相对行政立法的参与的开放性，目前大多数行政规划都是在行政机关内部运作完成，缺少带有强制性的民主参与机制，通过公众参与可以更多地引入集团决策和社会参与的思想。公众参与前，应将草案的内容以适当的方式提前公开，这是公众有效参与的前提条件。公众参与的形式包括普通的民众参与制度和专家论证参与制度两种。

（3）规划变更应遵循信赖保护原则。行政规划一经通过生效，不得随意变动或废止。确需变更时，也应遵循信赖保护原则，注意"条件法定、程序同一、依法归责"的要求，根据行政规划的形式和内容，客观评估相对人和利害关系人的信赖状况，并给予不同的信赖保护方式，包括存续保护和补偿保护。视情况赋予相对人和利害关系人以规划存续请求权、规划执行请求权、过渡措施和补救措施请求权以及补偿请求权。

（4）实施效果的动态评估制度。规划编制部门应在规划实施过程中以定期、不定期相结合的方式开展对规划实施情况的评估。通过评估及时发现问题、分析原因、提出有针对性的对策建议。这项工作跟进需要，可采取自行评估和委托专业评估机构评估两种方式。评估后形成的评估报告应作为今后修订规划的重要依据，经评估认为必要，则规划可以调整甚至停止执行。

（5）监督制度的完善。行政规划的监督可以分为行政机关的内部监督、权力监督、司法监督和社会监督四种形式。内部监督制度主要依靠事前的审批制度、事中监督制度和事后的备案制度实现，在内部监督中要注意监督权的切实运用，不应使其流于形式；权力监督即来自权力机关的监督，目前对行政规划而言，这一监督形式几少进行，今后这一监督方式需加强；司法监督主要针对拘束性规划，如果涉及相对人和利害关系人的权益，就可以通过行政复议与行政诉讼审查其合法性，比如审查其是否与上位规划和相关法律规范的内容、原则、精神相一致，而针对内容多为宏观调控与产业政策的上位规划，行政复议与行政诉讼一般不宜审查也难以审查；社会监督包括来自公众和舆论的监督，这类监督方式今后应法制化、常态化。

第三节　市场准入规制与价格规制制度的法律调整

一、市场准入规制与价格规制的学理属性

经济性规制是指政府被授权的规制实施主体，通过各种行政行为方式对市场主体在

[①]　参见孙鞑：《行政计划程序立法比较研究》，《学术探索》2007年第5期。

市场的进入和退出、价格、产量等方面的决策进行规范控制。经济性规制大多适用于在自然垄断和信息不对称行业。经济性规制虽然包含了对一系列市场主体决策的限制，但规制控制的两个主要变量是市场中市场主体的数量和产品的价格，所以作为经济性规制两个最重要的规制工具就是市场准入规制和价格规制。

市场准入规制是指规制主体根据行业的特点，在产业中，基于法定授权和法定程序，依法授权允许一家或者极少数几家企业进入市场，或者以防止过度竞争的立场，基于产业供求关系的动态平衡状况，严格控制新企业的加入，抑或是在存在信息不对称性的竞争性行业，对企业的进入进行严格的限制①。准入规制的目的在于控制市场中企业的数量、经营范围和企业规模。包括投资准入、技术与设备准入、执业资格准入等，通过上述形式行使合理的自然垄断结构，保障公共供给和供求平衡。所采用的规制行为方式包括行政许可、行政检查、行政处罚、行政强制等。准入规制的存在是为了对潜在竞争者的进入进行规范和制约，通过限制新企业的进入，保证既存企业的垄断地位，以实现规模经济，避免恶性竞争而造成资源浪费。准入规制并不等于不容许新企业进入，而是根据变化设置合理条件允许新企业适度进入，发挥竞争机制的积极作用。

而价格规制，是政府从资源有效配置的目的出发，对价格水平规制和价格结构规制，即规制主体为企业产品指定一个特定的价格或要求企业在一定范围内定价、或为企业设定一个价格结构体系。这一形式在市场活动采用极为频繁，甚至可以说，只要市场机制的作用得不到充分发挥，价格规制就必然会起作用。价格规制设置的依据主要在于市场的活动的外部性、垄断、信息不对称等。需要说明的，价格规制不是计划经济体制下的政府定价，也不是用价格规制手段来完全代替市场作用，而是由规制主体以行政行为的作用方式作用于市场价格和价格结构，从而调节市场行为，进而弥补市场作用的不充分。价格规制的方式不仅包括对企业价格行为的直接或间接规制，也可能包含对于土地使用权转让费、汇率、利率等市场相关要素价格的规制，其最终目的是通过规制行为使得产品价格充分反映产品或资源的价值，真实反映市场供求，从而在保护消费者权益的同时，还能够有效激励企业的市场行为②。

气候资源的开发利用主要是新能源的开发利用，即风电和光电，作为新能源产业，其所在的能源行业是典型的自然垄断行业，能源产品非常特殊，一方面能源为人们生活所必需，另一方面能源又为其他行业创制很高的经济效益。因而能源商品的价值不仅反映了其为能源产品的价格，还产生了远高于其价格和企业自身经济利益的社会效益。这样的特殊性，造就了能源行业作为国民经济的基础性、公用性行业的地位。

能源作为自然垄断行业的生产一般需要很大的投资，沉淀成本③大，投资回收期长，如果不对这类行业进行规制的话，就有可能出现垄断，阻碍对这类产品的使用，使社会

① 参见谢地主编：《政府规制经济学》，高等教育出版社，2003年，第43页。
② 参见徐德信等编著：《公共经济学》，中国科技大学出版社，2011年，第157页。
③ 沉淀成本又称沉没成本，主要是指不可重新使用的、市场特殊化的成本。只有在承担了这种成本之后进入者才能变客为主，成为真正市场主体。见曲振涛、杨恺钧：《规制经济学》，复旦大学出版社，2006年，第92页。

资源不能发挥最大的利用效果，损失资源利用效率。同时，在我国由于这类产业往往由各地城市政府决定投资，可能形成巨额的重复投资造成资源的浪费。因此为了避免重复投资和确保技术的统一性，确保这些行业的规模经济效益、范围经济效益和网络经济效益，提高这类企业资本的投资和资本利用率的提高，必须对这一行业的企业进行经济性规制。另外，由规模经济形成的自然垄断所带来的垄断性定价，会直接给消费者及利用者的利益、给资源的合理分配或合理配置带来损害，由于政府规制具有再分配的效果，会通过影响生产者与消费者的收入分配来影响资源的配置效率，所以，政府要对这些领域进行经济性规制，以确保资源的合理利用及利用者的公平。

二、经济性规制调整的考量因素

（一）公共利益衡量是影响经济性规制的价值要素

依前所述，经济性规制作为政府规制的重要工具，其指向是为了克服市场失灵，从法律角度来看，经济性规制手段的使用直接涉及对企业经营自主权的限制，它限制了企业对其经营领域、对其产品的价格制定行为的选择权。在现代法治国家，经营自主权或称经营自由与财产自由、契约自由被并称为支撑市场经济的三大自由[1]，它是经济自由的一种，是宪法所保护的重要基本权利，对于经营自由的限制只有在宪法的价值框架下，基于公共利益的目的方具有正当性，因而，在不存在公共利益受到影响的前提下，规制主体是不应当仅仅以调整经济秩序、或以维护其他利益的名义限制市场主体应该享有的经营自由权。

何谓"公共利益"？立法上很难做出精准界定，"如果想要列出一张表，能够全面列举作为规制正当化理由的公益目标，可以断定，任何这样的尝试都注定是徒劳的，因为'公共利益'的内涵将随着时间、地点及特定社会所追求的具体价值而改变。"[2]时代不同、国家体制与制度不同、规制领域不同，"公共利益"所指的内容都会不同。但是"公共利益"却并非虚无缥缈，它实实在在地影响到规制权的运用、规制行为的实施。在美国，是否基于"公共利益"的目的是法院判断规制行为正当性的首要标准。较早期就在一些判例中出现了对"公共利益"的列举式界定，如1923年Chas. Wolff Packing Co. v. Court of Industrial Relations of The State of Kansas 等案[3]。在理论上，不同国家、不同时期的许多学者也曾尝试对"公共利益"作出界定，无论是抽象概况式还是具体列举式，都尝试通过定义降低"公共利益"的不确定性，可见"公共利益"的概念虽不易具化，但理论和实践均认可"公共利益"作为规制前提的正当性。从规制理论来看，作为经济性规制理由的"公共利益"，应体现以下几个方面的特征：

① 参见江平：《法学视野中的市场经济和宏观调控》，《法制日报》2004年12月2日。
② 【英】安东尼·奥格斯：《规制：法律形式与经济学理论》，骆梅英译，苏苗罕校，中国人民大学出版社，2008年，第29页。
③ Chas.Wolff,Packing Company v.Court of Industrial Relations of The State of Kansas,262U.S.522,535(1923),自Westlaw数据库。

1. 发挥自然垄断的优势。自然垄断行业具有规模经济的优势，由一家企业或少数几家企业来提供所需成本最小，简单来说，就是市场企业越少，企业规模越大，边际成本越趋近于零，而且还不会出现重复建设的情况。风电和光电作属于电力行业中的发电业务，与电力行业中的输电和配电业务相比，其自然垄断性较弱。输电和配电业务属强自然垄断，即其规模经济和网络效益极强，只有垄断才可以优化配置，减少资源浪费，降低用电成本。发电业务属弱自然垄断，其仅具有较强的规模经济或较弱的网络经济效益，是可以在市场中适度地引入竞争的一种垄断状态，适当地引入竞争反而有助于平均成本的降低，新能源行业就具有上述特征，它不是完全由某家企业一家垄断，也鼓励竞争，但是由于其经济属性和市场的特殊性对企业进入必须有所要求，正因如此，对新能源市场进行准入规制和价格规制，才能保证消费者可以充分享受到规制带来的收益。

2. 对带有社会公益要素的考量。新能源产业关系国计民生，市场主体是否具备从事能源服务的资格和能力关系到社会公共利益的实现。通过经济性规制，可以避免不符合行业资质要求的企业进入新能源产品市场。对于竞争环节而言，规制主体不仅需要审查其资质水准是否达到相应规模、具备生产能力，还需考察诸如发电企业是否符合环保要求等，这之后才可以允许其进入市场。

从上述角度分析，经济性规制对公益因素的考虑，不仅没有限制经营自由反而是保障了合法适格的企业营业权的实现。世界上并没有绝对的权利，经营自由也是如此，它并非绝对不可限制之权利，只要符合法律规定，符合"公共利益"的正当性要求，经济性的规制就是必要且可行的。

（二）市场客观需求是影响经济性规制的事实要素

从现实层面讲，规制手段如何组合、规制强度如何把握，归根到底取决于实践中市场的现状和客观需要。经济性规制的功能体现为维护市场公平竞争、克服市场先天弊端，市场才是资源配置的根本手段，因此，对于经济性规制手段的运用，既不能完全缺失，也并非越多越好，应保持足够的克制与理性。具体来说，对于可再生能源市场经济性规制手段的运用，需要根据我国能源和新能源发展战略的要求，党的十八届三五中全会提出要坚持创新、协调、绿色、开放共享五大发展理念，《国民经济和社会发展"十三五"规划》提出我国要"建设现代能源体系，继续推进风电、光伏发电发展，积极支持光热发电"，《可再生能源"十三五"规划》要求"顺应全球能源转型大趋势，充分激发市场活力和创造力的重要保障，持市场主导，完善政策机制。充分发挥市场配置资源的决定性作用，鼓励以竞争性方式配置资源，加快成本降低"，上述要求提示了未来新能源市场发展的方向，规制手段的运用也应顺势而为、顺势而变，根据国务院"简政放权、放管结合、职能转变、优化服务"的有关要求，建立科学适度的经济性规制体制。

具体制度设计上，可以通过比例原则的运用来衡量规制手段与规制目的之间的匹配程度，以此评价和规范行政规制权，体现行政合理性。例如可运用比例原则评价新能源市场准入规制制度，要求准入规制手段如许可制度的设置应当有益于规制目的的实现，面对多种可能实现行政目的的措施可供选择时，应当选择对行政相对人影响较小或是最"温和"手段实现规制目的，在规制目的与规制手段上保持衡量比较，不至于为实现规制目的而造成相对人权益的损害。又如：针对当前风电、光电行业存在的"重建设、轻利用"的现状，就应当积极转变规制思路，不仅对市场中企业数量的多少进行要求，还可以创新准入规制方式，针对风电、光伏发电设备利用率的监测预警来对企业进行动态规制，从而促进相关产业健康有序发展。通过限制不具备资质的企业进入已经出现饱和的设备制造领域，增加对于风电产品和光伏发电产品的市场进入，达到宏观调控的目的。针对目前价格体制中新能源企业过度依赖补贴的现状，也应转变现有价格规制形式，探索实施可再生能源电力绿色证书制度等方式，完善价格规制机制。

三、重构气候资源开发利用市场准入规制制度

（一）制定市场准入专门法

"依法规制"是市场准入规制的基本要求，通过气候资源开发利用市场准入的专门法律的制定，可以明确规制依据。目前我国新能源和可再生能源政府规制的法律基础十分薄弱，相关法律规范数量少、分布散，市场准入方面的立法更是如此。在以往经济转型及高速发展的情况下，新能源产业的市场准入依据大多依靠国务院、国家发改委等主体制定的《政府核准的投资项目目录》《可再生能源发电有关规定》《国务院关于投资体制改革的规定》等规范性文件，相关内容分散，变化频繁，在改革初期这一做法有客观现实性，但在目前经济体制改革已进入新阶段、提出新要求的前提下，以往"先改革后立法"的做法应当做出改变，市场准入规制是新能源产业规制极重要的内容，因此，加快市场准入的立法进度，提高立法层级，通过统一立法形式，建立健全一套科学、完备的气候资源开发利用法律体系，是重构气候资源开发利用市场准入规制制度的前提和基础。

具体说来，气候资源开发利用市场准入规制的专门立法应当涵盖以下内容：

1. 准入的目的与原则

市场准入立法的目的应包括：第一，实现对新能源市场的宏观调控，发挥市场资源配置的基础性作用。通过市场准入机制，依法规范新能源相关市场秩序，发挥市场在资源配置的基础性作用。第二，建立科学高效的气候资源开发利用管理体系。通过设定规范科学的准入条件，可以动态掌握新能源市场的规模、结构与行业发展动态，为建立科学、高效的气候资源开发利用规制体系提供有力支持。

市场准入立法应当把握以下基本原则：第一，公平原则。气候资源开发利用市场准入立法的根本任务是保障企业进入市场的之初应具有公平竞争的地位，不应当依所有制形式等条件的不同而不同对待。在《行政许可法》这一关于准入的一般法所规定的原则和精神的前提下，科学设置市场准入条件、程序，准入的条件不应当仅限于经济要素的考虑，如对企业的投资规模的要求，还应当考虑设置企业设备与技术的基本标准要求、

重视项目建设和生产过程的环境影响评估，总之，准入条件和程序的设置都应当既有助于企业进入市场后的平等地位，在公平条件的筛选下，限制不适格企业进入市场，也能有助于真正解决外部成本内部化的问题。第二，效率原则。为了最大限度地利用资源，维护环境，避免浪费，引导产业的健康发展，必须对新能源领域的市场准入进行规制干预，效率原则要求市场准入立法应当顺应当前市场形势，符合政府职能要求，既满足当前建设服务性政府的目标，又能够体现对社会整体效率的实现，引导创新，促进技术进步，预防垄断和地方保护主义。第三，安全与责任原则。气候资源开发利用市场准入立法不仅应当注重公平效率，更应注重对于风险的防范，无论是市场主体还是规制的主体，安全都是必须重视的一项内容。关于安全的内容所涉的范围比较广泛，包括生产安全、电网安全、环境和生态安全等。通过立法所形成的新能源市场准入制度，应设置条件限制不符合安全资质要求的市场主体进入市场，以保障生产过程的安全和并网安全，确保获得高标准高品质的产品，对于不当的准入行为与经营行为，相关人员都应承担相应的责任，以防范权力滥用，保障市场安全。

2. 内容安排

作为市场准入的统一立法，其法律位阶应该较高，考虑能源市场的统一性，可以以行政法规的形式制定专门的能源市场准入法，再将新能源和可再生能源单设为其中一个部分。作为上位规范应注重其安定性和权威性，因此准入立法制定后不宜频繁修改，在内容的设计上应当疏密得当，不宜提出过细的具体要求，但内容的设计应科学和富有前瞻性，尽量考虑全面，重视协调与其他领域立法（如《公司法》《价格法》等法律）的关系。在内容安排上，应涉及的具体内容应包括设定与实施两个部分，具体为市场准入范围、形式、准入条件、审批（备案）主体、生产运营中的动态监管制度形式、设备产品需要的质量标准授权方式、准入的变更与延续、准入过程的行政检查、法律责任等内容的法定性规定。

3. 程序设计

在准入的统一立法上应尤其注重程序性的规定，应根据不同的准入形式，明确各种准入形式的实施方法、顺序、步骤及办理时限等内容。建立准入的听证制度和信息公开制度，保证相对人和利害关系人的程序权利，向相对人和利害关系人及时发布与准入相关的信息，并能保证相关主体能以便利的方式取得信息。

在进行市场准入统一立法的同时，还要同时做好相关规范的清理和编纂工作，结合市场准入负面清单的制定，设计一套符合市场需求和规制需要的制度内容。

（二）整合已有市场准入许可制度

应当通过整合现有市场准入许可制度，提高规制效率。《行政许可法》第12条规定了关于"有限自然资源开发利用、公共资源配置以及直接关系公共利益的特定行业的市场准入等，需要赋予特定权利的事项"可以设定行政许可。根据立法原意，进入新能源市场开展经营活动不仅应取得建设许可，还应该取得业务经营许可，取得经营资格许可方才意味着企业拥有从事新能源生产经营的行为能力。根据现有制度规定，需要进行许可的就应当完善许可制度，明确许可的标准与要求，不能以建设许可代替业务许可，这一要求已在国家能源局 2016 年发布的《关于加强发电企业许可监督管理有关事项的通知》中有所反映，该通知明确规定：除国家能源局明确豁免的情况外，发电机组必须取得电力业务许可方可并网发电，新建发电机组在完成启动试运行时间点后三个月内，必须取得电力业务许可证（发电类），逾期未取得电力业务许可证（发电类）的，不得发电上网。可以看出通过严格准入许可的取得与实施，能够很好地提高规制效率，也可以有效地解决气候资源开发中"重建设、轻利用"的问题。

在许可制度中，还需要解决"多头审批"的问题。针对现有风电、光电市场准入中审批主体众多、前置性许可过多的情况，应当进行及时清理，结合能源管理体制的调整，科学设置许可设定权，撤销不必要的前置性许可，对可以合并的许可形式按政府职能设置中权力属性进行许可权的归并。

对于不需要取得行政许可的项目，也应当对备案所需要的信息和资料进行制度化规定，在气候资源开发利用中，对于未使用政府投资建设资金的光伏发电项目实行备案制，目前我国针对备案制仅有国家发改委发布的《关于实行企业投资项目备案制指导意见的通知》（发改投资〔2004〕2656 号）对备案有所规定，制度依据过少，针对光伏发电项目的备案，应在制度上对其提供信息的真实性和准确性提出要求，以真正实现事后监督的功能。

（三）构造气候资源市场退出机制

构造气候资源市场退出机制，目的在于体现制度公平，增加行业活力。与承担供电业务的供电企业不同，新能源与可再生能源企业如退出市场不会违背电力普遍服务义务，其目前在能源结构中所占比例也不大，退出也不易对能源供应和能源安全产生重大影响，因而其市场退出规制机制应相对宽松，但也应有所限制。

主要内容体现在立法上应设置停业歇业的审批（核准）制度。根据 2007 年《能源法》（征求意见稿）的规定，在规定的能源领域内，从事能源开发利用活动的企业实施重组或者资产并购的，应当报国务院能源主管部门审核。此处的审批应进行实质性审查，需要主管部门企业经营状况、企业退出原因和责任认定等情况进行全面审查，尤其要妥善解决企业法定配额制等义务，以确保新能源与可再生能源的战略意图、充分供给及其有效竞争态势[①]。

四、完善气候资源开发利用价格规制制度

价格规制也是规制主体最为常用的规制工具，是包括新能源和可再生能源在内的能源规制制度的核心内容，甚至可以说"只要有政府的地方，就有价格控制"[②]。它直接

---

① 参见史际春、李昌庚：《新能源与可再生能源企业市场退出机制》，《东方法学》2009 年第 3 期。
② 【英】安东尼·奥格斯：《规制：法律形式与经济学理论》，骆梅英译，苏苗罕校，中国人民大学出版社，2008 年，第 300 页。

影响规制目标的实现。在市场中，价格应能够反映供需关系和资源配置需求，从性质上分析，新能源市场属于不完全竞争市场，通过依法实施价格规制，可以使规制权力直接影响新能源企业的产品定价行为，从而实现规制目的。

（一）以明确标准推动政策向法律的转化

价格规制对市场影响极大，许多发达国家如美国、英国、德国、日本等国，由于对自然垄断产业规制实践时间长、经验丰富，形成了包括价格规制在内的制度体系，也制订了系统的相关法律规范依据，因此对能源行业领域的价格规制都是依托于规范的实施来进行，相关规范也具有很高的权威性和实用性。

在新能源领域，我国有关于价格规制的法律包括有《可再生能源法》《电力法》《节约能源法》和《价格法》，但这几部法律均是框架法，在规格规制上，我国习惯以政策性规范的形式引导可再生能源价格水平和价格结构调整（见表4-1），这一形式虽然效率高、市场反应速度快，短期来看规制效果明显。但单一政策往往只限于解决单一问题，由于欠缺上位法的统一原则和标准要求，相互之前往往缺乏协调，且政策变动频繁，影响市场主体对制度的合理预判，长久来看，并非一种适当的方式选择。

表4-1 国家层面涉及风电、光电及可再生能源电价的规范汇总

规范名称	通过时间	制定机关	法源
《中华人民共和国可再生能源法》	2006年实施，2009修订	全国人民代表大会	法律
《中华人民共和国水法》	1988年通过，2002、2009、2016年三次修订	全国人民代表大会	法律
《中华人民共和国电力法》	1996年实施，2015年修订	全国人民代表大会	法律
《中华人民共和国节约能源法》	1997年通过，2007年、2016年两次修订	全国人民代表大会	法律
《电网企业全额收购可再生能源电量监管办法》	2007年	国家电力监管委员会	部门规章
《关于进一步支持可再生能源发展有关问题的通知》	1999年	国家计委、科技部	部门规范性文件
《关于进一步促进风力发电发展的若干意见》	1999年	国家经贸委	部门规范性文件
《上网电价管理暂行办法》	2005年	国家发改委	部门规范性文件
《可再生能源产业发展指导目录》	2005年	国家发改委	部门规范性文件
《可再生能源发电价格和费用分摊管理试行办法》	2006年	国家发改委	部门规范性文件

续 表

规范名称	通过时间	制定机关	法源
《可再生能源发电有关管理规定》	2006 年	国家发改委	部门规范性文件
《促进风电产业发展实施意见》	2006 年	国家发改委	部门规范性文件
《可再生能源电价附加收入调配暂行办法》	2007 年	国家发改委	部门规范性文件
《关于完善风力发电上网电价政策的通知》	2009 年	国家发改委	部门规范性文件
《关于完善太阳能光伏发电上网电价政策的通知》	2011 年	国家发改委	部门规范性文件
《可再生能源发展基金征收使用管理暂行办法》	2011 年	财政部、国家发改委、能源局	部门规范性文件
《可再生能源电价附加补助资金管理暂行办法》	2012 年	财政部、国家发改委、能源局	部门规范性文件
《可再生能源电价附加有关会计处理规定》	2013 年	财政部	部门规范性文件
《促进光伏产业健康发展的若干意见》	2013 年	国务院	国务院规范性文件
《关于分布式光伏发电试行按照电量补贴政策等有关问题的通知》	2013 年	财政部	部门规范性文件
《关于调整可再生能源电价附加标准与环保电价有关事项的通知》	2013 年	国家发改委	部门规范性文件
《关于发挥价格杠杆作用促进光伏产业健康发展的通知》	2013 年	国家发改委	部门规范性文件
《关于对分布式光伏发电自发电量免征政府性基金问题的通知》	2014 年	国家发改委	部门规范性文件
《可再生能源发展专项资金管理暂行办法》	2015 年	财政部	部门规范性文件
《关于提高可再生能源发展基金征收标准的通知》	2016 年	国家发改委、财政部	部门规范性文件
《关于调整光伏飞弹陆上风电标杆电价的通知》	2016 年	国家发改委	部门规范性文件
《可再生能源电价附加资金补助目录（第 1 批 – 第 6 批）》	2012-2016 年	国家发改委	部门规范性文件
《关于试行可再生能源绿色电力证书核发及自愿认购交易制度的通知》	2017 年	国家发改委、财政部、能源局	部门规范性文件

鉴于此，应当根据规范能源产业价格行为的需要，以相关价格法律为核心，制定《能源产业价格监管办法》的行政法规，将新能源和可再生能源的价格规制内容单列一个部分。该规范应当对价格规制的范围、价格规制的原则、程序、管理权限的划分明确作出规定。同时，为提高价格规制效率，监督规制者公正执法，规范能源企业经营，必须针对新能源行业的经济技术特征，明确规定能源价格规制机构的设置和职责权限划分，价格规制目标以及对价格规制机构进行监督的方法和要求；明确价格制定原则和标准；明确消费者参与价格监督的方法和权利①。

（二）确定能源价格规制原则

确定能源价格规制的原则的统一规范，至少应体现以下两项原则：（1）公平原则。这一原则在《电力法》中有所体现，该法第30条规定："制定电价，应当合理补偿成本，合理确定收益，依法计入税金，坚持公平负担，促进电力建设。"通过能源价格规制所确立的能源产品和服务的价格都应当公平，公平性应体现为对能源产品的定价应当是兼顾各方利益的合理价格，比如具体来说，应当如何设置合理机制，正确反映上网电价和招标电价之间的差价问题。对企业来说，受规制的价格应当保证补偿企业投资成本并获得合理利润，风电、光电的上网电价无论采取何种价格规制方式，都应当反映企业和行业实际成本支出，保证企业的正常利润获得，其他方式发电的上网电价亦是如此，价格中应当包含所有成本，包括社会和环境、生态成本。对消费者来说，市场电价可行的最低价格的要求在价格规制中应当考虑消费者的承受能力。（2）公开、公正原则。我国风电、光电标杆电价的制定、相关补贴制度标准等内容，缺乏必要的信息公开，利益相关人和民众对于电力产品的成本的构成、核算、市场电价的制定依据均无从知晓，其内容只是在决策后作为结果进行公布，仍然延续了计划经济时代单向管理的特征，所以，在程序制度上，首先需要保证相应主体的知情权的实现。公众原则集中表现为公众参与制度尤其是听证制度的建立。能源产品的价格直接关系民生，赋予公众在价格决策过程中的话语权是正当程序的要求，它集中体现为价格听证制度。价格听证的目的旨在于"沟通政府主管部门与经营企业、消费者之间的联系，从根本上落实广大消费者合法权益，以利于促使公益企业的价格决策形成多方面的制约格局，确保政府定价行为的民主性、公开性和科学性，从而使政府的监管职能真正走向法制化轨道"②，具体制度应当根据《政府制定价格听证办法》加以设计。

（三）明确能源价格规制主体及权限

规制主体价格规制权的宪法和法律依据表现在宪法15条、价格法第4条、19条中。伴随规制目标的变化，规制主体的职能也会相应调整，特别是与市场变化密切相关的价

---

① 参见王俊豪：《我国自然垄断经营产品管制价格形成机制改革的构想》，《价格理论与实践》2002年第9期。
② 吴伟达：《中国公用企业价格垄断行为的规制》，《人文杂志》2005年第3期。

格规制职能，更加需要根据社会的发展而做出及时反应。如前所述，目前我国新能源价格规制体制中，规制主体设置与权限均较混乱，因此，如要对能源价格规制制度进行统一立法，其中最为重要的一项内容就是需要设计科学清晰的主体与权限制度。具体来说，究竟是建立独立价格规制机构还是延续目前混合式的规制主体模式，究竟是将价格规制权限集中中央还是地方进行适当的分权设置，都是价格规制立法需要明确的问题，构建这一体制的基本前提应当是能够适应国家当前及未来的能源发展和资源配置情况，能够有效促进规制权的依法实施，并能反映政府规制职能演进的趋势。价格规制从来不是孤立与社会现实和价值衡量而存在的一类技术性制度，它的内容不能仅从成本－收益的角度进行分析，还应当体现时代背景下的利益衡量标准。

（四）关键制度的落实与协调

《可再生能源法》涉及价格规制的制度包括全额保障性收购制度、强制上网制度、分类电价制度、费用分摊制度、专项价格补贴制度，与此相关的政策性规范依据分别是《可再生能源电价附加补助资金管理暂行办法》《可再生能源发展专项资金管理暂行办法》《可再生能源发电价格和费用分摊管理试行办法》《可再生能源发电全额保障性收购管理办法》，各规范由于制成时间不一，又都各自反映的是价格规制单一制度的内容，关联性不强，如在制定统一立法时，可对上述五项制度进行统一规划协调，实现价格规制的整体效果。

（五）统一立法的适当超前性

在制度制定时，还应充分考虑当前政策与市场的变化，如我国 2017 年开始实施的绿色电力证书核发及自愿认购交易制度就是在全额保障性收购制度基础上的一次重大调整，虽然绿色证书目前只是自愿认购，市场反应可能还不会太强烈，但从长久看，可再生能源以配额制实现总量目标的控制预计是下一步制度调整的方向，在配额制下绿色电力证书认购可能就会转变为强制性要求，故而这一制度就其重要性来讲自不待言，同时这项制度还是在我国目前财政资金直接补贴强度过大，财政负担过重的情况下的一次制度创新，其内容既关系到全额保障性收购制度的落实，又与专项价格补贴制度有关，如还是像目前仍通过政策性规定加以落实，不能很好反映该项制度与全额保障性收购制度和专项价格补贴制度两项基本制度之间的内在联系。又如针对目前可再生能源的补贴方式来说，现有补贴方式从补贴装机、补贴发电端，所以每当标杆电价发生较大调整时，往往会引发建设热潮，在今后我国会逐步将补贴转变为补贴发电量、补贴用户端，如能在能源价格规制的统一法律规范中进行前瞻性的制度设计，将会极大促进实践中市场的健康发展，从而提高资源配置效率。

第四节 建立气候资源开发利用的环境约束制度

一、建立环境约束制度的必要性

一般认为，气候资源的开发利用，可以圆满实现保障能源供给和改善环境资源的双重目标。诚然，一般情况下，相较于传统能源，新能源确实顺应了保护生态环境、应对气候变化和协调可持续发展的时代潮流。但是，如果深入了解气候资源开发利用过程及产业技术及流程，气候资源在开发利用过程中仍会对环境造成影响，具体来说，其规制必要性源于：

（一）可持续发展的需要

气候资源的开发利用对环境生态并非完全无害，鼓励气候资源的开发利用的前提是应当全面认识到其影响，气候资源开发利用是获得物质利益的手段，环境保护是人类社会持续发展的条件，体现了公共利益，在生产经营活动中市场主体不会主动自觉地将二者结合并协调起来，这就需要国家作为公共利益代表进行新能源环境规制，以行政行为和激励性机制促使市场主体在气候开发利用中注重环境保护。

（二）负外部性问题解决的要求

当市场主体的市场行为所产生的负外部性足够大，以致超出其所创造的社会总福利，规制主体就需要通过规制的实施来限制或制止该行为的发生。如从行政上指示生产者提供最优的产量组合，规范生产地点的选择，发放"排污许可证"等方式，促使外部性"内部化"以期真正体现其对传统能源的替代性，还"清洁"能源于其本来面目。

二、环境约束制度的内容

环境规制是指规制主体为应对企业污染环境行为的负外部性，通过制定相应的政策与措施，对企业的经济活动进行规范和调节。建立气候资源开发利用环境规制制度包括以下内容：

（一）立法完善

建立环境约束制度，首先需要转变观念，完善立法，构建基本的环境规制法律制度。客观来说，观念的转变并不属于制度构建的内容，但却是制度建构的前提。只有在观念上明确并重视气候资源开发利用中的环境问题，并认识到需要依靠制度解决这些问题，才能够理顺思路，理性看待新能源的作用，从更宏观的层面上讲，气候资源开发利用的环境规制，是气候资源社会属性在制度上的表现，体现了气候资源不仅具有潜在的经济价值，还蕴含丰富的生态价值和环境价值的多元价值观。落实到制度上，这一观念的转变应在新能源开发利用相关立法的原则层面得到落实，即气候资源的开发利用活动，除法律有特别规定者外，必须遵守有关生态环境保护的各项法律、法规。通过这样的规定，一方面可以明确宣示气候资源的开发利用同样会对环境资源造成危害的客观事实；另一方面，提示规制主体，在运用规制权、实施规制行为时应当了解并重视气候资源开发利用与生态环境保护之间的复杂关系。

具体到立法上，目前能源法体系中的《电力法》《可再生能源法》和《节约能源法》等分散的专门性能源法律中对于环境保护虽也有规定，但过于原则，对下位法指导性不强。因此作为可再生能源管理规制的基本法，《可再生能源法》应当明确将保护环境，维护生态，有序开发气候资源作为基本原则。对市场主体来讲，保护环境是伴随气候资源开发利用而需承担的根本义务，有关环境资源保护的若干基本制度，如环境影响评价制度、排污费征收制度、排污许可制度、排污权交易制度、减排激励制度、环境污染治理、生态环境恢复和生态补偿制度、环境损害责任追究制度等，在新能源的开发利用领域，同样应当得到执行。只有基于某一特定的正当理由，才可以特别法的形式作出例外规定，从而使新能源开发利用活动享受某一方面的环境资源保护义务的豁免[1]。对于规制主体来说，在有序开发和维护生态环境原则下的环境规制，不仅限于以往所关注的投入性损害或污染型损害，即对环境污染的规范治理，还应当关注取出性损害或开发性损害，即规制气候资源开发利用过程中对环境、生态的破坏行为，促进气候资源的有序开发，合理利用。

在《可再生能源法》之下，还应当深入分析风能、太阳能开发利用过程中哪些环节可能引发环境危害，并对此以专项立法的形式作出针对性的规定，如涉及气候资源开发利用的环境影响评价制度，设备生产与技术应用标准规范制定，能源建设项目"三同时"制度，针对设备生产和设备运行期间的水污染、噪声污染、电磁辐射影响、光污染等造成的环境污染和次生环境灾害处理的评估、处置与监督制度，"谁污染、谁治理"原则下的责任确定及追究制度的落实，相关环境保护税费的征收机制，新能源领域环境纠纷的非司法性裁决等。

除专门立法外，还应逐步建立、完善专门立法与环境保护相关立法的协调机制，一方面，气候资源开发利用的立法过程应当引入环境保护与环境法学研究与实践领域的专家和公众充分参与，沟通论证，体现专门立法相关规定的正当性、科学性和专业性；另一方面，在法律实施中，要注意协调新能源和可再生能源开发利用的相关立法体系与环境资源保护相关法律体系之间的衔接配套问题。

---

[1] 参见杨解君、蔺耀昌：《新能源及可再生能源开发利用与环境资源保护的关系及其立法协调》，《行政法学研究》2008 年第 1 期。

（二）工作机制构建

可以通过建立环境约束工作机制，明确权力机构职权与责任。在决策层面，有关气候资源开发利用的上位规划中应明确生态环境保护的原则，下位规划应落实为具体制度，明确责任主体。在执法层面，需要针对上文所述的环境保护基本制度的实施，划分能源管理部门与环境保护管理部门的执法权限，明确各自职能，避免执法冲突。在责任落实层面，需要遵循权责一致原则，明确责任主体，合理划分责任归属。在工作机制的落实当中，还需要注重程序制度建设，各个环节、各项制度都应当遵照法律的授权和法定程序。

第五章 气候资源开发利用
政府规制法定体制的重构

规制是一个具有系统性特质的概念，在特定的法学尤其是行政法学的研究语境下，规制一般是指特定系统内的有关权力的划分、机构的设置、权力的运行及程序等各种关系和制度的总和。气候资源开发利用政府规制体制相应地表现为能源政府规制体制的内容，包括能源规制机构的设置、职能配置和职权划分、能源规制的组织法规范等内容。

第一节 完善立法，理顺政府规制体制

规制体制的完善，立法保障是前提，完善的法律制度为体制建设提供有力的立法支撑，也可以为规范能源市场、保护生态环境、维护能源安全提供有力的法律维护。根据前半部分对我国目前气候资源开发利用政府规制立法情况的整理，发现目前立法层面的问题，集中反映在结构上、系统上和内容上，分别表现为目前气候资源开发利用政府规制的法治化程度不足，"泛政策化"特征突出等。要加快我国气候资源开发利用政府规制立法进程，提高气候资源开发利用政府规制法治化程度，需整合不同领域立法的相关内容，从综合性立法、专门性立法和协调性立法三个层面，以《能源法》的制定为前提，充实《可再生能源法》规范体系内容，完善以《可再生能源法》为核心的风能、太阳能立法规范体系。

一、综合性立法问题

（一）加快《能源法》立法进程

我国目前的能源法律规范体系中，散见大量的法律制度，但是由于体现能源战略和全局政策导向的基础性法律——《能源法》一直缺位，所以不够系统，无法从整体上保障能源供应的安全，更影响了包括新能源和可再生能源在内的能源法律体系的系统性建构，随着我国能源需求的快速增长和国内外能源形势政策变化，我国能源体系的不完备

和法律法规的不健全，已经成为制约能源可持续发展的"瓶颈"。为了保障经济发展，应对气候变化，促进社会稳定和维护国家安全，我国须尽快出台《能源法》，通过在能源领域进行的高位阶统一立法，可以全面协调现有能源法律制度。2007 年《能源法》征求意见稿中规定了能源综合管理、能源开发与加工转换、能源供应与服务、能源节约、能源储备、能源应急、农村能源、能源价格与财税、能源科技、能源国际合作、监督检查、法律责任共计 12 项制度，设计了能源行政管理方面的纵向法律关系、以生产流程和环节展开的横向法律关系和与能源对外合作相关的涉外法律关系，基本系统全面涵盖了能源基本法律制度所需要应对和解决的基本问题。但此后由于各种原因，《能源法》立法进度趋缓，2015 年国务院立法工作计划将《能源法》列为全面深化改革和全面依法治国急需的项目，自此《能源法》征求意见稿的修改进度明显加快，2015 年 8 月 5 日，《能源法》已形成送审稿上报国务院，送审稿适应新的背景和新的形势变化要求，在能源四个"革命"战略指导下，调整了《能源法》征求意见稿的部分内容，规定了能源国家所有权制度、战略规划制度、开发生产制度、供应消费制度、能源安全保障制度、能源预测预警、农村能源制度、国际合作制度、监督管理制度、法律责任制度等十项基本制度，着重解决关于能源的定位、能源法的主体确定、能源行政管理体制等基本问题[①]，可以预见，伴随《能源法》在未来的正式出台，我国的能源基本法制度框架将会全面形成。

（二）完善《可再生能源法》法律体系

《可再生能源法》是有关新能源和可再生能源的综合法、基本法，作为框架性立法，《可再生能源法》明确了立法目的和调整范围，划定了可再生能源的范围，规定了可再生能源的总量目标，确定了可再生能源制度体系中的强制上网，并网发电，分类电价和费用分摊、专项价格补贴、全额保障性收购等基本制度，对可再生能源市场化和可再生能源管理体制做了原则性规定。但其内容过于原则，仅有 33 条，其设计的制度需要全面系统的下位立法加以支撑，但目前有关新能源和可再生能源的立法多为政策性规范性文件，鲜有位阶较高的法规、规章类规范，导致《可再生能源法》实施欠缺权威性。在未来，对于《可再生能源法》的完善重在更新立法理念，强化下位立法，增强基本制度实施效果和可执行性。具体来说，需要开展以下工作：

1. 修订《可再生能源法》

现行《可再生能源法律》制定于 2005 年，修订于 2009 年，虽时间不算十分早远，但在 2010 年以后，我国对新能源和可再生能源的重视程度日益增加，相关政策变动频繁，能源发展理念也有了深层次的变化，在这样的背景下，《可再生能源法》在立法理念、目的等宏观内容上应当反映实践的需要和未来发展的趋势，因此，修改完善《可再生能源法》，是建立健全我国可再生能源法律制度体系的重要课题，具体工作的开展可在《能源法》颁布以后进行，以保证制度的延续性和一致性。

---

① 参见邱德坤：《＜能源法＞立法 10 年今何在》，《南方能源观察》2015 年第 10 期。

2. 完善《可再生能源法》的配套性规范

完善《可再生能源法》的配套性规范不仅需要提升相关规范的法律位阶、增加执行性规范的数量，还应当注意科学分解可再生能源法律制度体系，依据基本制度内容进行分类立法，从资源调查与发展规划、产业指导与技术支持、可再生能源推广与应用、价格管理与费用补偿、经济激励与监督措施、生态环境保护等几个方面进行已有规范系统整合，针对缺失的内容及时制定规范加以补足，在各类制度中明确详细的标准，明确各方主体及利益相关方的权利义务划分，增加"刚性"立法和强制性规范数量，强调法律的执行效果，以上位法实现制度的上层构建，不同层次的下位立法则强调其适应性和执行性，形成逻辑、目标与效力上相互统一的法律体系[1]，目标是实现可再生能源法律制度体系的有序化、制度内容的科学化，最终实现立法效果。

二、专门性立法问题

各种可再生能源都有各自特征，其开发利用也如此，除了综合制度所涉及的普遍性和共性内容之外，各类可再生能源的区位及分布特点不同、开发技术要求不一、技术发展状况不平衡、相应的成本价格核算方式差异较大，因此，在可再生能源法律制度体系中除有综合性立法体现各种新能源和可再生能源的共性、混合性和交叉性内容之外，还应当有针对性的针对每种特定能源进行专门立法。在众多能源类型中，尤以风能和太阳能具有专门立法的可行性和必要性。两类能源开发技术成熟，相关产业完全成型，国家层面的政策性规定数量众多，加之两类能源对能源革命和能源的可持续发展影响巨大，完全具备制定专门立法的条件。通过专门立法，有助于通过制度保障相关产业进一步市场化，提升管理与规制效能，促进新能源产业的发展。

具体来说，应当针对风能发电和光伏发电的不同特点进行专门立法，风能发电在国内商业规模最大、技术最为成熟、市场环境最好，因此，对风能发电专门立法需要针对现有市场和产业特点，把立法重点放在如何推进风电市场进一步产业化和市场化，如何协调整合与其他制度的关系上。重点应关注对已有政策性法律规范的整合问题、对技术创新和产业提升的激励性制度制定问题、海上风电产业推动问题等。相比之下，光伏发电方面的专门性立法应当立足于我国目前光伏发电产业特色及现状，对现有产业的技术的制度支持问题、技术融合和产业提升问题、产业推广应用问题、管理协调机制构建问题、太阳能开发与环境保护制度协调问题、光热发电以及分布式光伏发电的推广及规范问题等做出具体规定[2]。

三、协调性立法问题

加强协调性立法需要从两方面入手：

---

① 参见宋彪：《论可再生能源法的强制性规则》，《江海学刊》2009年第3期。
② 杨解君、谭宗泽：《新能源与可再生能源的立法需求分析》，《南京社会科学》2009年第3期。

138

（一）中央立法与地方立法的协调

我国幅员辽阔，各地情况差异颇大，因此，在关注国家层面的统一立法时，还需要重视地方立法与中央立法的协调性。以风能的立法情况为例，我国风能资源分布不一，陆上风能资源集中于西部地区，海上风能资源集中于近海省份，目前我国在宏观层面制定了一系列关于风电发展的规范，出台了数量众多的产业促进配套政策，相应地，部分地方立法热情较大，纷纷出台本地方、本地区的配套性规范，但其中一些地方规范不乏有与上位规划的矛盾、冲突。而有的地方则对新能源相关立法不甚重视，立法节奏滞后。从立法角度看，中央立法与地方立法互相不可替代，尤其是资源类立法，各地之间地区差异大，经济发展程度不一，在现有立法体制下，只有充分发挥地方立法能动性，加强地方制度创新，才能真正做到地方对于相关产业的规制与管理既与国家立法和政策导向相符合，又充分照顾本地方特色，因此，有必要协调好中央与地方的风能立法。

（二）《可再生能源法》与其他领域法律的协调

从整体内容看，还需要从横向上打破不同领域法律之间相互孤立的状态。新能源与经济、环境和社会发展等联系紧密，在内容上，《可再生能源法》涉及到了资源的利用、产业的发展、市场监管、技术的研发与创新、财税政策、生态环境的影响，这也决定了《可再生能源法》势必会涉及相关领域的法律关系，为实现法制统一原则，需要协调可再生能源领域立法与环境与资源立法、技术与产权立法、投资与融资立法、许可与价格规制立法、税收与补偿立法等领域立法规范的关系，不仅要在立法范围内解决好各种形式的立法配套和衔接问题，做好法律清理和修订工作，避免法律冲突。

第二节 我国能源政府管理与规制体制的发展沿革

一、1949—1978 年：初始阶段

我国建国后较长的一段时期都是实行高程度集中式的计划经济管理体制，能源领域也不例外，这一时期，由中央政府设立工业主管部门进行统一计划性管理，以指令性管理的方式参与能源企业的微观市场运营当中，政企不分，由政府全面管理能源行业的人、财、物，并按照国家计划进行相应的能源产品的产、供、销。相应地能源行业没有形成相对独立运营的市场，其间虽然政府主管部门由于机构调整在不同阶段进行了拆分、合并，能源管理部门虽然变动频繁，但始终没脱离"条块分割"的分行业管理模式。

二、1978—1993 年：经验摸索、逐步发展阶段

这一时期虽然我国已经开始改革开放的尝试，但是能源领域基于行业特殊性，仍然延续原有高度集中的计划经济管理体制，不过基于我国经济发展和对外开放的需要，行政管理模式尝试破冰，政企分开和行政体制改革逐步推开。

具体内容包括：

第一，初步探索专门能源工作协调机制，设立国家能源委员会。该协调机构于 1980 年成立，目的在于统筹协调国内煤炭、电力、石油领域工作，不过受限于当时国内经济政治形势及社会环境的影响，特别是其与当时的国家计划委员会存在权责定位冲突，该委员会在运行 2 年后于 1982 年被撤销。

第二，能源部成立，实行集中能源管理模式。能源部成立于 1988 年，由之前的煤炭部和水电部撤并而来，这是我国迄今唯一的一次能源大部制模式尝试，但受制于体制障碍及其他阻力，尤其是能源部不掌握能源的价格管理和投资职能，该部很难发挥原来预想中的作用，成立后的能源部仅艰难运行了 5 年，于一届政府任期届满以后，能源部被撤销，能源行业重又回复原有行业分治模式。

第三，尝试政企分开的行业性改革。这一时期，国家在各能源领域分别组建了若干大型国有能源企业，包括：由原石油工业部下属炼油厂与化工部、纺织部部分石化、化纤生产企业组建而成的中国石油化工总公司；负责海洋石油开发及对外合作业务的中国海洋石油总公司；以吸引外资，促进电力建设发展为目的的华能国际电力开发公司以及中国统配煤矿总公司、中国石油化学工业总公司、中国核工业总公司、中国电力企业联合会等。同时期还组建了从形式上看，这一轮能源行业的"政企分开"的努力是巨大的，但在本质上这些公司基本是在原工业部基础上成立的，带有强烈"行政"属性，其中很多公司本身就拥有一定的行政职能，故此，虽有政企分开的改革趋势，但企业实质性改变不大，计划经济体制延续下来的管理思路也未彻底改进。

这一时期，虽然进行了"政企分开"的改革尝试，但是限于当时认识思想领域仍未完全解放，对于改革开放"姓资姓社"问题仍有争论，在当时历史条件下，虽提出了社会主义商品经济，但也明确了其地位只能是补充作用，所以能源市场的独立性问题在当时条件下看来仍然为时尚早。在整个制度变迁和调整的过程中，能源管理都属于产业管理的范畴，远未上升到经济社会发展的战略地位。同时，由于计划经济的深远影响和政企合一的管理体制，这段时期没有明确的政府规制的概念，现代的、专业的能源规制依然无法实现。当然，相应的，这一时期的新能源无论从认识、技术、管理等方面都仍处于"襁褓"阶段，对于新能源的专门性规制也无法存在。

三、1992 年至今：专门性规制逐步发展、成熟阶段

承袭上一阶段的改革思路，之后的能源管理体制始终处于不断调整变化之中，但基本上是按照"政企分开"的思路在进行不断的优化，能源行业的行政管理职能逐步演变为分属国家计划委员会、国家经济贸易委员会、国土资源部、国防科学技术工业委员会、国家核安全局管理①，企业的行政职能和行业管理职能被不断弱化。

1992 年，党的十四大确立了我国经济体制改革的目标是建立社会主义市场经济体制。能源领域的市场化改革顺应改革趋势，其作为经济体制改革的一部分，也在逐步深化，部分能源领域的专业化规制开始萌芽发展。在这一阶段，我国行政体制改革的思路逐渐成熟，认识到了体制改革的本质和问题是应当科学划分职能，因此，从这一阶段开始，我国开始转变政府职能，弱化行业管理，逐步推动能源市场化的改革，进一步推进政企分开，组建符合市场经济要求的现代能源企业。

这一阶段能源行业体制改革的主要内容包括：

第一，能源市场化改革启动并深化，政府职能转变进一步落实，现代能源企业逐渐增多。1998 年，根据国务院新一轮机构改革方案，撤销原煤炭工业部、石油工业部、电力工业部，三部所有管理职能移交国家经济贸易委员会，并在国家经济贸易委员会下设国家煤炭工业局、石油和化学工业局等国家局；撤销核工业部，其行政职能转归国防科学技术工业委员会。撤销电力部，其电力行政管理职能移交国家交国家经济贸易委员会，行业监管与管理职能移交中国电力企业联合会。

所有能源企业除神华集团公司、中煤能源集团公司两家国有重点煤企之外全面下放，全部交由地方管理。

同时，这一时期，以电力为代表的市场化改革也开始萌芽。1998 年国家电力公司推出以"政企分开，省为实体"和"厂网分开，竞价上网"为内容的"四步走"改革方略，同时先后在上海、浙江、山东、辽宁、吉林和黑龙江 6 个省市先行试点②。

第二，专门性的独立规制机构开始出现。这一转变首先出现在煤矿安全领域，1999年，经国务院批准，国务院办公厅印发了《煤矿安全监察管理体制改革实施方案》，该方案的重要内容，之一就是建立以垂直管理为特征的煤矿安全国家监察体制，至此我国独立规制机构开始出现，2000 年 1 月 10 日国家煤矿安全监察局正式成立，这一体制扭转了当时国家的煤炭生产安全问题频发的局面③。

---

① 基于国家行政机构体制改革的需要，国家计划委员会于 1998 年更名为国家发展计划委员会，又于 2003 年将原国务院经济体制改革办公室和国家经济贸易委员会部分职能并入，改组为国家发展和改革委员会；国家经济贸易委员会于 2003 年与对外经济贸易部合并为商务部；国防科学技术工业委员会在 2008 年机构改革中被撤销，原国防科工委除核电管理以外的职责被纳入到新成立的工业和信息化部当中，同时新成立国家国防科技工业局，其属于由工业和信息化部管理的国家局。
② 资料根据原国家电监会网站公开信息整理。
③ 国家煤矿安全监察体制改革十年大事盘点，国家煤矿安全监察局官方网站，http://www.chinasafety. gov.cn/newpage/Contents/Channel_20292/2010/0108/82101/content_82101.htm

在电力行业，国务院于 2002 年颁布了《电力体制改革方案》（业内一般简称为电改 5 号文），明确了加快电力体制改革的各项内容，为配合该方案的落实，2003 年 3 月，国家电力监管委员会正式成立，根据方案和《电力法》的规定，国家电力监管委员会统一行使对全国电力行业的监管职责，包括：制定电力市场运行规则，监管市场运行，维护公平竞争；根据市场情况，向政府价格主管部门提出调整电价建议；监督检查电力企业生产质量标准，颁发和管理电力业务许可证；处理电力市场纠纷；负责监督社会普遍服务政策的实施等[①]。这一阶段我国建立的煤矿安全监管机构和电力监管机构，是我国对能源领域专业规制的尝试。

第三，成立统一的能源行政管理机构和议事协调机构。2008 年十一届全国人大一次会议公布新一轮国务院机构改革方案，该方案规定："加强能源管理机构。设立高层次议事协调机构国家能源委员会。组建国家能源局，由国家发展和改革委员会管理。将国家发展和改革委员会的能源行业管理有关职责及机构，与国家能源领导小组办公室的职责、国防科学技术工业委员会的核电管理职责进行整合，划入该局。国家能源委员会办公室的工作由国家能源局承担。不再保留国家能源领导小组及其办事机构。"2008 年 8 月，国家能源局正式挂牌，其主要职责包括制定能源战略、规划、计划、政策；提供能源体制改革的建议；组织能源体制的调查，协调能源体制改革的重大问题；推进能源可持续发展战略的实施；执行对外合作和管理的职能；协调、衔接、平衡职能；国家石油储备工作等。

2010 年 1 月 27 日，国务院设立高层次的能源议事协调机构——国家能源委员会，其职责为：负责研究拟订国家能源发展战略，审议能源安全和能源发展中的重大问题，统筹协调国内能源开发和能源国际合作的重大事项。

2013 年 3 月 10 日国务院机构改革和职能转变方案提出重新组建国家能源局，完善能源监督管理体制。将现国家能源局、电监会的职责整合，重新组建国家能源局。主要职责是，拟订并组织实施能源发展战略、规划和政策，研究提出能源体制改革建议，负责能源监督管理等。同时，不再保留国家电力监管委员会。

源于对新能源开发的重视与迫切需要，在能源局下设机构中单独成立了新能源司，负责指导协调新能源、可再生能源和农村能源发展；组织拟订新能源、水能、生物质能和其他可再生能源发展规划、计划和政策并组织实施。

四、我国能源管理体制改革前瞻

回顾新中国建国以后能源管理体制制度史，基本呈现的是以国有为主导地位的部分开放管理体制，能源从开发、加工、储存到销售，都由国家统一管理和调控。在规制领域长期存在政监不分、政企不分、以政代监、只管不监等现象。政府的专门职能界定不

① 2013 年新一轮国务院行政体制改革展开，3 月根据《国务院关于提请审议国务院机构改革和职能转变方案》，将国家电力监管委员会、国家能源局的职责整合，重新组建国家能源局，由国家发展和改革委员会管理，同时国家电力监管委员会不再保留。

清晰，职权越位、缺位和错位的情况时有发生。能源管理职能分散，管理效能不统一，以上诸项问题一直影响到我国能源行业的发展。究其原因，主要是政府长期以来受到传统的行政管理方式和计划经济思维的影响，对于现代规制形式较为陌生，无论是国家层面还是地方层面，相应的能源管理部门都存在侧重项目管理、投资管理、行政审批的传统做法，规制的重点主要侧重于经济性规制内容，如投资准入、价格、生产规模等，而对于环境资源保护、安全、质量等外部性问题的社会规制相对薄弱，利用现代市场经济管理的方式进行能源项目的事前、事中和事后规制的能力相对薄弱，能源规制标准缺乏，规制方式单一，科学的现代规制体系尚待建立。

伴随经济的发展，我国现有的能源管理和规制体制已经无法满足市场经济发展的需要，进入 21 世纪以后，我国能源管理体制改革逐步深化，国家一系列能源政策与规划的内容提示了未来改革的重点：

2007 年《中国能源状况与政策》白皮书指出我国需要深化管理体制改革，要"完善国家能源管理体制和决策机制，加强部门、地方及相互间的统筹协调，强化国家能源发展的总体规划和宏观调控，着力转变职能、理顺关系、优化结构、提高效能，形成适当集中、分工合理、决策科学、执行顺畅、监管有力的管理体制。"

2012 年《中国的能源政策》白皮书提出我国要"加强能源行业管理，提高能源资源开发利用效率，……减少政府对微观事务的干预，简化行政审批事项。……建立公开、公平、科学、有效的监管体系。"

《能源发展战略行动计划（2014—2020 年）》指出我国要"进一步转变政府职能，健全能源监管体系。加强能源发展战略、规划、政策、标准等制定和实施，加快简政放权，继续取消和下放行政审批事项。强化能源监管，健全监管组织体系和法规体系，创新监管方式，提高监管效能，维护公平公正的市场秩序，为能源产业健康发展创造良好环境。"

《能源发展"十三五"规划》提出要"加强能源治理能力建设。进一步转变政府职能，深入推进简政放权、放管结合、优化服务改革，加强规划政策引导，健全行业监管体系。适应项目审批权限下放新要求，创新项目管理机制，推动能源建设项目前期工作由政府主导、统一实施，建设项目经充分论证后纳入能源规划，通过招投标等市场机制选择投资主体。……深入推进政企分开，逐步剥离由能源企业行使的管网规划、系统接入、运行调度、标准制定等公共管理职能，由政府部门或委托第三方机构承担。"

《可再生能源发展"十三五"规划》提出了落实可再生能源发展的主要任务的保障措施，其中要求"加强可再生能源监管工作。贯彻落实国务院关于转变职能、简政放权的有关要求，确保权力与责任同步下放、调控与监管同步加强。……定期开展可再生能源消纳、补贴资金征收和发放、项目建设进度和工程质量、项目并网接入等专项监管工作。"

第三节 气候资源开发利用政府规制权的法律配置模式

一、世界主流能源政府规制权法律配置模式评介

能源规制权力配置模式指的是能源规制机构与管理部门之间的规制权力配置情况，主要考虑能源规制机构与政府、政府能源主管部门之间的关系。各国由于政治体制不同，加之历史、传统、现实体制等诸多因素的影响，每个国家所设置的规制模式都不相同，但也可以尝试从中总结出一些共性的特点加以归类。在世界范围内，综合一些有代表性的发达国家的规制实践，目前能源规制权力配置模式主要有两种类型，即政监分离型和政监合一型，二者的区分主要从规制机构独立性的强弱以及其与政府主管部门之间的权力配置关系是怎样的来加以判断。前者的代表性国家包括：美国、英国、澳大利亚、加拿大等，后者的代表性国家包括：中国、日本、韩国、巴西等。以下就列举部分国家的规制实践进行对比分析。

（一）政监分离型

政监分离型这一模式也成为独立性规制模式，具体到包括新能源在内的能源行业，就是在能源行业设立能独立于能源管理部门和能源产业主体的机构，这一规制体制就可称为政监分离型。采用这一模式的代表性国家包括美国、英国、澳大利亚、加拿大等，以下以美国、英国为例加以分析。

1. 美国

美国的能源管理实行的是国家高级别集中型能源管理模式，即由能源部作为美国联邦政府的能源管理部门对全国的能源实行统一集中管理[①]。这一部门是在 20 世纪 70 年代设立的，在此之前将近有 20 年实践中，美国经历了能源消费大跨越，对能源需求爆炸式增长，但体制反应速度迟缓，导致部门之间冲突频繁。通过当时尼克松、福特、卡特几任政府的推动，1977 年，美国国会参众两院一致通过了《能源部组织法》（1977 年），该法案促成美国能源部成立，能源部合并了之前的国家能源管理局、能源研究和开发管理局、农业部、商业部、交通部、住宅和城市发展部关于能源管理的各项职能，此外内政部的电力市场管理职能、国防部的海军石油储备和油页岩储备项目的管理职能也同时转移到能源部[②]。

美国能源管理的绝大部分职能均归属于能源部，但是能源规制的职能则属于联邦能

---

① 参见宦国渝、孙剑：《美国联邦政府在油气行业中的职能——兼论构建中国油气行业监管体系》，《国家石油经济》2002 年第 2 期。
② 参见于立宏：《能源资源替代战略研究》，中国时代经济出版社，2008 年，第 80 页。

源监管委员会这一独立的能源规制机构。该委员会设置于美国能源部之下，但权限完全独立于能源部，对美国国会负责。委员会主要承担依法制定联邦政府职权范围内的能源规制政策及实施规制的职责，包括：市场准入审批、价格规制、受理业务申请、受理举报投诉、行政执法与行政处罚、就规制事项进行听证和争议的处理等[1]。其执法依据包括有《天然气法》《菲利普斯决议》《天然气政策法》《放松井口管制法》以及规制垄断行为的法律依据《谢尔曼反托拉斯法》《克雷顿法》和《联邦贸易委员会法》。

美国能源规制的另一特点是分级规制，美国的能源规制根据不同的能源资源所有权实行联邦和各州的分级规制，分别设有联邦能源监管委员会和州公用事业监管委员会（Public Utility Commission，PUC，主要负责能源规制）。联邦能源监管委员会负责跨州及跨国的规制事务，各州公用事业监管委员会负责州内的规制事务。例如：对跨国和跨州石油天然气运输大中型管道建设及运营的监督审查由联邦能源监管委员会承担，如完全位于一州境内的油气运输管道管理工作则由各州政府负责。国家级和州级能源规制机构之间互相独立，但是存在分工协作的关系。州议会可以在宪法赋予的权限下出台自己的能源政策法案，但是根据宪法的最高条款原则，在联邦和州对同一类行为发生法律竞合的情况时，联邦法优先于州法。

2. 英国

2016 年之前，英国的能源管理部门是能源与气候变化部 (DECC)，该部是在 2008 年由环境、食品与乡村事务部内的气候变化司和商业、企业和规制改革部内的能源司整合而成。承担的具体职责包括：处理全球气候变化的国际性事务，保障能源供应的安全、稳定和可靠；处理英国国内能源供应事务，保证英国继续实行低碳能源机制，通过市场结构调整和实现竞争性能源价格；维护能源消费者权益，帮助消费者节约能源费用并同时保护环境，提高能源效率和燃料供应；实现英国能源低碳化，通过碳预算及其他机制促进英国向低碳型经济发展。2016 年，英国解散了能源与气候变化部，将能源政策事务转归商务、能源与工业战略部。

英国的独立能源规制机构是天然气和电力市场办公室 (OFGEM)，该机构于 1998 年成立，隶属于天然气和电气市场管理局 (The Gas and Eleetricity Markets Authority)。该机构由非执行主席、非执行董事和执行董事组成。为保证机构的专业性，非执行董事都是由国内和欧盟相关行业的资深专家组成，涵盖了工业、经济、金融与投资、消费者和社会政策、科技与环境和欧洲能源问题的行业专家。内设公共事业部（Corporate Affairs）、综合职能部（Corporate Functions）、输电监管部（Smarter Grids and Governance：Transmission）、配送监管部（Smarter Grids and Governance：Distribution）、市场监管部（Markets）、可持续发展部（Sustainable Development）、E- 服务部（OFGEM E-Serve）等部门。

机构体现了独立规制机构具有较高独立性的特征，其机构独立运营，直接对议会负

---

① 参见肖兴志：《基础领域规制机构设置中的若干问题》，《经济管理：新管理》2002 年第 2 期。

责，经费来源于持有许可证的被规制企业缴取的相关费用。该机构在机构运行上不受国务大臣直接领导，其规制权的法律依据主要是1986年《天然气法案》、1989年《电力法案》、2000年《公用事业法案》、1998年《竞争法案》、2002年《企业法案》以及基于能源法所制定的一系列措施。机构的规制目标旨在以法律为基础，以中立的身份规制能源市场，保障消费者权益，监督市场，规制竞争行为，促进能源的安全和可持续供应，实现能源使用的高效性和经济性；维护公共利益，重视能源普遍服务规制，保障弱势群体获取能源的权利[①]。通过规制实现能源供应的多样化、多元化和长期化，从而推动可持续发展的实现。规制的方式主要是依据竞争法令对反竞争的能源企业进行调查，对违反者采取处罚[②]。英国的规制模式有其自身特点，通过私有化和市场化改革，英国形成了高度市场化的能源行业，市场机制成为英国能源发展运营的基础，其天然气和电力等领域的市场化改革均走在世界前列。能源规制机构主要围绕市场开展规制，规制的目标、依据、职责和任务都十分明确，规制作用也容易发挥。

（二）政监合一型

"政监合一型"，其特点与前面所描述的"政监分离型"相对应，主要是指将能源的管理职能与规制职能统一交由政府内主管部门行使的规制形式。由于包括新能源规制在内的能源规制职能统合于政府主管部门之中，规制机构的规制职能相比"政监分离型"而言，独立性有所降低。

1. 日本

日本对能源的体制管理模式属于低级别集中型管理，包括新能源在内的能源管理工作主要由政府的相关管理部门承担[③]。其中主要的管理部门是产业经济省，其所负责的能源管理主要职能包括：编制能源基本计划草案、谋求内阁会议的决定；制定关于促进新能源利用的基本原则并予以公布，制定或修改新能源利用方针；听取综合能源调查委员会的意见，制定新能源利用目标；统一管理电力、天然气、石油等能源的市场运作，如许可、取消许可、编制相关能源计划等。以上职能的具体执行由产经省下的若干职能部门负责，比如资源和能源厅、核能和工业安全厅等。除经济产业省之外，日本的通产省等部门也负责部分的能源规制事务，包括日本能源的规划、生产（主要在海外）、进口、消费和节能等。以上部门规制机制主要是通过能源安全态势的评估、保证海外能源的稳定供应、加强能源储备、对能源消费的严格规制实现。就规制内容看，日本政府的能源规制范围包括：（1）制定法律规范（2）进行价格规制日本的能源价格主要通过市场自主调节，但是能源规制部门会对其进行必要的规制（3）环境保护规制[④]。

---

① 天然气和电力市场办公室官方网站：http://www.ofgem.gov.uk/
② 参见柯婉志：《英国能源监管优化及其对中国的启示》，华北电力大学硕士学位论文，2011年。
③ 【日】植草益等：《日本的产业组织：理论与实证的前沿》，锁箭译，经济管理出版社，2000年，第352-360页。
④ 潘小娟：《外国能源管理机构设置及运行机制研究》，《中国行政管理》2008年第3期。

在政府内的规制部门之外，日本政府还设立了如能源咨询委员会、新能源和工业发展组织、日本核能安全委员会等能源管理协调机构，负责能源管理实务的协调。另外日本政府还通过一些行业规制机构行使能源方面的某些规制职能，如日本电力系统利用协会，该机构为电力业务的行业规制机构，依据日本2003年通过的《电力事业法修正案》，于2004年成立，该机构被经济产业大臣指定为日本唯一的"输配电等业务支援机关"，其性质中立，以公平性、透明性和中立性为规制宗旨，机构的人员构成也显示出独立规制机构的特征，该机构人员由相关领域资深教授、各大电力公司、特定规模独立发电企业、电力批发公司、发电企业代表，其经费来源于电力企业营业规模征收的会费[①]。

2. 巴西

巴西是新兴市场国家，也是拉丁美洲最大的能源消费国，其境内蕴含丰富的石油和可再生能源资源。市场方面，国有企业占有能源行业的绝对份额，具有垄断性。巴西目前的能源战略可以概括为基本控制国内的石油消费，大力发展可再生能源。

巴西"政监合一"的能源管理模式突出特点是没有独立的规制机构，二级局既行使行政管理职权又承担规制职能。

巴西的能源管理部门是1960年成立的矿产能源部，其下设有国家能源政策委员会（CNPE）、国家油气与生物能管理局（ANP）、国家电力管理局（ANEEL）。国家能源政策委员会主要负责向总统提供能源咨询和制定能源政策，国家油气与生物能管理局负责油气资源的勘探开发利用管理，国家电力管理局负责电力市场秩序维护、实施行政许可、平衡用电分配协调电力企业与消费者之间的冲突。

巴西作为新兴市场国家，其能源管理体制的一个突出特征是强调国家对资源的控制和能源的高度统一管理，同时，其国内的能源市场改革尚在探索之中，没有成立独立规制机构的市场环境和需求动力[②]。

（三）两种模式的比较与启示

1. 能源生产和消费性大国均建立了高级别集中型能源管理模式

从美、英及澳大利亚、加拿大等能源生产和消费大国的能源规制实践来看，无一不是实行的高级别集中型能源规制模式。这一模式的主要优势在于可以有效地集中权力，保障能源规划、战略、政策的制定和实施，相对于分散型管理模式，集中型模式下国家能源管理效率更高，更有助于降低成本。

2. 能源市场化程度高的国家其能源规制模式以实行独立的规制为主流趋势

从能源机构的权限与独立性分析，大多数能源生产和消费性大国的包括新能源在内的能源规制均采用将原属于政府主管部门的规制职能剥离出来，由独立、专业化的规制机构进行规制的形式。这一既相互分离又相互协调、制衡的能源规制体制，具有比

---

① 徐梅：《日本的规制改革》，中国经济出版社，2003年，第186–198页；陈世民：《政府监管立法比较》，《实事求是》2005年第1期。
② 崔守军：《中国与巴西能源合作：现状、挑战与对策》，《拉丁美洲研究》2015年第6期。

较明显的优点，第一是可以有效避免主管部门的管理职能与规制职能混同，有效明确各自角色定位，尤其能有效避免外部干预，避免某些特殊利益集团（如利益相关企业、金融机构和其他非政府机构等）对规制机构提出不恰当的利益诉求；第二可以有效提升规制机构的专业性和规制效率。在"政监合一"模式下，主管部门既要进行能源政策、方针的制定，监督其实施，又要进行日常主管事务的管理，同时又需要肩负规制事项的监管，各种职能虽在部门内是由具体的机构负责，但从行政主体的法律定性上看，只有主管部门具有行政主体资格，也就是说只有主管部门具有法律赋予的权限和地位，也只有主管部门能以自己的名义行使包括规制权在内的行政职权，一旦使能源规制机构独立出来，也就意味着，该机构就明确具有法律赋予的职权和法律地位，也更能确保规制是由具有高水平专业技能的专家来实施，这样既可以切实提高能源政策的制定水平，又可以有效改善规制的质量，确保稳定和可预期的规制环境；第三是有利于形成政策制定和实施的内部制约机制[1]。

二、我国政府规制权法律配置模式的改进

我国的能源政府规制权法律配置模式属于"政监合一"模式，目前这一模式自身仍存在一些不容忽视的问题，表现为：专门机构的规制独立性受到较大影响，规制作用的发挥往往受限于部门内部，能源管理职能过于分散，职能交叉、重叠情况突出。应对以上问题，需调整现有能源管理体制和政府规制权法律配置模式，目前大部制改革是国家机构的调整趋势，大部制体制一方面以职能有机统一为特征，通过整合、拓宽部委的职能和覆盖空间，逐步向"宽职能、少机构"方向发展，另一方面也通过决策、执行、监督职能的适度分离，保障部门内职能机构的相对独立性。能源管理体制改革方向也应在这一背景下进行，坚持目标导向，通过提高规制主体级别，整合部门职能，赋予规制机构独立性法律地位来实现行政效能的提升，进而实现对市场和产业发展的制度性保障作用。

（一）政府规制机构的涵义

顾名思义，规制机构也称规制主体，是指承担政府规制职能的主体，即是规制权力的实施主体。学界对规制机构的界定有广义和狭义之分，英国学者 Laura、MacGregor、Tony、Prosser 等认为："规制是基于建立和维护市场秩序的需要，规制不一定必须由政府当局进行，可以采取私人秩序的方式，公共规制和私人规制之间没有明显区别"[2]，在这一认识下，规制机构不仅包含国家法律授权主体，还包括社会公权力主体如行业协会及私人主体如企业内部的自我规制机构等，理论界和实践中支持广义界定的相对较少，

---

① 参见刘素华、杜钢建：《切实推进行政体制改革——新一轮政府机构改革的背景和特点》，《行政改革》2003 年第 4 期。

② Laura MacGregor,Tony Prosser,Charlotte Villiers(eds),Regulation and Market beyond 2000,Dartmouth and Asugrte,2000,pp348-349，转引自苏晓红：《我国的社会性管制问题研究》，华中科技大学学博士位论文，2008 年。

多数观点认为规制应做狭义的界定，即规制是由法定规制机构制定并执行的直接干预市场配置机制或间接改变企业和消费者供需决策的一般规则或特殊行为[1]，实践中各国的规制权力配置模式也是支持狭义界定的，本书亦持此种观点。规制机构作为法定规制权的行使主体，表现出独立性、法定性、专业性的特征，这些特征也是规制机构设置时需遵循的建制原则。

（二）规制机构设置原则

1. 独立性原则。规制机构的职责在于执行规则，为了树立执行规则的权威，就必须确保其独立性，以免受到不正当影响。规制的独立性要求规制机构独立于传统的官僚体系之外，"应首先减低政治性干预之影响（亦即所谓去政治化 depoliticization）"[2]，规制机构独立性原则从根本上源于其公共利益维护者的角色定位，政府规制设置的目的在于纠正市场失灵，维护社会公益，赋予规制机构以独立法律地位有助于其避免来自于政治、行政、利益团体、垄断企业和行业的不当干预和影响。规制机构独立性具体表现在法律授权独立，这一特征直接来源于职权法定性原则，立法机关对规制机构的规制权的授予和规制职权范围的划定，赋予了规制机构以独立的法律地位，也确保了规制权的正当性，法律授权原则是有关规制主体制度设计中的最重要的一项基本原则。为体现规制机构的法定独立性，规制机构的组织构成须由法定程序做出，非经法定程序任何机关无权变更，在规制机构内部，其组织和成员构成往往也要求相应的独立性保障，如在大多数国家中，能源规制机构的委员均享受固定任期保障，只有经国会批准，或者在明确地不能履行职责或有不当行为的条件下，才能被免职。并且委员如无重大过失，一般都可连续任职，从而增强委员的抗拒压力的能力，激励委员熟悉并专注于其所负责规制的领域和事项。在这一原则下，美国相关法律规定联邦能源监管委员会所作决定不受总统和国会预先审查，委员会的 5 名委员不得有超过 3 人来自于同一政党[3]。

2. 专业性原则。政府规制内容具有相当的专业性，因此，规制机构也需要拥有相当的专业能力。能源政府规制也是如此，能源产业规制具有高度的专业复杂性，从价格规制方法的设计、能源市场的培育到对能源系统安全、环境保护和普遍服务的全面规制，都需要法律、经济、能源、政策等各方面的知识和经历的人员，因此，规制机构工作人员的技术、知识水平和专业能力也是其成功的关键。基于专业性的要求，规制机构的人员大多由丰富的行业、市场和专门政策专业背景，除此之外，很多国家的专门规制机构还通过聘请外部专家的方式实现规制专业性的要求。

（3）权责一致原则。在强调规制机构独立性的同时，我们也不能忽视独立性可能

① 参见【美】丹尼尔·F·史普博：《管制与市场》，余晖等译，格致出版社、上海三联书店、上海人民出版社，2008 年，第 45 页。
② 张玉山、李淳：《全球化、自由化与公用事业的再管制架构：以电业为例》，http://www.npf.org.tw/symposium/s90/9000414-CL-3.html（台湾财团法人"国家政策研究基金会"网站）。
③ 林子仪：《美国总统的行政首长权与独立行政管制委员会》，翁岳生教授祝寿论文集编辑委员会编：《当代公法理论——翁岳生教授六秩诞辰祝寿论文集》，月旦出版社，1993 年，第 121 页。

带给规制机构的缺陷，过度的独立性容易影响规制机构对全局需求的考虑，在独立权限下，独立规制机构往往致力于实现自身授权下的规制目标，忽视整体目标和共同利益，甚至容易造成规制机构的专制滥权，被受规制产业利益俘获的问题。因此，在保证规制机构相对独立性的同时，应强调规制机构和规制行为的可被问责性，这是规制机构组织架构设计时的重要考虑因素。独立性和权责一致原则之间有内在联系，相互之间是一种互相补充的关系，规制机构的设置及运作一方面应当秉持独立理念，确保规制机构决策上的高度专业化，降低政治和行政影响；另一方面，应当确立规制机构的可被问责理念，通过相应的制度设计完善其责任机制，从而实现二者的相互制衡。如此将二者相互结合，才能形成高效的、负责任的规制机构。权责一致原则的实现不同于行政机关的"首长负责制"，民主集中制下的"首长负责制"主要承担政治责任，而作为"非多数决定及机制"下的规制机构，其问责机制主要依靠如决策听证制度、司法审查制度、年度报告制度等程序机制来实现。

（三）组建独立能源规制机构

应当通过组建独立能源规制机构，突出其规制职权。规制机构的独立性着重于其职能和事权的独立，至于组织机构设置，根据其独立程度高低，一般有两种情况，一种是将规制机构设置于传统行政部门内，这种形式的规制机构被称为从属性规制机构或部内规制机构，其机构存在于行政系统内，但根据法律的授权，它们享有相应的独立规制权，在法定权限内可以独立决定规制政策。另一种规制机构独立于行政系统以外，如美国联邦能源监管委员会。两种机构设置方式各有优弊，部内政府规制机构虽不能完全摆脱行政权力影响，但容易与行政管理部门相互协调，也可以在一定程度上保证其规制权受到行政部门适当监督；单设的独立规制机构其制度优势在于可以最大限度的避免来自政治和行政的影响，但这一形式发挥作用的前提是需要建立全面的监督机制来规范独立规制权的行使，否则规制机构极易滥用规制权，甚至被利益团体所俘获，影响规制决定的公正性。

如前所述，我国能源领域目前实行的是"政监合一"式的规制权力配置模式，这一模式是在我国现有行政管理体制下的一种适宜之选，之所以称之为适宜之选源于对之前我国在能源领域实行独立电力监管的制度反思，2002年国务院公布了《电力体制改革方案》（业内简称电改5号文），为配合该方案的落实，2003年3月，国家电力监管委员会正式成立，这标志着我国尝试在能源领域实行电力行业的专项独立监管。客观地说，电监会设立的十年间，在其权限范围内确实做出了突出的成绩，也取得了切实的成效。比如在十年间，围绕建立和完善电力监管法律体系，国家先后出台了《电力监管条例》《电力安全事故应急处置和调查处理条例》两部行政法规，国家电监会先后出台了31个部门规章（国家电监会1号令至31号令），以及为数众多的其他规范性文件，初步形成了较为完善的监管法律体系；10年间，围绕建立和完善市场准入制度，电力监管机构先后出台了10多项有关行政许可的规范性文件，有力维护了市场秩序，促进了合法经营；

通过不同形式的探索，如制定购售电合同范本及并网调度协议范本，规范了购售电关系和并网调度关系，建立了厂网联席会议制度、加强了"三公"调度交易监管，又在监管工作中引入了监管报告制度，推进了监管信息公开制度的发展，实现了市场化条件下的新型规制方式探索；成立了电力安全生产专家委员会和电力监管标准委员会，形成了一支具有较高专业水平的监管队伍[①]。但是，源于电力体制改革的不彻底、体制机制的不顺、法律支撑程度不足、机构间工作程序不畅、机构建制的不健全等现实约束，这一规制机构始终无法解决一些突出矛盾，电价规制和市场准入规制也始终没有纳入电监会的规制范畴，也就是说电监会虽然名义上是独立于能源管理部门的独立规制机构，但在规制职能上却始终不具有完全的独立性和闭合性，它导致在实际工作中，电监会虽积极推行"厂网分离""主辅分离""输配分开""竞价上网"等举措，斯望构建一个以区域电网为核心的电力市场，但却受到了来自其他部门和地方上的激烈抵制。典型的比如在2005年前后完成"厂网分离"改革后，竞价上网、主辅分离改革一直停滞，几乎都处于搁置的状态。加之电监会建立后面对的两方面核心矛盾始终无法有效解决，一是电力管理方式未能有根本性转变，职能交叉、职责错位、权责脱节问题没有根本解决，该管的无法管，不该管的却管辖过宽，以致管理效能低下，效果欠佳；二是电监会始终缺乏有效的监管手段和监管工具，履行职责受到诸多制约与束缚，很难真正发挥作用。以设立独立规制机构为标志的电力监管在实施了十年之后在2013年新一轮行政体制改革中宣告终止。电力监管的有益经验值得我们借鉴，也提示我们，如果现有行政管理体制条件不具备的情况下在能源行业中单设某一领域的专业规制机构其效果可能会相当有限。

在我国，由于受长期计划经济思想的影响，在实际工作中人们对"规制"的概念长期存在认识误区：一是把规制的概念等同于传统行政管理活动中的监督和管理，将规制机构的设置片面理解为是将产业管理权限在不同部门之间的简单再分配和再调整，没有认识到现代规制制度是一种全新的体制形态和管理方式，是政府经济管理模式上的一种制度创新。由于概念理解的偏差，使得在实际工作中仍然无法调整原有的思维方式，把规制体制改革简单化，没有严格按照规制体制的要求设计制度、配置职能。规制作为市场经济条件下政府管理经济的重要形式，有其特定的含义，一般特指政府规制主体依法对企业的市场进入、价格决定、产品质量和服务条件、安全、环境、普遍服务等实施直接的外部干预行为；二是把能源规制内容泛化，将其等同于一般竞争性行业的规制，从属性上来看，能源行业具有自然垄断性、信息不对称性、公共事业性等特征，这也决定了不能不加区分的将针对一般竞争行业的规制手段运用于能源行业，对一般竞争性行业而言，一般不会设置市场准入和价格的规制，较少有经济性规制内容，而能源行业尤其是电网、油气管网等带有自然垄断特征的基础产业的规制与一般竞争性行业的政府规制，在规制的范围、内容和方式上都与其有着本质区别。对这类行业的监管主要内容就是需要完善经济性规制，提高市场准入和价格规制的规制质量和水平。

---

① 资料来源：根据《国家电力监管委员会十年概览》及有关网络资料整理。

我国目前能源市场发展尚不完善，能源管理体制改革仍在推进，特别是当前我国能源供应安全、能源结构优化、能源效率提高等重大问题仍未解决，因此，在国家统一的战略、规划、政策指导下，选择"政监合一"的规制模式，具有审时度势的现实意义。但是，即使是"政监合一"式的权利配置模式，也要求在行政部门内设立职能相对独立的规制机构，以实现对市场规制的及时性，避免行政过度干预。目前我国能源权力配置模式功能定位模糊，国家能源局作为能源专门管理机构欠缺独立规制权，尤其是经济性规制权，如市场准入权和定价权。国家发改委作为行政管理体制中指导总体经济体制改革的宏观调控部门，却又行使能源领域准入、定价等微观规制权力，这一机构与职能相互脱节的情况，是目前能源经济性规制中相关机构之间权限冲突的本质原因。要彻底改变这一局面，必须从根本上调整现有能源管理体制，待体制改革条件成熟，把目前分散在国家发改委、能源局、水利部、工信部、科技部、商务部和财政部等部门的政策职能相互整合，适时组建成立能源部，统一加强能源公共服务和政策引导，整合之后的能源主管部门将承担的主要政策职能包括：提供公共服务；制定和组织实施税收、补贴等财政政策；制定能源战略、规划与政策；负责能源信息统计与分析；推进能源技术进步；发展新能源与可再生能源；提高能源利用效率与节能；开展能源贸易与国际合作；强化能源储备与应急管理；实施能源普遍服务等。这一改革方式既符合"大部制"行政改革理念，又与我国能源生产大国、能源消费大国和能源责任大国的地位相适应。

之后可以考虑把目前分散在国家发改委、能源局、商务部和水利部等部门的经济性规制职能集中到一个部门，在大能源部框架下，适时组建能源监管局，由该机构统一实施能源规制，形成"政监合一、内部分离"的模式。具体来说，区分规制内容，能源监管局主要负责经济性规制内容，通过制定规制并监督企业执行以规范企业行为和市场秩序，其权限范围包括能源市场准入、价格和成本、市场秩序、普遍服务、市场交易秩序等内容，在此基础上，对电力、石油、天然气、核能、新能源和可再生能源等再区分领域，在能源监管局内设置对应机构，明确分工，协调配合，通过这一模式的实施，也可以很好地解决目前能源领域机械式的分段管理的问题，这样针对新能源发展中的问题，尤其是电力规制问题，就可以加大对电网公平接入的规制，保证各类投资者无歧视地使用电网设施，形成有利于新能源发展的市场机制，另外在全国推广节能发电调度，保证和落实新能源发电优先收购，也容易处理好新能源和传统能源的替代关系；而对能源的社会性规制内容，应当采用各规制机构之间分工合作，相互配合的模式，由不同领域的专门规制机构分别对能源行业的环境问题、质量问题、安全生产问题等实施有效规制。

在组建能源监管局时，还需要注意遵循职权法定原则，坚持立法先行，保证监管机构和监管权力的合法性，仍以电监会的设立为例，曾经的电力监管委员会作为我国能源领域唯一的专业性监管机构，其设立及组织原则、职权范围等在《电力法》等相关法律中都无法找到其存在的依据，其设立的直接依据是前文所提到的"电改5号文"，无法否认这一文件在电力体制改革进程中的重要作用，同样无法否认的是该文件从法律属性上来看属于行政规范性文件，从法律规范位阶及法源法律效力的角度看，这样低位阶的法律规范是不适宜规定如此重要的事项，同时也有违法律保留原则[①]。

第四节　科学划分政府规制的管理权力界限

一、理顺不同部门之间管理权限

仍然基于气候资源能源性开发利用的视角，如要建立合理的能源产业规制体系，必须在解决能源规制机构权力配置进行合理的组织设计的同时，再进一步划清其与相关权力主体的权力边界。在目前，我国气候资源以及包括风能、太阳能在内的能源体制长期存在分散管理、多头管理的情况，各主体之间职能交叉，协调性不足。解决上述问题，应从以下两个方面思考对策。

（一）政策部门与能源管理部门之间的权力配置

在计划经济体制下，政策部门和规制部门往往不作区分，以我国为例，在计划经济时代，现在国家发展与改革委员会的前身，于1952年成立的国家计划委员会领导了原由政务院财政经济委员会领导的重工业部、第一机械工业部等13部，几乎囊括了宏观调控、市场调节和行业管理在内的所有经济管理职能，形成了"政监不分、政企不分、以政代监、只管不监"的现象。随着市场经济的发展，经过数次行政机构改革后，国家发改委已剥离大多数市场微观管理职权，但是还继续保留了部分管理和规制职权，如对能源领域就保留了市场准入权和价格制定权。

在国家权力结构体系中，国家发改委的定位是指导总体经济体制改革的宏观调控部门，它与中国人民银行、财政部一起，作为国家的宏观调控部门，通过制定宏观产业规划与政策、货币政策和财政政策，影响和改变企业和个人做出经济决策的环境参数，原则上不应针对行业制定具体政策，目前我国已设立国家能源局作为专门能源管理部门，关于产业和行业的具体政策制定权应国家能源局行使，赋予该部门以监督行业企业、制衡行业发展的功能。例如新能源方面的光伏产业发展政策、风电产业发展政策等，但这部分政策制定权仍然由国家发改委行使，加之我国目前未给予部委管理的国家局以独立的部门规章制定权[②]，使得其政策制定的职能受到较大限制。若要改变这一局面，应当提高国家能源局的行政级别，整合相关职能，适时组建能源部。

---

① 参见邱新：《能源监管权研究》，中山大学博士学位论文，2009年。
② 《立法法》第80条第1款、84条、85条第1款及国务院法制办秘书行政司2001年3月5日对文化部办公厅2000年12月21日《关于报请解释国家文物局有无规章制定发布权的函》的函复。

（二）能源管理部门与其他行业主管部门之间的权力配置

在横向上，能源的管理权限被分解到各个职能部门，如根据《可再生能源法》和相关法律规范，新能源和可再生能源的管理权限就被划分给十余个部门，国家能源局作为国家能源主管部门，原则上负责风电、光电等可再生能源统一的行业管理和规制职能，但其余各相关部门职能仍然拥有一定的行政管理职权，管理职能交叉，造成的突出问题如多头管理、政出多门、资金分散、协调性差。要解决上述问题，应当合并现有规制模式下的管理权限，整合不同权力主体的相近和相类似的职能，避免职权越位、交叉，弥补事权的缺位情况。如针对气候资源的范围界定，资源权属划分，调查与探测权设定，就应当在相关的资源法、《气象法》或其他专门法律当中加以明确，针对新能源开发中的多头审批情况，则应当合并审批权，取消不必要的前置性审批，从而实现国务院关于转变职能、简政放权的要求。

当然，整合管理权限不是将所有能源管理权限无条件集中，而是合并功能相似的职能，以事权为中心集中管理权限，能源行业涉及范围广泛，产业链极长，这些都决定了其管理权限势必需要一定程度的分散，因此在现有管理体制中，还需要充分发挥国家能源委员会的最高统领协调作用，强化其议事协调能力①。

二、理性看待开发利用过程中的央地博弈和利益冲突

可再生能源管理体制纵向上的结构表现为中央规制管理与地方分级规制管理相结合的管理体制，在气候资源的开发过程中，中央与地方在权力运用与实施中产生了一些矛盾与冲突，集中表现为中央与地方在规划和规制实施上缺乏协调性和统一性和中央与地方事权界限模糊、权责划分不清。对于上述矛盾，需持理性的态度加以分析，这些冲突是我国中央与地方关系在面对社会经济高速发展、社会结构急剧调整的大背景下于特定行业领域发生的矛盾的具体体现，带有一定的普遍性。我国现行《宪法》第3条第3款规定："中央和地方的国家机构职权的划分，遵循在中央的统一领导下，充分发挥地方的主动性、积极性的原则。""两个积极性"原则是我国民主集中制原则的重要内容，也是我们认识和解决中央与地方关系的基本指导思想，它要求我们需要以制度化、法律化的方式解决实践发展中出现的中央与地方矛盾与冲突。

（一）以法定形式合理划分中央政府与地方政府的事权范围

实践中表现出来的地方政府基于地方实际和地方利益考虑而在气候资源开发利用的有关规划制定与实施上与国家统一层面的规划和政策要求不一致、缺乏协调性，根源在于分税制改革和市场经济成熟后所带来的利益多元化要求，国家层面有整体利益和统一意志的要求，地方作为单一制国家结构形式下独立的法定权力实体，必须考虑地方自身发展和地方利益诉求，在法定的国家权力关系中，二者并非单向的行为主体和行为对象

---

① 参见王鹏：《能源管理体制改革亟待提速》，《中国能源报》2007年1月9日，第1版。

的关系，而是平等的相互作用的主体与主体之间的关系。因此，要调和整体与部分、国家和地方的不同诉求，首先需要破除传统观念，应当认识到调整中央与地方之间的利益关系不应是简单的"收权"与"放权"，也不应是过去的那种"中央'管'什么""中央让地方做什么"，而应调整为中央和地方各自"应当做什么"，通过以法定形式划分各自的职责与事权的方式，实现既维护中央权威，又充分尊重地方利益，从而建构新型的中央与地方关系。如在能源管理体制上要处理好能源管理中央和地方的关系，一要保障国家能源安全和推动能源市场化改革需要调动中央和地方两个积极性；二要坚持适度和均衡原则，寻求集权与分权管理的平衡点[1]。

1. 科学分解事权

划分事权的前提是在简政放权的前提下，明确界定政府职能，科学分解事权。政府机构职能的转变和机构调整是一项浩大的系统工程，也都是高难度的改革内容，不可能一蹴而就。但从目前来看，应当首先转变以往的做法，即认为"每一级政府都必须负责管理所有事"，导致中央与地方之间的关系是"职责同构"加"条块分割"的格局，基本上就形成了上面决策下面执行，上面领导下面负责，上面负担重下面责任多，权力与责任不对等的情况[2]。分解后的权力结构，既不是简单强调中央集权，也不是靠过度强调地方分权。对此，十八届三中全会通过的《中共中央关于全面深化改革若干重大问题的决定》（以下简称《决定》）指出：我国要"建立事权和支出责任相适应的制度。适度加强中央事权和支出责任，国防、外交、国家安全、关系全国统一市场规则和管理等作为中央事权；部分社会保障、跨区域重大项目建设维护等作为中央和地方共同事权，逐步理顺事权关系；区域性公共服务作为地方事权。中央和地方按照事权划分相应承担和分担支出责任。中央可通过安排转移支付将部分事权支出责任委托地方承担。对于跨区域且对其他地区影响较大的公共服务，中央通过转移支付承担一部分地方事权支出责任。"

2. 依法划分权力

在事权科学分解的基础上，通过依法分权，以法律划定各级政府的权责边界。将国防、外交、国家安全、宏观调控、全国统一市场规则等权利划归中央政府集中行使，将适于地方政府自主行使的权力真正下放到位，实现中央与地方关系法律化、制度化，也才可以从根本上解决事权不清，权利边界不明的情况。依法分权应当涉及三方面的内容，即中央政府的权限、地方政府的权限以及权限争议解决。

《决定》中关于中央与地方权力事项的列举，大致可以分为政治性权力事项、经济性权力事项和社会管理性权力事项三类，政治性权力如国防、外交、国家安全事项处理权，绝大部分的立法权，部分的行政组织权等，这部分权力的设定和划分原则应当定位于维护中央权威和国家秩序，以服务于单一制国家中央的稳定统治；经济性事项包括了如地方财政自治权、部分经济类立法权、行政组织权等，这类权力是地方经济发展所亟需的，

---

① 参见王鹏：《能源管理体制改革亟待提速》，《中国能源报》2007年1月9日，第1版。
② 参见朱光磊：《当代中国政府过程》（第三版），天津人民出版社，2008年，第263页。

目前国家强调重心下移，不断进行权力下放，所以这方面的权利设定和划分原则应体现经济效益和社会效益、生态环境效益的统一，保障事权与财权向匹配，建立科学的政绩考核观，合理设定考核指标，加大"绿色"考核指标的权重[1]，避免政绩考核唯经济发展论[2]；社会管理性事项涵盖最广，与其他两类权力相比，社会管理权力上地方应当更多地发挥主动性，"中央政府应该行使好宏观调控的职责和能力，保持总量平衡，促进结构调整，优化发展布局，为经济社会发展创造良好环境。而地方政府则应在公共服务、市场监管、社会管理和环境保护方面坚守职责，尤其是要增强基层政府的管理服务能力"[3]。

在合理划定中央与地方权力事项范畴以后，需要在"法制统一"原则要求下，以《宪法》《立法法》和三部组织法确立的原则、制度为基础，通过法制建设进一步明确各自界限。划定属于中央立法的事项范围，地方立法不得进入；而有关的经济性、社会性事务的立法领域地方可以充分发挥主观能动性，在国家法律没有规定或只有原则性、框架性制度规定时，可以通过地方立法先行先试，来弥补国家立法的空白，当出现立法权限不明或权限争议的情况下，如无法通过《宪法》《立法法》所确定的冲突解决机制加以解决，就应当考虑加强法律解释机制建设，由法定解释机关作出相应决定。除此之外，还需要建构有效机制加强地方立法质量，应通过法律明确重要的地方立法事项，应当以地方立法为主，其他情况下，如通过制定规范性文件的形式进行政策或制度创新的领域，也需要遵循法治化要求，效仿立法权争议的解决机制，建立对规范性文件的备案审查机制，强化事后监督[4]。

具体到气候资源开发利用，关于气候资源的权属划分就应由国家统一立法，由《宪法》《物权法》或是具体的资源法加以设定，而关于气候资源的开发利用权能的行使制度则可以根据实际需要由地方立法加以落实，这样就很好地避免"国家所有权"由国务院行使这一规定流于形式，仅限于政治宣示的不足，当然这一方案的实现前提是需要将《物权法》第45条第2款"国家财产由国务院代表国家形式所有权"的内容加以修改。

在能源规划上，能源上级主管部门要从目前的管项目为主转为管规划为主，工作重点应当放在宏观层面，落实宏观战略、政策，转变管理机制，建立以规划定项目、项目与规划联动的机制。

在新能源产业市场准入领域，目前的趋势是将审批权大规模下放，以促进地方经济发展，目前有关于风电、光电投资的行政审批权我国基本已经下放给地方，但是与投资审批相关的其他审批权有的还归属于中央相关部门，为避免"多头审批"的情况，除了

---

① 参见臧传琴、刘畅：《环境规制与地方政府激励模式优化》，《山东财经大学学报》2015年第3期。
② 谭波：《我国中央与地方权限争议法律解决机制研究》，法律出版社，2014年，第141–152页。
③ 中央编办理论学习中心组："深化行政体制改革 推进国家治理体系和治理能力现代化"，《求是》2014年第3期。
④ 参见王永昌：《提高地方立法质量的几个问题——兼论地方立法的基本特点和功能》，《中国改革》2013年第12期。

横向上的合并整合类似权限之外，纵向上也应当考虑地方事权主体的权力统一性。

（二）强化制度约束机制

应当以制度约束越权行为，加强对地方政府规制行为的监督与控制。地方分权的另一个目的是促进地方政府责任能力的提升。在要求依法划分中央与地方事权范围的同时，还应当注意将权力与责任同步下放，体现权力制约的要求。"权力是一种绝对优势资源，存在自我膨胀的本性[①]。"为避免地方政府权力运行的随意性和主观性，应建立有效的责任约束机制，以此保障政府责任与政府权力的一致性，当出现越权等权力失范情形时，就应当通过行政问责等机制追究相应主体的法定责任。

具体到新能源的开发利用，比如应当建立严格的预算约束与监督实施机制，抑制部分地方新能源投资项目的过度扩张。另外，新能源和可再生能源规划冲突问题的解决也可遵循上述思路，对于全国性、整体战略性的规划属于中央政府当然的事权范畴，地方政府虽有权制定相应规划，但其内容应当在宏观经济政策范围内，制定和实施的地方性规划不应超出上位规划划定的事项范围，也不能违背上位规划的原则与精神，同时，还可以引入动态监督机制，地方规划的制定、实施和对上位规划的落实情况，可以通过向上级主管部门定期提交实施报告的方式，强化地方政府责任，保持上位规划和下位规划相互之间的统一性和协调性。

---

① 杨淑萍：《行政分权视野下的地方责任政府的构建》，人民出版社，2008年，第34页。

第六章 气候资源开发利用
政府规制法律机制的完善

第一节 政府规制方式的改良

国务院 2014 年公布的《能源发展战略行动计划（2014—2020 年）》提出要"通过实施节约优先战略、立足国内战略、绿色低碳战略、创新驱动战略，加快构建清洁、高效、安全、可持续的现代能源体系，以期到 2020 年，基本形成统一开放竞争有序的现代能源市场体系。"这一要求不仅提出了能源市场建设的目标，也为能源体制与机制改革提供了思路，完善气候资源开发利用的政府规制，不仅要求革新规制理念，调整规制内容，完善规制体制，也同时意味着规制方式的变革，在简政放权、政府职能转变的大背景下，我们需要反思传统规制方式的不足，引入新型规制方式，以影响评价制度评估和检验规制实施的实践效果。

一、传统规制方式的革新

（一）健全行政立法行为

气候资源开发利用政府规制中的行政立法除了整体法律体系建设保持和谐同步之外，与还应考虑行政立法自身特点和规制行政领域立法的自身特色。

在理念上，行政立法应当体现我国气候资源开发和能源战略规划的要求，符合能源体制改革方向，作为能源监督管理的基本依据，实现保障能源战略、规划和项目实施的功能。

在体系上，在遵守上位法原则、精神，保持与上位法协调一致的前提下，充分发挥行政领域专门立法的主观能动性，通过制定新法、整合旧法等方式，实现行政立法体系化。涉及全局性、关系全国统一市场规则和管理事项的，由中央行政立法规定，涉及地区性事项的由地方行政立法按照事权划分加以规定。在此基础上，着重处理好立法与制定规范性文件的关系，对于长期的、稳定的、成熟的能源政策应当通过立法程序制定法律、法规和规章，以确保其权威性，对于暂行的、试行的、探索性的能源政策则应制定规范性文件，以发挥其灵活性特征。

在内容上，行政立法应覆盖规制全过程，明确市场准入、市场规则、能源运行管理的原则和要求，突出行政立法的针对性、可操作性，发挥其与法律、上位法规的衔接功能，增加目标明确的专项立法。

在程序上，做好立法规划，对前期调研评估、立项、起草、听取意见、合法性审核、审议批准公开发布的每个步骤都能设定预案，提前做好计划与安排，强化立法的事中监督机制建设，对于行政立法的贯彻执行情况应建立监督检查机制，及时根据经济社会发展、能源市场建设等情况作出调整，规范行政立法的"废、改、立"工作。

（二）完善行政规划行为

行政规划作为规制行为的一种方式，应当强调规划的功能定位，增强规划的导向性、科学性和系统性。在能源领域，能源规划必须符合能源发展的客观规律，适应经济社会发展的客观要求，体现能源发展的中长期布局。应建立健全能源规划体系，明确各类规划的定位和范围，控制能源规划层级和数量，形成层次分明、科学完整、功能明确、衔接有序的能源规划体系。同时，强化规划衔接，按照专项规划服从整体规划、下级规划服从上级规划的原则，确保各类规划之间的协调一致。

另一方面，还要加强行政规划的实施管理，健全规划实施机制建设，开展规划的实施情况、实施过程、实施效果的监督检查和评估，作好规划的动态调整。

（三）规范行政许可和其他行政执法行为

2014年3月国务院发文，要将"非行政许可审批事项取消或调整为政府内部审批事项"，不再保留"非行政许可审批"，这是落实简政放权的重要举措，气候资源开发利用的政府规制过程也是如此。因此，需要下放行政审批权、减少行政审批事项、精简许可与审批的潜质条件，制定和落实负面清单，对取消和下放的行政审批项目，上级行政部门要明确监督责任，在此基础上对已有的行政许可和行政审批事项，要明确和落实许可的条件、标准和程序，扩大公开竞争机制在行政许可和审批中的适用范围，进一步提高市场的基础性资源配置作用。健全网上审批机制和网上公示制度，实现依据公开、条件公开、程序公开、结果公开。对于确实需要设定行政许可和行政审批的事项，应强化标准建设，重视行政许可的事中控制，监督行政许可与审批的实施。

对于规制中的行政执法行为，包括规制过程中的行政检查、行政处罚、行政强制、行政命令等，都需注意依法运用执法手段，注重行政过程的合法性和合理性，从而完善能源领域的行政执法机制。目前我国正在依法推进清单制度建设，规制领域亦是如此，规制机构应当根据国家法律、法规和规范的要求，向社会公开行政执法清单，全面履行执法职责。整合行业和领域所涉及的各级各类主管部门的行政执法职能，分工协作，协同配合，切实解决多头执法、多层执法问题。强化执法监督，组织开展执法情况检查评估，落实责任机制，实现执法过程的"有法必依、执法必严"。在执法过程中，应逐步开展各领域的执法手册、执法指南等裁量基准制定工作，规范执法部门和执法机构自由裁量权的行使。

二、新型规制方式的实施

"放松规制"是规制体制改革的方向和重要内容，"放松"并不意味着放弃政府对市场的规范和监督，而是体现在规制理念和规制方式的转变中，是从传统的命令－控制型规制形式向合作－治理型的规制形式的转变，是通过更多样、更为柔性的行为方式实现规制目标的转变。在完善气候资源开发利用政府规制的过程中，不仅需要改善传统规制方式与相应的制度，还应当注重引入和实施新型的规制方式。

（一）创新行政指导方式

一般认为，行政指导是柔性行政行为，不具有强制性，其指导效果的实现完全有赖于相对人自主意志决定，行政主体不能干涉，这样的观念认识甚至也影响到了行政指导制度构造的偏差，在建构和完善具体的行政指导制度时，大多是从强化指导的法律依据，明确指导内容，规范指导程序，完善指导的监督救济几个方面入手，几乎没有考虑如何才能促使行政指导达到其预计效果，缺少以结果导向引导制度达成的内容[1]。事实上，行政指导是一种目标明确的促成性行政行为，在实施中，除了要通过实体和程序的制度规范行政主体的指导行为之外，还应当创新管理思路，以目标实现为行政指导制度设计的起点，思考运用何种形式的指导可以有效引导相对人的行为选择，进而促使指导目标的达成。

从这一意义上考虑，在气候资源开发利用的政府规制中，应当创新行政指导形式。目前行政指导在规制中虽时有运用，但大多显得较为空泛，多是一些概括性促进、倡导、鼓励型的规范性文件，缺乏针对性，相对人缺乏积极响应并实施行为的动力。如果从结果导向入手，可以考虑推广一些更具有针对性的制度形式，比如行政约谈制度、违法经营黑名单制度等形式的运用，这两种方式效力上都不具有强制性，但是由于其具有针对性，约谈制度可以通过约谈达到信息交流与沟通，传达行政意图和行政要求的目的，黑名单公布的方式既可以督促相对人及时纠正违法活动，也为公众提供了违法者信息，避免消费者在信息不对称的情况下的利益受损，因此，它们对于具体相对人而言有直接影响力，很容易实现指导效果。需要注意的是，虽然这两类制度形式有其突出优势，但在制度实施中也需要警惕制度异化为行政主体的强制性意志，因此，在具体的制度建设中，要事前制定法律规范，明确事由、对象、内容、程序、后续措施等内容，以此保证制度的合法性和正当性。

---

[1]　参见方世荣、谭冰霖等著：《回应低碳时代：行政法的变革与发展》，社会科学文献出版社，2016年，第198-199页。

（二）实施"绿色"能源政府采购

所谓政府采购，是指各级国家机关、事业单位和团体组织，使用财政性资金采购依法制定的集中采购目录以内的或者采购限额标准以上的货物、工程和服务的行为[①]。一般来说政府"绿色"采购是指根据法律规定，强制或优先要求各级国家机关、事业单位和团体组织在政府采购中应采购符合国家绿色认证标准的货物、工程和服务的行为。我国近年来开始重视"绿色"采购，以此作为推进产业发展和结构优化的有效形式，从2007年开始财政部分别联合国家发改委、国家环保总局发布了节能产品、环境标志产品的"绿色产品政府采购清单"。但是对于优先适用政府采购形式为公共需要采购新能源等"绿色"能源仅有少数地方尝试运用这一方式，尚未形成制度[②]。

"绿色"能源政府采购具有自己独特的功能和作用，可以很好地弥补目前新能源和可再生能源税收和财政补贴政策与制度的不足。作为支持新能源发展的税收政策，虽然是宏观调控的有效手段，但税收覆盖毕竟有限，而且，假如过于倚重向企业征收环保税等绿色税收，在我国的"分税制"体制下，容易使地方政府将这种惩罚性税收作为政府"开源"的一种形式，不仅起到没有抑制"三高"产品生产的作用，还加重了企业负担，有悖于设计这一税收形式的初衷。目前我国的关于新能源的财政补贴也存在类似问题，财政补贴是经济性规制的重要手段，是价格规制的主要方式，在新能源产业发展初期起到了很好的推动作用，但是这一形式也存在自身的不足，目前我国新能源财政补贴主要投向生产侧，主要补贴于企业的生产、电力上网定价等环节，缺少对核心技术研发、下游产业、消费侧的补贴，长此以往，导致价格扭曲和部分企业"骗补"的情况，不仅造成了财政资金的浪费，也影响了市场自身功能的发挥。但是如果扩大财政补贴的范围，将其延伸到消费侧，又会带来巨大的财政压力。在这种现状下，如果扩大运用"绿色"能源政府采购形式，可以一定程度弥补上述税收和补贴制度的不足，通过"绿色"能源政府采购，以行政合同的方式，为企业提供了公平交易的空间和"市场"，也可以将政府普遍性补贴转为特定化的政府购买，加强了政府资金运用的实效性，而且通过政府采购，还可以为其他企业、个人的行为选择起到引导和示范效果，进而实现合同能源管理模式的推广和应用。

当今，多个国家都在积极推行"绿色"能源政府采购政策，比如美国、日本和德国实施的"屋顶计划"、德国、丹麦、法国、西班牙等国采取优惠的固定电价收购可再生能源发电量[③]。以此刺激需求，培育市场。我国应当建立和完善"绿色"能源政府采购制度，把其标准纳入政府采购法律规范当中。

---

① 《政府采购法》第2条第2款。

② 如杭州市2016年将合同能源管理服务列入杭州市政府集中采购目录，采用合同能源管理方式开展分布式光伏发电项目建设工作，在公共建筑上实施分布式光伏发电项目，《杭州市机关事务管理局："1分钱"集中采购绿色能源》，http://zjnews.zjol.com.cn/201703/t20170309_3291995.shtml

③ 参见史际春：《新能源与可再生能源市场培育的经济法考量》，《甘肃社会科学》2010年第2期。

此外，还可以通过多种形式创新运用新型方式，促进监管的实效性。具体来说，还可以建立能源审计制度、第三方评估机制、责任追溯制度，创新政府规制的监督形式，运用信息规制方式，对重点领域建立监测预警制度，提高规制效能。在行政过程中，注意发挥社会和中介组织力量，充分发挥社会中介组织的作用，可以考虑通过合同委托的向社会购买服务，并注意加强对过程的规制和监管，引导行业建立自律行为准则。

三、规制影响评价制度的引入

引入规制影响评价制度可以通过标准化和量化的指标实现对规制效果的评价。影响评价制度最早产生于美国，到2000年底，14个OECD国家广泛采用了规制影响评价机制，另外有6个国家至少在规章中使用了规制影响评价[①]。它是指对现存的或拟议的规制政策已经产生或可能产生的积极影响和消极影响进行系统分析、评价的程序机制。规制影响评价程序通过对决策者提供关于规制措施潜在收益和成本的详细信息，有助于规制机构对是否规制以及如何规制作出理性决策，因此它是一种对规制政策及规制工具的利益衡量程序[②]。规制影响评价机制适用于各类行业的规制领域，能源行业规制也不例外。规制影响评价机制从整体上提高了规制的质量和效率，促进了多元规制目标的整合，完善了透明和协商机制，改进规制机构的可问责性。

（一）规制影响评价制度的适用原则与范围

规制影响评价是一个复杂的、费时的程序，如果每一项规制活动都需要经过规制影响评价程序，势必会带来不经济的后果，不利于将有限的资源用于重要的规制行为评价上，所以规制影响评价机制的一个重要内容就是根据本国、本地区具体情况确定其适用范围和原则。具体来讲，包括的要素应有：是否能确认问题所在；是否有助于目标的完成；能否帮助政策和决策的选择；是否有助于识别和评价可供选择的规制方式等[③]。

（二）政府规制影响评价的分析方法

采用何种分析方法是政府评价机制设计和执行的核心与关键，理论上有很多种评价方法，不过最为常用和流行的是成本收益分析方法。成本收益分析是对规制中法规议案或建议可能对经济社会环境的影响产生的成本和收益进行实证分析和评价，实质上是预期规制法规实施后产生的社会总成本、总收益和净收益。在气候资源开发利用的政府规制中就表现为规制机构通过法律的经济的和行政的手段干预经济，其目的是建立和完善有效的能源市场秩序，增加社会总福利。

① OECD,Regulatory Policies in OECD Countries: Interventionism to Regulatory Governance.OECD Publishing,2002.
② 参见马英娟：《政府监管机构研究》，北京大学出版社，2007年，第200-201页。
③ Commission of The European Communities:European Governance:Better Lawmaking,COM(2006)289 final.

　　成本收益分析方法，最重要的是对成本有效性的分析。成本有效性分析是在预期规制决策、行为结果的基础上，对不同规制政策、行为选择所发生的成本进行比较衡量的方式。成本收益分析方法需要考虑的成本有预算成本、交易成本（如能源规制机构的政策措施的制定实施、执行的成本；对规则遵守该政策措施所产生的成本等）、守法成本。但是，成本收益分析方法并不适用于非量化、非货币性的统计资料和信息，同时成本收益分析方法不能用于解释社会公平和公正问题，因此成本收益分析方法是市场性的方法，可以在规制中适当运用，但也需明确它有其自身的局限性。

　　能源既关乎国家安全，又与民生密切相关，在气候资源开发利用的政府规制中，能源规制是重要内容。气候资源开发利用政府规制的影响评价机制构建应首先建立能源的规制影响评价机制，这一机制应包括规制的内容、监管方式、监管效果、监管影响等方面的内容，通过影响评估机制的实施，将有助于对能源规制的有关法律法规的原则性框架进行解释和细化。具体来说，在内容上要围绕市场运行和规制的实施，分析市场现状，当产生市场失灵时，以问题为导向，通过运用专门分析工具进行分析后确定规制方式，在评价分析工具的选择上，可以适当运用包括成本有效性分析、风险分析、不确定性分析等方式，通过这些分析工具和方法的运用，量化规制成本和收益，即使难以量化收益的，选择成本有效性分析，也可以衡量和选择有效成本投入，以使规制有效、有力。在规制效果上，能源规制机构要定期审查和评估规制的效果，内容包括规范条款的有效性评估，规制中发生的成本、产生的收益及影响等，在此基础上由规制机构提出有针对性的改良方法和措施。需要注意的是，在运用成本收益评价制度时，需要注意对于收益的广义界定，通过规制实现的收益不仅包含经济效益，还包含了社会效益、生态效益和环境效益，片面强调经济收益的方式不仅不利于建立效率政府，甚至可能有害于社会发展。

　　在气候资源开发利用的环境规制中也可以引入以成本—收益为分析工具的实效性评价制度。我国作为世界上最大的发展中国家，一直面临着发展经济与治理环境污染之间的取舍或是如何侧重的问题。这也对政府提出了更多的基于公共利益之上的责任，要求政府在改善环境质量状况的同时，也应尽可能减少对经济和社会的负面效应，减低相关成本和效率的损失。以往对于环境保护环境行政措施过于简单，存在以关、停、并、转中小企业换取环境指标达标的情况，，却加剧了社会分配不公，加重了各地执行环境保护的经济成本，使环境保护政策难以获得广泛的社会支持，同时还提高了违规激励，要打破此类困局的重要前提，就是要改变现有环境规制手段单一的局面，重视在环境规制中选择成本有效的政策工具的重要性，建立环境管制的成本—收益分析制度。

第二节 政府规制程序制度的改进

一、落实信息公开制度

"对于行政过程的参与机制来说，关键在于实现行政机关和公众对目标、过程和成果的共有，而其基础就是信息共享[①]。"实现规制决策的充分参与，促进公众对规制主体的规制行为实施问责，其前提和基础在于规制主体对于相关信息的公开和公布。这是因为，规制主体和被规制对象之间往往存在一定的信息不对称。随着市场经济体制的成熟，市场主体可以通过市场获得一定的信息，如能源领域中，能源企业往往熟知市场信息以及消费者的需求信息，但另一方面，市场主体对于规制主体的相关决定抑或政策形成过程则缺乏必要的信息和了解。由此，规制主体与被规制主体之间出现了信息不对称，容易导致规制政策设计背离规制实体目标，而且也不利于被规制主体利益的保障。

因此，对于政府规制来说，规制程序应当清晰透明，应当使被规制主体和其他可能受到影响的人充分了解规制政策、决策。通过信息的充分披露，增强被规制主体在规制中的参与程度，减少其对于政府的依赖。近年来，我国能源监管领域的信息公开法制工作得到显著增强。目前我国已于 2007 年颁布了《政府信息公开条例》，也已有了一些与气候资源开发利用的政府规制有关的法律法规和其他规范性文件，如《行政许可法》《电力监督条例》《电力监管信息公开办法》《国家能源局综合司关于做好油气管网设施开放相关信息公开工作的通知》等，可以说法治建设工作有了显著增强，但是关于规制程序中的信息公开仍有不足，表现为：（1）各部门的规制管理信息沟通不足，缺乏信息互联共享机制。（2）个别规制环节的信息公开程度有待提高。

对于我国气候资源开发利用政府规制中的信息公开制度建设来说，未来需要在以下几个方面做好信息公开的工作：

（1）明确各环节信息公开的范围，保护行政相对人知情权。公民对政府信息具有知情权，信息公开是政府应尽的义务。实施规制的信息公开制度，其目的就是为了保障公民、法人和其他组织能够依法获取政府信息，提高政府工作的透明度，促进依法行政，充分发挥政府信息对受规制的企业和消费者的服务作用。

（2）定期公布年度报告，接受全社会监督。各规制主体构应按照《政府信息公开条例》的规定，在每年 3 月 31 日前公布政府信息公开工作年度报告，并健全相关制度。

（3）建立规制主体之间信息交流共享机制。从整个规制过程来看，各环节是相对封闭的，气候资源的勘测、风能与太阳能的开发和利用、市场的培育等环节，相应的规

---

① 杨建顺：《公共利益辨析与行政法政策学》，《浙江学刊》2005 年第 1 期。

制主体不同，行政职能各异，相互之间的规制活动几乎没有交集，信息公开工作当然也在此列，但从市场主体即企业来说，上述各项内容都是其在考虑进入市场和开展市场活动时需要面对的行政环节，因此，如能构建统一的信息公开与共享的网络开放平台，将与事项相关的信息统一集中于平台之中，凭借当前先进的网络信息科学技术，当事人可以选择以行业或产业领域为查询内容，全面、快捷的了解、分享所需信息，在给予相关人以切实便利的同时还可以极大地增强信息公开制度的实践效果。

二、完善公众参与制度

面对行政的发展由"国家行政"向"社会行政"发展的宏观趋势，如何有效地引入社会主体参与行政过程是各领域行政内容所共同面临的课题。具体到本书主题，就是指气候资源开发利用过程中，各规制机构应当提供途径，保证公众通过直接或间接的方式获取信息，并有效参与新能源规制决策当中。

公众参与权是公民拥有的重要的程序性权利，相比实体性权利，其更应受到重视和尊重，因为公众的参与即可以克服传统行政过程的封闭性和主观随意性，又在很大程度上决定着行政行为的合法性。因此，公众参与是现代行政程序中的重要环节，其突出表现为围绕公众知情权和公众参与权的制度设计。

根据公众参与强度的不同，公众参与方式可划分为书面参与、组织听证会和咨询委员会。（1）书面参与。这是一种最为基本的参与形式，即使相关程序法没有规定，受到规制决策影响的公民和组织也可根据宪法行使参与的权利。如美国早在规制规则制定的非正式程序中有"公告后评论"环节，就可以视为书面参与的一种形式。美国早在1964年便倡导这一做法，现在这种程序对世贸组织框架内的所有技术标准都有强制约束力。英国也有类似做法，英国政府部门在规制启动前，一般会提前公布规制提案，并且政府还提供了政府提案开放网站，在这一网站中所有政府提案都可检索，其间还可以检索到所有重要磋商的实施进度，网站中还设置了反馈意见概要和可公开的磋商文件的网络连接。如果有利益的利害关系人有某些问题或领域的磋商要去，可以通过电邮的方式发出通知，附之以相关磋商细节，政府部门可以就此协调安排，也可以通知磋商对象提前准备。磋商程序还将包括与相关贸易协会、中小企业服务组织、利益相关企业和其他风险承担者进行直接接触和对话，这一做法极大提高了行政效率[①]。我国也有类似的形式，如提出"意见和建议"的形式，书面参与，往往没有固定要求，成本低，最具经济性，也能容纳最大量的参与数量，但其也存在缺陷，如有可能产生参与过度问题，一定程度上会影响规制的效率，更为重要的是，书面参与的结果仅起参考作用，规制机构的决策不受公众意见和建议的约束，如果没有完善的说明理由机制，这种方式很可能无法真正实现维护公众利益。（2）听证。正式的听证程序必须有法律的规定，它是严格的要式行为，参加者有权进行辩论和质证，规则的制定和行为的做出必须根据听证记录做成。因此，

---

① 参见王林生：《发达国家规制改革与绩效》，上海财经大学出版社，2006年，第154–155页。

这种形式的听证对于规制机构有约束力。但是正式的听证会强调公平性和严格的程序性，往往耗资耗时、效率低下，不宜频繁使用。目前法律的规定也是如此，正式听证的申请往往以重大公共利益或与个人权利的损益密切相关的事务为理由，比如《贵州省气候资源开发利用和保护条例》第18条规定："县以上气象主管机构及有关部门应当加强气候资源保护的监督管理，避免气候环境恶化，对可能造成局地气候不利影响或者直接涉及公众气候环境权益的建设项目，应当组织听证会。"（3）咨询委员会。这是由行业和领域专家、关联企业代表、行政专业人员构成的非临时性专业咨询组织，如于不久前刚被现任美国总统特朗普解散的美国气候变化评估咨询委员会就是这类机构，我国现在也越来越重视发挥专家的智力支撑作用，各部委、各重要领域都设立了此类机构，比如国家能源局设立的国家能源委员会专家咨询委员会、商务部设立的经贸政策咨询委员会、外交部设立的外交政策咨询委员会等。咨询委员会存在明显优势，其参与意见相对集中、参与程度深入、咨询意见专业，对规制决策有较大影响力等。公众参与的几种方式各有优势，具体在过程中如何运用，还应视具体情况选择适当方式，不能一概而论，也不可有所偏废。

信息公开与公众参与是程序制度建构中的两项支撑性制度，二者相辅相成，互为前提。行政的高透明度是高质量的公众参与的前提，而公众参与则是信息进一步公开的民主动力，二者对于规范规制权力运用、提高规制活动质量都有重大意义。

第三节 政府规制的责任与权利制度的完善

权力自其诞生起就存在行使与滥用之间的悖论，如何制约监督权力行使和保证权利获得救济是法学的恒久研究课题。规范气候资源开发利用中的政府规制权，除了对规制权的设定与实施做出完备规定外，还需要以责任追究和权利救济机制保证规制权不被滥用。

一、规制主体内部的责任追究制度构造

内部责任追究制度旨在联系规制行为与规制后果、法律责任，使权力行使和责任承担一体化，从而规范规制活动。气候资源开发利用所涉领域广泛，对于内部责任追究制度的建构需要提炼出抽象和具有共性的原则和标准，以此规范政府规制权的实施。

（一）确定责任追究主体和对象

行政责任追究的主体分为两大类：一是行政系统内部的特定机关，即"同体追责"，包括有监察、审计等专门机关以及上级领导机关和公务员的任免机关；二是行政系统

外部的主体，即"异体追责"的主体，主要是国家权力机关、司法机关和党的纪检机构①。各主体在责任追究形式，权限等内容上各有不同，实践中需注意在各司其职的前提下注意工作的交流沟通与配合。

"有权必有责，权责必统一"，作为行政责任的内部追究机制，确定责任追究对象即责任承担主体时，应当注意追究对象应当与权力行使和实施主体相一致，在责任追究对象的确定上，应当包含个人与行政主体担责两种情况。其中个人承担责任包括：（1）行政首长基于其领导和决策权限，对本机关的全部工作向权力机关和人民承担的责任，这种情形下的责任主要是政治责任，形式包括报告工作、回答质询、引咎辞职、接受罢免等。（2）直接作出行政行为的公务人员。公务人员在运用行政权在实施行政行为时，如发生行政违法情形且自身具有过错，则应当承担相应的法律责任。在责任追究对象的划定上，除了相关个人基于其职责或行为所应承担的个人责任之外，行政主体作为具有抽象法律人格的独立主体，还应当以适当形式要求承担相应法律后果。

（二）完善责任追究程序

行政程序要求行政责任追究主体实施追责行为时所应遵循方式、步骤、时限和顺序。加强行政程序制度建设是规范行政权实施的有力手段从宏观层面看，也是实现行政法治的重要前提。具体实施行政追责行为时，可以基于我国于2009年颁布的《关于实行党政领导干部问责的暂行规定》第3章所设定的内容，做好立案、调查、决定、通知、执行等几个环节的程序制度设计，强化过程监督。

（三）明确责任追究形式

责任追究主要针对责任主体不履行或者不正确履行法定职责，从而影响职权形式或损害行政相对人合法权益的行为。其中，"不履行法定职责"包括拒绝、放弃、推诿、不完全履行职责等情形；"不正确履行法定职责"包括无合法依据以及不依照法律规定的权限和程序履行职责等情形，大致包括以下集中情况：（1）滥用行政职权；（2）违反程序，决策失误；（3）不当行使行政权；（4）不作为造成效能低下；（5）弄虚作假，徇私舞弊；（6）以权谋私；（7）其他应当追究行政责任的情形②。

二、司法救济制度建构

司法机关对气候资源开发利用政府规制的司法救济制度建构，首先要解决司法机关的审查深度与强度问题，这一问题其实质反映了行政权自我监督与司法审查如何衔接的问题，二者是行政法领域两种最重要的纠纷解决机制和权利救济路径。行政权的自我监督和司法审查两种方式各有优势，从专业审查角度来看，行政权自我审查是可靠的选择，因为法院不具有判断纯粹行政问题的能力和优势，相对比来说，行政机关则拥有纯熟的

① 陈党：《行政责任追究制度与法治政府建设》，《山东大学学报（哲学社会科学版）》2017年第3期。
② 同前注。

专业技术和精良的人员和组织构成，因而"由技术上文盲的法官对数学和科学证据所作的实体审查是危险和不可靠的"①。而假如在判断中需要对法律问题作出认定和判断，那么司法审查则是最适当的选择，法院拥有大量经过专业训练、掌握熟练法律适用知识并拥有丰富司法裁判经验的法官，是解决法律问题的专家。基于此，法院司法审查的功能着重于判断行为的法律定性及权利义务归属，但是对于行政行为的专业性问题则无法越俎代庖。正确的选择是："第一，通过比较侵略式地检查机关的法律结论，确保机关并未超越特定授权的边缘界线；第二，通过持尊重态度地检查机关的有关事实和自由裁量的决定，确保机关以合理的方式行使其被授予的权力②。"

在气候资源开发利用中的政府规制领域，应该说我国专门规制机构对其专职领域的事务比较了解，具备管理上的专业性和技术性，所以由法律赋予专门规制机构以对这类民事纠纷的处理权，有助于提高纠纷解决的效率。但是，在人民法院和专门规制机构都有权处理民事争议的清况下，就产生了行政处理与司法审查之间的衔接问题。按照我国现有的法律规定，对于民事纠纷的行政处理权与司法审查权并存时的处理原则如下：（1）人民法院主管优先，即一方当事人请求专门规制机构处理，另一方向人民法院提起民事诉讼的，由人民法院主管。（2）双方当事人均请求行政机关处理的，行政主管部门主管处理。但此种处理不能与司法最终解决原则相背离。为更好地处理专业问题的裁决效果，还可以考虑引入美国行政法上的规制机构首先管辖原则，即法院可以要求当事人首先把问题提交给监管机构解决，法院只在监管机构作出决定后才进行司法审查③。

再具体到有关救济机制的法律制度，必须以法律责任类型的区分为前提，对于行政责任和民事责任分别规定不同的救济途径。当然，针对该问题的解决，还要依赖既有的有关法律责任追究的法律制度资源，相关气候资源立法中关于救济机制的规定，主要是为救济程序的启动明确适合的法律制度入口。

---

① 【美】欧内斯特·盖尔霍恩、罗纳德·M·利文：《行政法和行政程序概要》，黄列译，中国社会科学出版社，1996年，第70页。
② 同前注，第46–47页。
③ 参见王名扬：《美国行政法》，中国法制出版社，1995年，第659–668页；杨建顺：《行政诉讼的类型与我国行政诉讼制度改革的视角》，《河南省政法管理干部学院学报》，2005年第4期。

结　语

气候资源是重要的新兴资源，对其进行能源化开发利用可以有效应对气候变化、缓解能源危机、保障能源安全和推进可持续发展，但缺乏政府规制和制度规范的的气候资源开发利用活动不仅难以达致有序、高效的显著效果，更可能产生巨大的市场风险和环境影响。反观我国现有现状，相关制度建设才刚起步，尚有许多问题有待明确，许多缺陷尚待完善。

首先需要明确的是，气候资源开发利用的相关市场具有特殊性，气候资源开发利用政府规制内容与方法也有其独特性。新能源产业不同于传统能源产业，它是新兴的能源产业，相比传统能源市场除了相对弱小以外，市场机制也更为欠缺，这就需要构建有效的政府规制机制、适用更有针对性的规制方法和手段对市场加以规范、引导和促进。

在理念层面，应当以"有序开发"作为气候资源开发利用的全局性理念和原则，全面考虑气候资源的自然属性和社会属性，有序地开发气候资源，科学的建构政府规制制度，从而使政府规制能源克服市场失灵，也能够从机制和体制建构上防止政府失灵。

在内容层面，首要前提是明确气候资源国家所有权的公权属性，以权能适当分离作为气候资源国家所有权的实现模式，将立法规制作为所有权实现的基础，以规制和管理制度为气候资源国家所有权的实现的保障。中观层面的内容建构应当以构建气候资源开发利用的政府规制制度体系为核心。从实体法和程序法两个层面控制和规范行政规划制度，通过建立规范系统的行政规划制度，明确各类规划的定位和范围，控制能源规划层级和数量，形成层次分明、科学完整、功能明确、衔接有序的能源规划体系。同时，强化规划衔接，按照专项规划服从整体规划、下级规划服从上级规划的原则，确保各类规划之间的协调一致。在微观层面，需要改造和完善气候资源开发利用政府规制中的经济性规制内容和社会性规制内容，适度规范能源行业的经济性规制行为，强化和协调新能源行业的社会性规制机制，对新能源产业和市场做出适当限制。

在体制层面，我国应当尽快制定《能源法》，完善《可再生能源法》法律体系，增加高位阶的配套性规范，重视专门性立法、加强协调性立法，从而为新能源规制体制建设提供立法支撑。与此同时，积极推进能源行业市场化改革，针对新能源产业的特点，培育社会监督体系，建立有效的公众参与机制，借鉴其他国家能源规制的先进经验，改良现有能源规制权力配置模式，实行"政监合一、内部分离"的模式，适时组建独立能源规制机构，科学界定规制职权，妥善协调能源规制机构与其他规制机构之间的权利配置关系。调整气候资源开发利用政府规制的行政管理体制，理顺政策部门、其他行业主管部门与能源管理部门的横向权力配置，合理划分规制中中央政府与地方政府的事权范围，以制度约束越权行为，加强对地方政府规制行为的监督与控制。

在机制层面，重视以法律约束和规范公权力的运行，应当从行政法的视角，分析气候资源开发利用政府规制的权力获得与权力的行使方式。从已发现的问题出发，健全行政立法行为，完善行政规划行为，创新行政指导形式，实施"绿色"能源政府采购制度，引入规制影响评价制度客观评价规制效果，以信息公开制度和公众参与制度为内容改良规制程序制度，通过规范规制内部责任追究制度和完善规制的司法救济制度建立规制的责任与救济制度。

气候资源的开发利用虽起步不久，但潜力巨大，我们对于制度的建构与设想是基于现有国情和制度下的理性思考，在充分吸收他国规制改革经验的同时，需要结合我国新能源产业和市场实际，以本土国情和制度要素为出发点进行气候资源开发利用的政府规制制度创新，最终目标是构建符合国情，适应社会主义市场经济和竞争性市场结构的独立统一、透明高效的规制制度体系，从而实现气候资源的合理利用，新能源市场的资源要素的合理配置，在维护公共利益和能源市场秩序的基础上，实现新能源行业的健康稳定发展。

参考文献

一、主要中文参考文献

（一）著作类（含译著）

[1] 陈富良.我国经济转轨时期的政府规制【M】.北京：中国财政经济出版社，2000.

[2] 陈富良.放松规制与强化规制——轮转型经济中的政府规制改革【M】.北京：三联书店，2001.

[3] 曹海晶，方世荣主编.国家治理体系与治理能力现代化中的行政法问题研究【M】.荆门：湖北人民出版社，2015.

[4] 陈鹤.气候危机与中国应对——全球暖化背景下的中国气候软战略【M】.北京：人民出版社，2010.

[5] 常纪文，杨朝霞.环境法的新发展【M】.北京：中国社会科学出版社，2008.

[6] 崔建远.准物权研究【M】.北京：法律出版社，2003.

[7] 崔建远.自然资源物权法律制度【M】.北京：法律出版社，2012.

[8] 曹明德.生态法原理【M】.北京：人民出版社，2002.

[9] 崔民选.中国能源发展报告（2010）【M】.北京：社会科学文献出版社，2010.

[10] 程启智.中国：市场失灵与政府规制研究【M】.北京：中国财政经济出版社，2002.

[11] 曹荣湘主编.全球大变暖——气候经济、政治与伦理【M】.北京：社会科学文献出版社，2010.

[12] 程启智.中国：市场失灵与政府规制研究【M】.北京：中国财政经济出版社，2002.

[13] 陈天祥等.政府绩效评估与管理: 政治、过程与技术【M】.广州: 中山大学出版社，2015.

[14] 陈晓春主编.低碳经济与公共政策研究【M】.长沙：湖南大学出版社，2011.

[15] 陈新民.中国行政法学原理【M】.北京：中国政法大学出版社，2002.

[16] 陈贻健.气候正义论——气候变化法律中的正义原理和制度构建【M】.北京：中国政法大学出版社，2014.

[17] 董岩.国家应对气候变化立法的研究——以立法目的多元化为视角【M】.北京：中国政法大学出版社，2015.

[18] 方世荣，邓佑文，谭冰霖.参与式行政的政府与公众关系【M】.北京：北京大学出版社，2013.

[19] 方世荣，石佑启编.《行政法与行政诉讼法》(第三版)【M】.北京：北京大学出版社，2015.

[20] 范柏乃.政府绩效评估与管理【M】.上海：复旦大学出版社，2007.

[21] 国家可再生能源中心编：2014 国际可再生能源发展报告【M】.上海：中国环境出版社，2014.

[22] 国家可再生能源中心编：2014 国际可再生能源发展报告【M】.北京：中国经济出版社，2015.

[23] 龚向前.气候变化下能源法的变革【M】.北京：中国民主法制出版社，2008.

[24] 郭志斌.论政府激励性管制【M】.北京：北京大学出版社，2002.

[25] 韩大元.1954 年宪法制定过程【M】.北京：法律出版社，2015.

[26] 胡鞍钢，管清友.中国应对全球气候变化【M】.北京：清华大学出版社，2009.

[27] 胡静.环境法的正当性与制度选择【M】.北京：知识产权出版社，2009.

[28] 胡亮亮.论环境参与权【M】.王树义主编.环境法系列专题研究（第三辑）【M】.北京：科学出版社，2008.

[29] 黄其励等.中国能源中长期（2030、2050）发展战略研究（可再生能源卷）【M】.北京：科学出版社，2011.

[30] 金自宁编译.风险规制与行政法【M】.北京：法律出版社，2012.

[31] 林伯强.中国能源思危【M】.北京：科学出版社，2012.

[32] 刘传庚等.中国能源低碳之路【M】.北京：中国经济出版社，2011.

[33] 刘承礼主编.分权与央地关系【M】.北京：中央编译出版社，2015.

[34] 李虹.公平、效率与可持续发展——中国能源补贴改革理论与政策实践【M】.北京：中国经济出版社，2011.

[35] 刘恒主编.典型行业政府规制研究【M】.北京：北京大学出版社，2007.

[36] 梁剑兵，张新华.软法的一般原理【M】.北京：法律出版社，2012.

[37] 吕薇.可再生能源：发展机制与政策【M】.北京：中国财政经济出版社，2008.

[38] 李严波.欧盟可再生能源战略与政策研究【M】.北京：中国税务出版社，2013.

[39] 兰燕卓.为了有序的城市——城市规划变更的行政法规制【M】.北京：北京大学出版社，2014.

[40] 穆献中，刘炳义.新能源和可再生能源发展与产业化研究【M】.北京：石油工

业出版社，2009.

[41] 曲云鹏.澳大利亚能源规制：法律、政策及启示【M】.北京：知识产权出版社，2011.

[42] 任东明.可再生能源配额制政策研究：系统框架与运行机制【M】.北京：中国经济出版社，2013.

[43] 史丹等.中国能源供应体系研究【M】.北京：经济管理出版社，2011.

[44] 沈岿主编.风险规制与行政法新发展【M】.北京：法律出版社，2013.

[45] 孙鹏.可再生能源发电产业发展与上网价格规制研究——基于能源替代博弈的视角【M】.武汉：武汉大学出版社，2015.

[46] 孙宪忠主编.中国物权法：原理释义和立法解读【M】.北京：经济管理出版社，2008.

[47] 吴浩.国外规制影响分析制度【M】.北京：中国法制出版社，2010.

[48] 王利明.物权法论【M】.北京：中国政法大学出版社，2003.

[49] 王林生.发达国家规制改革与绩效【M】.上海：上海财经大学出版社，2006.

[50] 王伟光，郑国光.应对气候变化报告（2010）——坎昆的挑战与中国的行动【M】.北京：社会科学文献出版社，2010.

[51] 王雅丽，毕乐强.公共规制经济学【M】.北京：清华大学出版社，2011.

[52] 王锡锌.公众参与和行政过程——一个理念和制度分析的框架【M】.北京：中国民主法制出版社，2007.

[53] 翁岳生编.行政法【M】.北京：中国法制出版社，2002.

[54] 肖国兴，叶荣泗主编.中国能源法研究报告（2008）【M】.北京：法律出版社，2009.

[55] 肖国兴等编.中国能源法研究报告（2009）【M】.北京：法律出版社，2010.

[55] 徐华清，郭元等.中国能源发展的环境约束问题研究【M】.北京：中国环境科学出版社，2012.

[57] 徐梅.日本的规制改革【M】.北京：中国经济出版社，2003.

[58] 肖乾刚，肖国兴编.能源法【M】.北京：法律出版社，1996.

[59] 肖兴志.自然垄断产业规制改革模式研究【M】.大连：东北财经大学出版社，2003.

[60] 于安.降低政府规制——经济全球化下的行政法【M】.北京：法律出版社，2003.

[61] 袁持平.政府管制的经济分析【M】.上海：上海财经大学出版社，2005.

[62] 余晖.管制与自律【M】.杭州：浙江大学出版社，2008.

[63] 于立宏.能源资源替代战略研究【M】.北京：中国时代经济出版社，2008.

[64] 杨建顺.行政规制与权利保障【M】.北京：中国人民大学出版社，2007.

[65] 杨解君主编.欧洲能源法概论【M】.广州：世界图书出版广东有限公司，2012.

[66] 杨解君主编.美洲国家能源法概论【M】.北京：世界图书出版公司，2013.

[66] 杨振联.现代公共行政的制度逻辑【M】.兰州：光明日报出版社，2013.

[68] 杨泽伟.发达国家新能源法律与政策研究【M】.武汉：武汉大学出版社，2011.

[69] 周珂.生态环境法论【M】.北京：法论出版社，2001.

[70] 中国法学会能源法研究会编.中国能源法研究报告（2012）【M】.上海：立信会计出版社，2013.

[71] 张红凤，张细松.环境规制理论研究【M】.北京：北京大学出版社，2012.

[72] 周汉华.政府监管与行政法【M】.北京：北京大学出版社，2007.

[73] 张剑虹.中国能源法律体系研究【M】.北京：知识产权出版社，2012.

[74] 章剑生.现代行政法基本理论【M】.北京：法律出版社，2008.

[75] 张沁.中国低碳发展的激励型规制研究【M】.北京：冶金工业出版社，2012.

[76] 张千帆.国家主权与地方自治》【M】.北京：中国民主法制出版社，2012.

[77] 张文显.法哲学范畴研究【M】.北京：中国政法大学，2001.

[78] 张新平.自然资源保护法原理【M】.兰州：兰州大学出版社，2007.

[79] 张昕竹.中国规制与竞争：理论和政策【M】.北京：社会科学文献出版社，2000.

[80] 詹镇荣.民营化法与管制革新【M】.台北：元照出版有限公司，2005.

[81]【英】安东尼·奥格斯.规制：法律形式与经济学理论【M】.骆梅英译.苏苗罕校，北京：中国人民大学出版社，2008.

[82]【英】安东尼·吉登斯.气候变化的政治【M】.曹荣湘译.北京：社会科学文献出版社，2009.

[83]【美】埃里克·波斯纳，戴维·韦斯巴赫.气候变化的正义【M】.李智，张键译.北京：社会科学文献出版社，2011.

[84]【德】奥托·迈耶.德国行政法【M】.刘飞译.北京：商务印书馆，2002.

[85]【美】E·博登海默.法理学：法律哲学与法律方法【M】.邓正来译.北京：中国政法大学出版社，1888.

[86]【英】菲尔·奥基夫，杰夫·奥布赖恩，妮古拉·皮尔索尔.能源的未来——低碳转型路线图【M】.阎志敏，王建军译.北京：石油工业出版社，2011.

[87]【日】黑川哲志.环境行政的法理与方法【M】.肖军译.北京：中国法制出版社，2008.

[88]【美】杰弗里·斯通等著，张千帆，【美】葛维宝编.中央与地方关系的法治化【M】.程迈，牟效波译.上海：译林出版社，2009.

[89]【英】尼古拉斯·斯特恩.地球安全愿景——治理气候变化，创造繁荣进步新时代【M】.武锡申译，曹荣湘校，北京：社会科学文献出版社，2011.

[90]【美】史蒂芬·布雷耶.打破恶性循环：政府如何有效规制风险【M】.宋华琳译.北京：法律出版社，2009.

[91]【美】史蒂芬·布雷耶.规制及其改革【M】.李红雷，宋华琳，苏苗罕，钟瑞华译.北京：北京大学出版社，2008.

[92]【法】让－雅克·拉丰.规制与发展【M】.聂辉华译.北京：中国人民大学出版社，2009.

[93]【美】特雷弗·豪瑟，罗布·布拉德利，雅各布·沃克斯曼等.碳博弈——国际竞争力与美国气候政策【M】.朱光耀，焦小平译.北京：经济科学出版社，2009.

[94]【美】维托·斯泰格利埃诺.美国能源政策：历史过程与博弈【M】.郑世高译.北京：石油工业出版社，2008.

[95]【美】约瑟夫·P.托梅因，理查德·D.卡达希.美国能源法【M】.万少廷译.北京：法律出版社，2008.

（二）期刊论文类（含译文）

[1] 曹明德.论气候资源的属性及其法律保护【J】.中国政法大学学报.2012，6.

[2] 蔡守秋.论我国法律体系生态化的正当性【J】.法学论坛.2013，2.

[3] 蔡守秋.论公众共用物的法律保护【J】.河北法学.2012，4.

[4] 陈廷辉.浅谈协调＜可再生能源法＞与相关法律关系的对策【J】.风能.2010，3.

[5] 程雪阳.国家所有权概念史的考察和反思【J】.交大法学.2015，2.

[6] 邓海峰，刘玲利.论能源立法的低碳化【J】.中国石油大学学报(社会科学版).2010，2.

[7] 方世荣，孙才华.论行政法的"低碳"理念【J】.求实.2010，12.

[8] 方世荣.论公法领域中"软法"实施的资源保障【J】.法商研究.2013，3.

[9] 方世荣，谭冰霖.论促进公民低碳行动的行政指导【J】.法学.2014，2.

[10] 高秦伟.行政过程中的政策形成——一种方法论上的追问【J】.当代法学.2012，5.

[11] 黄婧.加拿大能源法律制度构建【J】.环境经济.2012,1.

[12] 黄婧.论美国能源监管立法与能源管理体制【J】.环境与可持续发展.2012,2.

[13] 黄雄，杨解君.统一能源法典：基于现行能源立法的检讨【J】.法治论丛.2011,1.

[14] 蒋红珍.治愈行政僵化：美国规制性协商机制及其启示【J】.华东政法大学学报.2014,3.

[15] 林承铎.中国可再生能源立法的完善【J】.长安大学学报(社会科学版).2010,2.

[16] 刘超.国家所有权客体范围之依据的证成与考辨【J】.广西大学学报（哲学社会科学版）.2013,2.

[17] 吕江.英国低碳能源法律政策的演变——特点及其启示【J】.武大国际法评论.2011,2.

[18] 吕江.社会秩序规则二元观与新能源立法的制度性设计——以英国 <2010 年能源法 > 为例【J】.法学评论.2011,6.

[19] 刘然,王鸿雁.中央与地方利益均衡分析【J】.国家行政学院学报.2011,2.

[20] 刘水林,吴锐.论"规制行政法"的范式革命【J】.法律科学.2016,3.

[21] 刘水林.论政府规制的目标及实现方式【J】.兰州学刊.2016,2.

[22] 林彦.自然资源国家所有权的行使主体——以立法为中心的考察【J】.交大法学.2015,2.

[23] 吕忠梅.监管环境监管者:立法缺失及制度构建【J】.法商研究.2009,5.

[24] 马俊驹,龚向前.论能源法的变革【J】.中国法学.2007,3.

[25] 欧阳君君.自然资源特许使用适用范围的限制及其标准【J】.河南财经政法大学学报.2016,1.

[26] 彭峰.台湾再生能源发展条例评述与比较【J】.环境经济.2010,9.

[27] 宋功德.行政裁量法律规制的模式转换——从单一的硬法或软法模式转向软硬并举的混合法模式【J】.法学论坛.2009,5.

[28] 任东明.中国可再生能源配额制和实施对策探讨【J】.电力系统自动化.2011,22.

[29] 任进,李军,薛波.论中央与地方权限争议法律解决机制【J】.国家行政学院学报.2005,2.

[30] 沈宏亮.中国社会性规制失灵的原因探究——规制权利纵向配置的视角【J】.经济问题探索.2010,12.

[31] 苏苗罕.能源监管机构的权力边界问题研究【J】.2009 年全国环境资源法学研讨会论文集.2009.

[32] 单平基,彭诚信."国家所有权"研究的民法学争点【J】.交大法学.2015,2.

[33] 宋亚辉.论公共规制中的路径选择【J】.法商研究.2012,3.

[34] 盛学军,陈开琦.论市场规制权【J】.现代法学.2007,7.

[35] 屠恒,尤建新.新形势下我国新能源产业的发展路径——以转型创新的视角审视【J】.上海管理科学.2013.1.

[36] 王贵松.调整规划冲突的行政法理【J】.清华法学.2012,5.

[37] 王健,王红梅.中国特色政府规制理论新探【J】.中国行政管理.2009，3.

[38] 王家国.自然资源国家所有权的行使主体——以立法为中心的考察【J】.法制与社会发展.2015，4.

[39] 王利.中国新能源法律、政策的缺陷与完善【J】.北方论丛.2011，6.

[40] 文绪武.欧盟能源规制:政策变迁及其经验【J】.经济社会体制比较.2014,5.

[41] 武奕成.中国能源立法目的及其价值取向的选择———兼论能源立法中能源利用与环境保护的关系【J】.河北法学.2011,11.

[42] 魏政,于冰清.我国光伏产业发展现状与对策探讨【J】.中外能源.2013.6.

[43] 肖国兴 . 论 < 能源法 > 绩效指标及其制度实现【J】. 中州学刊 .2009,5.

[44] 薛惠锋 . 完善立法 保障中国可再生能源发展【J】. 风能 .2010,3.

[45] 肖兴志，李少林 . 光伏发电产业的激励方式、他国观照与机制重构【J】. 改革 .2014，7.

[46] 姚海放 . 论市场规制权的行使与问责制的落实【J】. 中国工商管理研究 .2010，3.

[47] 于立，肖兴志 . 规制理论发展综述【J】. 财经问题研究 .2001，1.

[48] 杨解君，胡丙超 . 可持续发展理念的行政法治化：需要与途径【J】. 南京工业大学学报 (社会科学版).2007，6.

[49] 杨解君，臧扬杨 . 中国太阳能资源利用的立法现状及其未来发展【J】. 南京社会科学 .2011，10.

[50] 张晖 . 对"重复建设"的理解误区及解疑——兼辨重复建设与产能过剩和过度竞争【J】. 西部论坛 .2013，5.

[51] 周劲，付保宗 . 产能过剩的内涵、评价体系及在我国工业领域的表现特征【J】. 经济学动态 .2011，10.

[52] 张敏 . 解读"欧盟 2030 年气候与能源政策框架"【J】. 中国社会科学院研究生院学报 .2015，6.

[53] 朱彤 . 德国与美国当前能源转型进程比较分析【J】. 国际石油经济 .2016，5.

[54] 湛中乐，郑磊 . 分权与合作：社会性规制的一般法律框架重述【J】. 国家行政学院学报 .2014，1.

[55]【美】杰弗里·吕贝尔斯 . 美国管制革新的方法【J】. 鄢超译，苏苗军校 . 行政法学研究 .2009，3.

[56]【比】简·隆美尔，科恩·佛霍埃斯特 . 探究协作对监管机构自主权的影响：比利时的能源监管机构【J】. 张敏译，杨阳校 . 国际行政科学学会，中国人事科学研究院编：《国际行政科学评论：中文版》第 80 卷第 2 辑，中国人事出版社，2014.

二、主要英文参考文献

（一）著作类

[1] Adrian J. Bradbrook,Rosemary Lyster,Richard L. Ottinger, The Law of Energy for Sustainable Development, Cambridge University Press,2005.

[2] Ayres,raithwaite,Responsive regulation:Transcending the deregulation debate,Oxford Univorsity Press,1992.

[3] David Wilkinson,Environment And Law,Routledge Press,2002.

[4] Hahn R W. Reviving,Regulatory Reform:A Global Perspective,Cambrige University Press and AEI Press,2001.

[5] James Bacchus,Questiongs in Search of Answeis:Trade,Climate Change,and the Rule of Law,WTO Conference，Geneva,2010.

[6] Karl Marllon,Renewable Energy Policy and politics,EARTHSCA，2007.

[7] Kurt Deketelaere,Energy Law,Kluwer Law International,2001.

[8] Mare Allen,Regulatory Polities in Transition,the Johos HoPhins University Press,1993.

[9] Mike Feintuck,ˋThe Public Interest'in Regulation,Oxford University Press,2004.

[10] OECD,Regulatory policies in OECD Countries:From Interventionism to Regulatory Govemance,Paris,2002.

[11] Orly Lobel,The Renew Deal:The Fail of Regulation and the Rise of Governmance In ContemPorary Legal Thought,89Minn.L.Rev,2004.

[12] Paul L. Joskow,Ecomomic Regulation,Edward Elgar,2000.

[13] Peter Caxneron,Legal Aspects of EU Energy Regulation,Oxford University Press,2004.

[14] Robert V. Percival,Environmental Regulation:Law,Science,and Policy,CITIC Publishing House,2003.

[15] Sawin,Prugh,Mainstewaming Renewable Energy In The 21th Century, Worldwatch Institute,2004.

[16] Stone,Alan,Regulation and its Alternatives,Congressional Quarterly Press,1982.

[17] W.Th.Douma,L.Massai,M.Montini,The Kyoto Protocol and Beyond Legal and Poliey Challenges of Climate Change,T.M.C.Asser Press,2007.

（二）论文类

[1] Cary Cogliance,Richard Zechauser, Edward Parson, Seeking Truthfor Power: Infonnational Sti.ategyand Regulatory Polieymaking, Minnesota Law Review, 2004, vol.89, Issue2.

[2] David S. Turetsky,Principles of Regulatory Policy Design,World Bank Policy Eesearch Working Paper,1239.

[3] Department for Innovation,Universities and Skills (DIUS)，Department for Business,Enterprise and Regulatory Reform (BERR),The Better Regulation Executive(BRE), Regulation and innovation:evidence and policy implications. BERR ECONOMICS PAPER NO.4,2008.

[4] Francesco Sindico, Unravelling the Trade and Environment Debate through Sustainable Development Law Principles.Social Science Electronic Publishing,2011.

[5] Helle Tegner Anker,Birgitte Egelund Olsen,Anita Ronne, Wind Energy and the Law:A Comparative Analysis. Journal of Energy & Natural Resources Law,Vol27,No2,2009.

[6] Ian Bartle,Peter Vass,Independent Economic Regulation:A Reassessment of Its Role in Sustainable Development.15 Utilities Policy,261,2007.

[7] Judith Lipp,Lessons for effective renewable electricity Policy from Denmark,Germany and the United Kingdom.EnergyPoliey,35(2007).

[8] KL Anaya,MG Pollitt,Integrating distributed generation: Regulation and trends in three leading countries.Energy Policy,2015,85.

[9] Kostantinos D Patlitzianas,Argyris Gkagiannas,John Psarras,Renewable energy utilization of the new EU members tates.New Energy and Tcchnology,2004.

[10] Martine A Uyterlinde,Martin Junginger,ImPlications of technologies Learning on the ProsPects for Renewable energy technologies in EuroPe.EnergyPoliey,2007.

[11] M Taylor,KS Fujita,Accounting for Innovation in Energy Efficiency Regulation. European Council for An Energy Efficient Economy,2014.

[12] Owen.A.D.,Environmental externalities.Market distortions and the economics of renewable energy technologies.TheEnergyJournal,2004,25(3).

[13] Wiser R,Pickle S,Goldman C,Renewable energy Poliey and eleetrieity restruetLlring:aC aliforniaeasestudy.EnergyPoliey,Vol.26,No.6,1998.

后 记

　　本书作为我承担的西南科技大学博士基金项目的最终研究成果，是在我博士学位论文基础上经过修改完成的，在此，我要再次感谢我的博士生导师方世荣教授和中南财经政法大学法学院宪法与行政法专业博士研究生导师组的刘茂林教授、石佑启教授、王广辉教授、胡弘弘教授、戚建刚教授在学业上曾给予我的无私指导和帮助。

　　本书得以顺利出版还要感谢西南科技大学法学院各位领导的支持和学院给与本书的出版资助。

　　藉此机会，我要特别感谢我的父母和爱人，在我工作与博士求学的几年间，父母一直默默支持着我，承担了几乎所有生活杂务，给予了我最无私的帮助和最大的支持；感谢我的爱人对我的支持、包容和陪伴，几年里，你承担了大部分的孩子教育责任，感谢你用乐观真实的生活态度一直影响和鼓励我。

　　在本书的写作过程中，还学习和借鉴了国内外许多专家学者的相关学术成果，在此对他们致以衷心的感谢和诚挚的敬意。由于笔者学识和水平有限，本书虽经反复修订斟酌，谬误之处依然在所难免，在此亦恳请各位专家学者批评指正！

文晓静

2019 年 3 月于四川绵阳